Constanze Potschka-Lang

Seinen Platz finden

Constanze Potschka-Lang

Seinen Platz finden

Ein Erfahrungsbuch zum Familienstellen

Mit einem Geleitwort von Bert Hellinger
und mit einem Spezialteil zu
Familienstellen und Kinesiologie

VAK Verlags GmbH
Kirchzarten bei Freiburg

Die Deutsche Bibliothek – CIP-Einheitsaufnahme
Potschka-Lang, Constanze:
Seinen Platz finden : ein Erfahrungsbuch zum Familienstellen / Constanze Potschka-Lang. Mit einem Geleitw. von Bert Hellinger und mit einem Spezialteil zu Familienstellen und Kinesiologie. – Kirchzarten bei Freiburg : VAK-Verl.-GmbH, 2002
Einheitssacht.: Constellations familiales <dt.>
ISBN 3-935767-17-X

Lektorat: Norbert Gehlen
Umschlag: Hugo Waschkowski
Druck: Himmer, Augsburg
Printed in Germany
ISBN 3-935767-17-X

Inhalt

Teil III: Familienstellen und Kinesiologie

Zum Geleit

Constanze Potschka-Lang beschreibt in diesem Buch die wesentlichen Erkenntnisse über Bedingungen der Liebe, wie sie in den letzten Jahren durch das Familienstellen ans Licht gekommen sind. Zu diesen Bedingungen gehören vor allem die gegenseitige Achtung, das Anerkennen der Ebenbürtigkeit und der Ausgleich von Geben und Nehmen.

Constanze Potschka-Lang beschreibt anschaulich und übersichtlich, welche Folgen es für eine Beziehung hat, wenn diese Bedingungen verkannt oder verleugnet werden, zum Beispiel welches Leid und auch welche Krankheiten sich daraus ergeben. Vor allem aber beschreibt sie an vielen Beispielen aus ihrer persönlichen Erfahrung mit dem Familienstellen, wie diese Folgen gemildert oder sogar überwunden werden können, so dass sich die Liebenden wieder finden und neu beginnen können.

Dieses Buch wendet sich sowohl an diejenigen, die für sich selbst etwas für ihre Beziehungen gewinnen wollen, als auch an diejenigen, die beabsichtigen, das Familienstellen zu erlernen, um es in ihrem Tätigkeitsbereich anzuwenden. Es ist daher auch eine erste Einführung in das Familienstellen.

Ich gratuliere Constanze Potschka-Lang zu diesem Buch und ich bin sicher, dass es für viele eine wertvolle Hilfe sein wird.

Bert Hellinger

Einleitung

Manchmal haben wir das vage Gefühl, etwas zu tragen oder auszuleben, was uns eigentlich gar nicht entspricht. Wir sind nicht hundertprozentig wir selbst. Manche Menschen fühlen sich vom Tod angezogen, ohne wirklich zu wissen warum. Andere legen Verhaltensweisen an den Tag (zum Beispiel ihrem Partner gegenüber), die sich zerstörerisch auf ihre Beziehung auswirken und die sich ihrer bemächtigen, ohne dass sie etwas dagegen tun können. Haben Sie sich Fragen wie die folgenden auch schon gestellt?

- Wie ist es möglich, dass dieses hübsche und schlanke Mädchen sich einer extremen Abmagerungskur unterzieht, dabei anorektisch wird und schließlich im Krankenhaus endet? In ihrem Leben scheint doch alles in Ordnung zu sein. Sie hat Freunde, ihre Leistungen in der Schule sind ausgezeichnet, alle schätzen sie …
- Eines Tages erfährt man, dass der beste Freund sich umgebracht hat. Man hatte doch geglaubt ihn gut zu kennen. Niemand versteht seine Handlung. Wie konnte es nur so weit kommen? Er hatte doch eigentlich keine Sorgen, seine Arbeit gefiel ihm gut und sein Familienleben war intakt und glücklich …
- Weshalb scheitern manche Menschen in ihren Beziehungen immer wieder und weshalb gelingt es ihnen trotz guten Willens nie, eine dauerhafte Paarbeziehung einzugehen?
- Wie kann es sein, dass *eines* von mehreren Kindern einer Familie schwer wiegende Verhaltensstörungen hat? Dabei hat es doch die gleiche Erziehung, die gleiche Aufmerksamkeit und Liebe erfahren wie seine Geschwister?

Eine Erklärung dafür ist, dass unser Leben in manchen Fällen von Einstellungen und Verhaltensweisen geprägt ist, die nicht zu uns gehören. Geheimnisse und Dramen innerhalb einer Familie können das gesamte Familiensystem so stark erschüttern, dass *ein* Familienmitglied unbewusst etwas Schweres aus diesem System übernimmt, um jemand anderen zu entlasten. Das geschieht beispielsweise oft dann, wenn ein Familienmitglied ausgeschlossen oder vergessen wurde, weil es ein schweres Schicksal hatte: die Mutter, die bei der Geburt eines Kindes starb, der Verlobte, der nie aus dem Krieg zurückkam, oder die Schwester, die als Kind an einer Krankheit verstarb – Schicksale, die von den

Hinterbliebenen oft nicht vollständig verarbeitet und verkraftet werden können. Ist dies der Fall, so übernimmt ein jüngeres Familienmitglied in der nächsten oder übernächsten Generation vielleicht die Aufgabe, auf diesen Menschen aufmerksam zu machen, damit er nicht vergessen wird. Wenn jemand eine schwere Schuld hat und nicht dazu steht, bezahlt dafür möglicherweise ein Kind aus einer späteren Generation mit seinem Leben oder seinem Glück. Wurde jemand ausgeschlossen oder vergessen, so übernimmt ein später geborenes Familienmitglied manchmal die Symptome dieses Menschen, schränkt sich in seinem Leben ein oder folgt diesem Menschen unbewusst in sein Schicksal nach.

So kann es geschehen, dass ein Mensch in seinem Leben Schwierigkeiten hat, die nichts mit seiner persönlichen Geschichte zu tun haben, deren Wurzeln vielmehr im Schicksal eines Ahnen, eines Elternteils oder eines Geschwisterkinds zu suchen sind. Diese im Dunkeln bleibende Vorgeschichte macht es oft schwer, das Problem zu erkennen und zu lösen.

Die Methode des Familienstellens, die von dem deutschen Psychotherapeuten Bert Hellinger entwickelt wurde, erlaubt es wie keine andere Methode, das innere Bild der Familie nach außen hin sichtbar zu machen. Anhand dieses Bildes können Therapeut(in) und Klient(in) dann verborgene Bindungen und Verstrickungen innerhalb des Familiensystems sehen und sie auf eine gesunde und lebensfördernde Weise lösen.

Im ersten Teil des Buches werden die Grundzüge und Hintergründe des Familienstellens erläutert, im zweiten Teil sind Fallbeispiele aus der Praxis beschrieben. Die Leser können Aufstellungen und Einzelsitzungen verfolgen, als ob sie bei dem Geschehen dabei wären, und sich somit ein konkretes Bild von der Vorgehensweise machen. Die Aufstellungsprotokolle sprechen für sich; sie dienen zwar als Beispiele für den eher theoretischen Teil, können aber durchaus auch unabhängig davon gelesen werden.

Im dritten Teil des Buches werden die Verbindungen zwischen der Methode des Familienstellens und der Kinesiologie sowie weitere Formen von Aufstellungen erläutert.

Teil I

Familienstellen: Prinzipien und Hintergründe

Wichtige Stationen der Herausbildung systemischer Familientherapie

Der rumänische Arzt Jakob Lévy Moreno war in den zwanziger Jahren einer der ersten, der Menschen und ihre Beziehungen innerhalb einer Gruppe durch Befragung und Beobachtung untersuchte. Er arbeitete in Schulen, in Gefängnissen und mit sozialen Randgruppen, zuerst in Wien und ab 1925 in den USA. Er distanzierte sich dadurch von der zu seiner Zeit hoch aktuellen Psychoanalyse Freuds, deren Therapierahmen oder Setting ihm zu unbeweglich war. Moreno hatte - dank eigener Erfahrungen mit dem Theater - die Idee, seine Klienten ihre Emotionen, Wünsche, Beziehungen und psychischen Nöte auf einer Bühne darstellen und sie in Gesten und Bewegungen umsetzen zu lassen. Die Gruppe und die Zuschauer dienten dabei als sozialer Rahmen, innerhalb dessen man seine Innenwelt darstellen und neue Lösungen ausprobieren konnte. So enstand das Psychodrama, eine realitätsnahe Therapieform, die auf dem Rollenspiel basiert.[1]

Virginia Satir, Psychotherapeutin und Mitglied der Arbeitsgruppe am *Mental Research Institute* (M.R.I.) von Palo Alto in den USA, begann ab 1942 mit ganzen Familien zu arbeiten. Ab 1962 entwickelte sie die Technik der Familienskulptur. Das Ziel dieser Arbeit war es, die Struktur einer Familie sowie das Beziehungsgeflecht innerhalb dieser Familie räumlich darzustellen, so dass man die Bedeutung von Symptomen einzelner Familienmitglieder besser verstehen konnte. Die realen Familienmitglieder wurden hierbei zueinander in Beziehung gesetzt, indem derjenige, der sein Bild der Familie konstruierte, die verschiedenen Personen räumlich zueinander anordnete und ihnen eine bestimmte Haltung verlieh.

Gregory Bateson und Don D. Jackson, ebenfalls Mitglieder der Palo-Alto-Gruppe, leiteten zwischen 1952 und 1962 ein Forschungsprojekt, das die Kommunikation von Familien mit einem schizophrenen Familienmitglied zum Gegenstand hatte. Hierbei betrachteten sie zum ersten Mal ein Symptom - die Schizophrenie - als Resultat einer gestörten Kommunikationsstruktur innerhalb des Familiensystems. 1965 veröffentlichten sie die berühmte *Double-bind*-Theorie. Begriffe wie „Familiensystem“, „Homöostase“ (was so viel bedeutet wie die Ten-

---

[1] Moreno (1959)

denz lebender Systeme, ihr Gleichgewicht beizubehalten) und „Familienregeln“ tauchten auf. „Das M.R.I. hat eine Art von Familientherapie erarbeitet, die davon ausgeht, dass ein Individuum, welches von seiner Familie als krank bezeichnet wird, in Wirklichkeit das Opfer eines kranken Familiensystems ist.“[2]

Darauf folgten verschiedene Weiterentwicklungen in der systemischen Familientherapie. Man denke an das Mailänder Modell von Mara Selvini-Palazzoli, Giuliana Prata, Gianfranco Ceccin und Luigi Boscolo. Sie entwickelten in den späten siebziger Jahren die paradoxe Intervention und das zirkuläre Fragen.[3] Der Rumäne Ivan Boszormenyi-Nagy beschreibt 1973 in seinem Buch *Invisible Loyalties* die systemische Verstrickung in Generationen übergreifende Bindungen sowie den Austausch zwischen Geben und Nehmen.[4]

Bert Hellinger gelangte in den achtziger Jahren zu seiner ganz eigenen Familientherapie, dem Familienstellen. Er studierte zunächst Philosophie, Theologie und Pädagogik. Dann arbeitete er sechzehn Jahre lang als Mitglied eines katholischen Missionsordens bei den Zulus in Südafrika. Er leitete mehrere höhere Schulen und unterrichtete auch selbst.

In den siebziger Jahren verließ er den Orden und wurde Psychoanalytiker. Er vertiefte seine Studien in den USA durch Fortbildungen in Gruppendynamik, Transaktionsanalyse, NLP, Primärtherapie und Hypnotherapie nach Erickson.

Bert Hellinger beschreibt seine Familienaufstellungen als ein phänomenologisches, also nicht theoriegeleitetes Verfahren (siehe auch S. 187). Er arbeitet mit *den* Informationen und Impulsen, die durch die Familienaufstellung an den Tag kommen. Hierbei steht die unmittelbare Wahrnehmung der Situation, nicht ein theoretisches Konzept im Vordergrund. „Wenn einer eine Familie aufstellt, kommt mir aus meiner Wahrnehmung und aus meiner Erfahrung ein Bild der Ordnung, wie sie gestört ist und wie sie zur Geltung gebracht werden muss. Dem folge ich, wenn ich die Lösungen suche.“[5]

---

2 Marc und Picard (2000), S. 13 (Übersetzung: C. Potschka-Lang)

3 Selvini-Palazzoli (1996)

4 Boszormenyi-Nagy (1980)

5 Hellinger (1994), S. 513

Aus der Erfahrung und der Beobachtung während der Aufstellungen resultieren aber auch grundlegende Einsichten in die Gesetzmäßigkeiten, nach denen Familienmitglieder sich tragisch verstricken, indem einer des anderen Schicksal übernimmt und trägt; und man gewinnt Erkenntnisse darüber, wie ein gesunder Ausgleich über Generationen hinweg möglich wird. Solche Gesetzmäßigkeiten werden in den nachfolgenden Kapiteln beschrieben.

Bert Hellingers Ansatz ist lösungsorientiert. Ziel der Arbeit ist es, sowohl die versteckte Dynamik ans Licht zu bringen als auch eine Lösung für diese Verstrickung zu finden. Das Hauptaugenmerk liegt hierbei auf der Lösung, nicht auf dem Problem. Seine Arbeit zählt zu den lösungsorientierten Kurztherapien und ist heute sicherlich eine der wirkungsvollsten psychotherapeutischen Methoden überhaupt.

Wie man bei einer Familienaufstellung konkret vorgeht

Man braucht eine Gruppe von mindestens zwanzig Männern und Frauen. Die Gruppe ist deshalb wichtig, weil der Klient, der aufstellen will, unter den Gruppenmitgliedern zunächst *Stellvertreter* für die Familienmitglieder aus seinem Ursprungs- oder Gegenwartsystem sowie einen Stellvertreter für sich selbst auswählt. Der Therapeut oder Aufstellungsleiter bestimmt zu Beginn, welche Personen aus dem jeweiligen System aufgestellt werden sollen. Vermutet man zum Beispiel eine Verstrickung im Ursprungssystem, so nimmt man in der Regel Stellvertreter für die Eltern sowie Stellvertreter für den Klienten und für dessen Geschwister. Der Klient sucht dabei nach Möglichkeit Männer für männliche, Frauen für weibliche Familienmitglieder aus.

Hat der Klient die Stellvertreter bestimmt, so sammelt er sich innerlich und fasst dann eine Person nach der anderen an den Schultern, um sie an ihren passenden Platz im Raum zu führen. Der Klient macht das ganz spontan und ohne sich im voraus einen Plan zurechtgelegt zu haben. Er gibt den Stellvertretern auch keine verbalen Hinweise oder Anweisungen, er stellt sie einfach an einen Platz, und zwar so, dass sie in eine von ihm vorgegebene Richtung schauen und jeder in einem von ihm (dem Klienten) bestimmten Abstand zu den anderen steht.

Die Stellvertreter repräsentieren also für die Zeit der Aufstellung Familienmitglieder, die noch leben oder schon tot sind. Tote haben immer noch einen Einfluss auf die Lebenden, solange sich jemand im System an sie erinnert. Man sollte mit einem *Minimum* an relevanten Personen beginnen, um ein klares Bild zu erhalten. Später, während der Aufstellung, können dann weitere wichtige Personen ins Spiel gebracht werden.

Die Stellvertreter und der Aufstellungsleiter haben nur ganz wenige Informationen über die Familie, die aufgestellt wird. In einem Vorgespräch mit dem Klienten, bei dem meist die ganze Gruppe anwesend ist, wird das *Anliegen* des Klienten geklärt und es wird nach besonderen Ereignissen in der Familie gefragt. Man verzichtet bewusst auf Beschreibungen von Charaktereigenschaften oder Verhaltensweisen von Personen. Beschreibungen dieser Art tragen nichts zur Lösung des Problems bei. Sie dienen eher der Aufrechterhaltung der Schwierigkeit, und dem Klienten wird damit kein guter Dienst getan. Auch die Stellvertreter werden auf diese Weise so wenig wie möglich in ihrer Wahrnehmung der Rolle beeinflusst.

Sobald die Stellvertreter ihren Platz bekommen haben, sammeln auch sie sich und achten auf ihre Körperwahrnehmungen an dem Platz, an dem sie stehen. Je nach ihrer Rolle werden sie sehr verschiedene Dinge fühlen und ausdrücken. Manchmal spürt man Hitze oder Kälte, fühlt sich an einem Platz wie festgenagelt oder hat den Drang sich zu bewegen. Es können auch sehr starke Gefühle auftreten; jemand bricht beispielsweise unvermittelt in Tränen aus, einem anderen wird schlecht oder er will schreien, etc.

In der Regel spiegeln die Stellvertreter sehr genau die Gefühle und Zustände (bis hin zu konkreten Symptomen) der wirklichen Personen wider. Dazu braucht man keine besondere Begabung. Jeder, der sich darauf einlässt, kann das erleben, oft sehr zum eigenen Erstaunen. Wie man in Sekundenschnelle in eine Rolle hineinschlüpfen kann, so kann man auch wieder aus dieser Rolle heraus. Sobald man einen Schritt beiseite geht und bewusst aus der Rolle heraustritt, verschwinden diese „fremden" Gefühle.

Das erste aufgestellte Bild spiegelt dem Klienten seine aktuelle Wahrnehmung der Situation wider. Verborgenes kommt ans Licht. Aus dem jeweiligen Platz, den die Stellvertreter einnehmen, sowie aus ihren Rückmeldungen und Reaktionen kann man ableiten, ob und wo es Verstrickungen gibt.

Der Aufstellungsleiter achtet unter anderem darauf, welche wichtigen Personen noch in die Aufstellung hineingenommen werden müssen und welche Personen ausgeschlossen oder nicht gewürdigt sind. Er verändert schrittweise die Positionen der Stellvertreter und somit das Bild der Aufstellung. Dadurch verändern sich auch die Gefühle der Stellvertreter. Mittels „lösender Sätze" und verschiedener Rituale werden jene, die ausgeklammert oder nicht gewürdigt oder vergessen waren, anerkannt, übernommene Schuld wird zurückgegeben und jeder bekommt den ihm gemäßen Platz. Zeichnet sich auf diese Weise eine Lösung der Verstrickung ab, dann kann die Liebe wieder fließen und ein Gefühl der Versöhnung stellt sich ein. Die Lösung erscheint dann, wenn es allen Aufgestellten an dem Platz, an dem sie stehen, gut geht. Dieses Lösungsbild (die neu gefundene Familienkonstellation) wirkt bei demjenigen, der aufgestellt hat, noch lange nach, oft über Jahre hinweg.

Eine Aufstellung dauert etwa eine halbe Stunde. Das kann man natürlich nicht verallgemeinern. Manche Aufstellungen sind sehr kurz, andere, in denen es komplexe Verstrickungen gibt, dauern länger. Der Aufstellungsleiter sollte jedoch darauf achten, dass eine Aufstellung nicht zu lange dauert. Es gibt einen Punkt, an dem die Konzentration der Stellvertreter schwindet, die zuschauenden Teilnehmer unruhig werden und die Spannung nachlässt. Ist bis dahin keine Lösung gefunden, sollte man die Aufstellung besser beenden. Hört man auf, solange die Spannung noch hoch ist, so bleibt die angesammelte Energie beim Klienten erhalten. Ihm steht diese Energie dann zur Verfügung, so dass er den Prozess innerlich weiterführen kann.

Das Familiensystem

Ein System ist ein autonomer Verband, der aus mehreren oder vielen, mindestens aber aus zwei Teilen besteht und in dem bestimmte Regeln gelten. Eine Körperzelle, ein menschlicher Organismus, ein Individuum, eine Familie, aber auch eine Firma und deren Mitarbeiter oder eine Verwaltung können als „lebende Systeme" betrachtet werden.

Ein lebendes System ist immer darum bemüht, in Homöostase (im Gleichgewicht) zu bleiben, um zu überleben. Das ist sein vorrangiges Ziel. Dabei steht es in ständigem Austausch mit seiner Umwelt und passt sich nach Möglichkeit an alle wechselnden äußeren und inneren Gegebenheiten an, um sein Fortbestehen zu garantieren.

Eine Familie macht da keine Ausnahme. Scheidung, Geburt, Heirat oder Tod sind Ereignisse *innerhalb* der Familie, die das Familiensystem zu einer Anpassung zwingen. *Äußere* Ereignisse wären zum Beispiel ein Umzug, Streit mit einem anderen „Clan", aber auch Vertreibung oder Krieg.

Es gibt eine Reihe von Ereignissen, die ein Familiensystem aus der Bahn werfen können. In diesen Fällen ist es meist schwierig, aus eigener Kraft eine gesunde Anpassung zu finden. Zu diesen Ereignissen gehören schwere Schicksale *innerhalb* der Familie. Manchmal verursachen aber auch einschneidende *äußere* Ereignisse eine solche Erschütterung. Hier einige Beispiele:

- Ein Kind starb sehr früh.
- Eine Mutter starb bei der Geburt ihres Kindes.
- Ein Kind wurde tot geboren.
- Ein Kind wurde weggegeben.
- Ein Kind wurde adoptiert.
- Ein Familienmitglied ist im Krieg umgekommen.
- Familienmitglieder erlebten Deportation oder Vertreibung.
- Ein Familienmitglied wurde Opfer eines Mordes oder einer anderen Gewalttat.
- Ein Familienmitglied hat eine Behinderung.
- Ein Familienmitglied hat/hatte eine schwere Krankheit.
- Es gibt in der Familie Erbkrankheiten oder chronische Leiden.

- Ein Familienmitglied beging Suizid.
- Ein Familienmitglied lud eine schwere Schuld auf sich.
- Frühere Partner wurden nicht anerkannt.

Ereignisse dieser Art erschüttern ein System und haben häufig Verstrickungen zur Folge, die über Generationen weiterwirken. Verstrickung heißt in diesen Fällen, dass ein meist jüngeres Familienmitglied etwas für ein anderes Familienmitglied trägt, ohne sich dessen bewusst zu sein: Ein Kind wird zum Beispiel schwer krank, um an einen früh an Krebs verstorbenen Onkel zu erinnern. Die Frau, deren Bruder von Geburt an schwerstbehindert ist, kann ihr Glück und ihre Gesundheit nicht annehmen und legt sich selbst unbewusst Steine in den Weg, um in Bezug auf den Bruder keinen Vorteil mehr zu haben. Der Enkel sühnt vielleicht mit Selbstmord für Gräueltaten, die der Großvater im Krieg beging, ohne dass ihm der Zusammenhang bewusst ist. Das sind Extrembeispiele, die durchaus häufig auftreten. Ein Mensch kann allerdings auch verstrickt sein, *ohne* dass diese Verstrickung gleich durch Krankheit oder Tod manifest werden muss. Sie fühlt sich dann zum Beispiel nicht am rechten Platz im Leben oder hat den Eindruck, nicht wirklich sie selbst zu sein; vieles geht schief und es scheint so, als wären Schwierigkeiten grundsätzlich vorprogrammiert.

Solche Verstrickungen beschränken sich auf eine klar umgrenzte Reihe von Familienmitgliedern. Wir nennen diese Gruppe von Familienmitgliedern hier das Familiensystem. Es gibt zwei verschiedene Arten von Familiensystemen: die Ursprungs- oder Herkunftsfamilie einerseits und die aktuelle oder Gegenwartsfamilie andererseits.

Zum *Ursprungs*system gehören:

- alle Geschwister, auch die tot geborenen oder früh verstorbenen
- die Eltern und deren Geschwister, auch die verstorbenen
- die Großeltern
- in manchen Fällen die Urgroßeltern
- frühere Partner der Eltern oder Großeltern
- alle, die früher da waren und für jemand anderen Platz gemacht haben oder deren Weggang oder Nachteil einem anderen wichtige Vorteile verschafft hat (– auch wenn sie nicht verwandt waren). Hier handelt es sich etwa um frühere Partner der Eltern oder Großeltern, um den Vater oder die Mutter von Halbgeschwistern oder

um Nichtverwandte, denen von Seiten der Familie großes Unrecht geschah. (Ein Beispiel hierfür wäre die Enteignung und Vertreibung von Menschen, auf deren Kosten die Familie dann ihren Besitz und ihre Lebensgrundlage aufbaut.)

Zum *aktuellen* System gehören:

- gegenwärtige Partner(innen)
- frühere Partner(innen)
- alle Kinder, auch die bereits verstorbenen oder tot geborenen
- Kinder aus früheren Ehen oder Verbindungen
- Adoptivkinder und deren leibliche Eltern

Manchmal wirken auch abgetriebene oder fehlgeborene Kinder in das jeweilige System hinein und müssen mit dazugezählt werden. Im Ursprungssystem werden meist nicht mehr als vier Generationen betrachtet, da die Wirkung von Verstrickungen nicht *alle* Generationen überdauert.

Manchmal gelingt es dem System, selbst bei dramatischen Ereignissen eine angemessene Strategie zu entwickeln, mit der Veränderung umzugehen und sich an die neuen Gegebenheiten anzupassen. So kann die Familie sich positiv weiterentwickeln und Fortschritte sind möglich.

Gelingt es jedoch nicht, die Krise zu bewältigen, da das Ereignis zu stark traumatisierend oder da keine Bewältigungsstrategie vorhanden ist, so wird *ein* Mitglied des Systems versuchen, das so entstandene Ungleichgewicht anderweitig auszugleichen. So wie ein Mensch, der seinen Knöchel verstaucht hat, kompensiert und zu humpeln anfängt, um seinen Körper doch noch aufrechtzuerhalten und zum Gehen zu bewegen, so drängt das Familiensystem nach einer Lösung (– und sei sie auch noch so verdreht), damit es im Gleichgewicht bleibt; selbst wenn dies kein gesundes, sondern lediglich ein kompensatorisches Gleichgewicht ist! Meist ist es ein jüngeres Familienmitglied, das unbewusst die Aufgabe des Ausgleichs übernimmt. Dieser Mensch zeigt dann zum Beispiel auffälliges Verhalten, entwickelt ein Symptom oder lässt es sich auf irgendeine Weise schlecht gehen. Er ist verstrickt. Das System wird dadurch nur scheinbar gerettet. Es funktioniert zwar weiter, aber nur unter erschwerten Bedingungen. Diese Art von Ausgleich kann also weder als Fortschritt noch als Weiterentwicklung gesehen werden. Solch ein kompensatorischer Ausgleich erzeugt nur noch mehr Leid und Schwierigkeiten.

Bei den Familienaufstellungen achtet man insbesondere auf die oben beschriebenen Ereignisse und ihre Auswirkungen auf das Familiensystem. Das Verhalten verschiedener Familienmitglieder oder deren Beziehungen untereinander stehen dagegen eher im Hintergrund der Betrachtung.

Die oben genannten Ereignisse haben eine solche Wucht, dass auf einer ganz tiefen und grundlegenden Ebene etwas „ver-rückt" wird, was dann dazu führt, dass ein Familienmitglied (in dem Bestreben, wieder ein Gleichgewicht herzustellen) zum Beispiel krank wird oder sich umbringt oder es sich in irgendeiner Weise schlecht gehen lässt. Verhaltensweisen oder gestörte Beziehungen haben nicht dieselbe Kraft und somit auch nicht derartige Folgen. Die Systemebene, auf der etwas in Unordnung geraten ist, beinflusst jedoch das Verhalten der Menschen. Bei einer Aufstellung begibt man sich also direkt auf diese tiefe systemische Ebene und sucht nach der Wiederherstellung der grundlegenden Ordnung und nach einem gesunden Ausgleich anstelle der Kompensation; dadurch soll sich ein lebensförderndes Gleichgewicht einstellen, das sich positiv auf das Verhalten, die Beziehungen und das Wohlbefinden der Familienmitglieder auswirkt.

Fundamentale Regeln jedes Familiensystems

Bert Hellinger beschreibt fundamentale Regeln, die in *jedem* Familiensystem beobachtet werden können. Er nennt sie Ordnungen der Liebe. Diese Regeln sind keiner Theorie entsprungen, von niemandem aufgestellt worden und werden auch nicht innerhalb eines Systems von einer Generation an die andere verbal weitergegeben. Sie sind weitgehend unbewusst. Man kann sie jedoch beschreiben, da man sie indirekt, nämlich anhand ihrer Wirkungen beobachten kann. Werden diese Regeln eingehalten, so kann man sehen, dass sich daraus positive Auswirkungen ergeben. Werden sie nicht eingehalten, so können die Folgen verheerend sein.

1. In einem Familiensystem sind alle aneinander gebunden

Ein Kind wird in eine Familie hineingeboren. Dadurch entsteht eine sehr tiefe Bindung zu dieser Familie und Sippe, wie immer die Familie auch sein mag. Diese Bindung ist so grundlegend, weil wir sie als Zugehörigkeit zur Familie erleben. Abraham Maslow beschreibt das Bedürfnis nach Zugehörigkeit als eines der wichtigsten Grundbedürfnisse. Außer solch fundamentalen Notwendigkeiten wie Nahrung, Sicherheit und Schutz vor äußerer Gefahr[6], die unser physisches Überleben sichern, brauchen wir ein gewisses Mass an Zugehörigkeit, um emotional zu überleben. Es ist ein unerträgliches Gefühl, nicht dazugehören zu dürfen. Man denke nur an unser ständiges Bestreben, uns in einer bestimmten Weise zu verhalten, zu kleiden und zu agieren, um so ähnlich oder gleich wie diejenigen Menschen zu sein, denen wir uns anschließen und in deren Gemeinschaft wir aufgenommen werden möchten. Ein anschauliches Beispiel für die Bedeutung des Dazugehörens ist die Gerichtsbarkeit eines Eingeborenenstammes, bei dem die schlimmste Strafe weder lebenslängliche Haft noch Tod ist, sondern Ächtung durch Ausschluss.

Die seelische Bindung an die Ursprungsfamilie und das Bedürfnis nach Zugehörigkeit zu dieser Familie sind so groß, dass ein Kind sogar bereit ist, für die Familie sein Leben zu opfern. Die Bindung besteht unabhängig vom Verhalten der Familienmitglieder, unabhängig davon, wie funktionell die Familie ist, ob das Kind willkommen ist oder nicht, ob es geliebt wird oder nicht, ob die Eltern noch leben oder nicht und ob das Kind sich später von der Familie distanziert oder ihr sogar ganz den Rücken kehrt. Die Bindung ist so tief, dass das Kind sie unbewusst um jeden Preis aufrechterhalten wird.

Alle, die zu einem „Clan" gehören, auch die Toten und diejenigen, die ausgewandert oder sonst wie aus dem Blickfeld geraten sind, sind so auf unsichtbare Weise miteinander verbunden.

2. Jeder hat das gleiche Recht auf Zugehörigkeit

Jeder, der zum Familiensystem dazugehört (vgl. S. 19 f.) hat das gleiche *Recht* auf Zugehörigkeit. Niemand darf sie ihm zum Beispiel auf Grund irgendwelcher Werturteile absprechen. Die Zugehörigkeit bleibt auch bestehen, wenn die Person an einem weit entfernten Ort lebt und der Kontakt abgebrochen ist oder wenn sie schon tot ist. Solange sie noch in der Erinnerung von Familienmitgliedern „lebt", gehört sie zum Familiensystem.

Es kommt jedoch häufig vor, dass ein Mitglied ausgeschlossen wird: Die Familie will mit ihm nichts mehr zu tun haben; es ist es scheinbar nicht

---

6 Maslow (1989), S. 62 ff.

mehr wert dazuzugehören oder man „vergisst“ es einfach. Häufig werden Menschen vergessen, die ein schweres Schicksal haben oder denen etwas Schlimmes zugestoßen ist. Eine Frau, die im Kindbett starb, macht den anderen Angst und oft traut man sich nicht solch ein tragisches Ereignis zu benennen oder zu erinnern. Auch das ist eine Art von Ausschluss. Wenn der Schmerz über den Verlust eines Menschen zu groß ist, dann wird er häufig zumindest teilweise verdrängt. *Eine* Bewältigungsstragie besteht darin, nicht mehr von diesem Menschen zu sprechen. So entsteht ein Tabu und er zählt sozusagen nicht mehr zur Familie.

Solch ein Ausschluss hat tief in der Seele der Familienmitglieder jedoch eine einschneidende Wirkung. Das ganze Familiensystem gerät ins Wanken und ist in seinem Gleichgewicht bedroht. Es ist, als trenne man von einem Mobile ein Element ab, woraufhin das ganze Gebilde seine Stabilität verliert.

Wenn man Hinweise darauf haben will, ob in einer Familie eine Verstrickung vorliegt, dann fragt man zunächst nach einschneidenden Ereignissen. Gab es Selbstmord, Unfälle, schwere Krankheiten oder eine schwere Schuld in der Familie? (Siehe **Seite ???**). Solche Ereignisse werden in der Regel vom gesamten Familiensystem als traumatisch erlebt. Menschen, die davon unmittelbar betroffen sind, jene, die früh gestorben sind, eine schlimme Krankheit haben oder ein schweres Schicksal erleiden, erscheinen uns bedrohlich und ihre Existenz und das damit verbundene Leid wird häufig von den anderen verschwiegen und verdrängt. Didier Dumas bezeichnet in seinem Buch *L'Ange et le Fantôme*[7] die so Verdrängten als Phantome, die dann im Unterbewusstsein der Familienmitglieder weiterwirken. Er sagt:

„Unausgesprochenes verhält sich wie ein ‚Untermieter', der - hat er sich einmal eingenistet - ebenso gut plötzlich als psychische oder als physische Störung auftreten kann.“[8]

Bert Hellinger erklärt dieses Weiterwirken der „Phantome“ mit einem über das Individuum hinausgehenden Sippengewissen. Alle im System sind aneinander gebunden. Dieses Gewissen wacht darüber, dass niemand ausgeschlossen wird. Geschieht es trotzdem, so gerät das System

---

7 Dumas (1985)

8 Interview mit Didier Dumas in: Canault (1998), S. 27.
(Übersetzung: C. Potschka-Lang)

aus dem Gleichgewicht. Das Sippengewissen toleriert um keinen Preis den Ausschluss eines Familienmitglieds, sei dieser Ausschluss auch rational bestens begründet. Das kann man daran sehen, dass die Familie dann so reagiert, als sei ein großes Unrecht geschehen, das gesühnt werden muss.

3. Jedes Familienmitglied hat seinen Platz und seinen Rang

Ausschluss geschieht auch dann, wenn man jemandem im System nicht seinen Platz und die damit verbundene Würde zugesteht. Jeder hat seinen Platz, und zwar in einer hierarchischen Reihenfolge. Jene, die zuerst da waren, haben Vorrang, die später Dazugekommenen werden ihnen nachgeordnet. Jedes Kind hat seinen Platz entsprechend der Reihenfolge der Geburtsdaten: zuerst das erstgeborene Kind, danach das zweite, das dritte etc. Bert Hellinger hat auch diese Ordnung durch Beobachtung erkannt: Wird diese Regel eingehalten, geht es allen gut. Spricht man einem Familienmitglied jedoch seinen Platz ab, dann hat das unweigerlich Folgen. Dazu zwei Beispiele.

Erstes Beispiel:

Ein Paar hat drei Kinder geboren. Das zweite Kind ist bei der Geburt gestorben. Das dritte Kind hat den Namen des zweiten Kindes bekommen. Es geht ihm nicht gut. Es gilt als verhaltensauffällig und macht den Eltern das Leben schwer. Die Eltern sagen - wie das üblich ist -, sie hätten zwei Kinder; das tote Kind wird nicht mitgezählt. In diesem Beispiel wurde das verstorbene Geschwisterkind mehrfach ausgeschlossen. Es wird in der Geschwisterreihe nicht mitgezählt und sein Name wurde dem nächsten Kind gegeben. So behält es also weder seinen Platz noch seinen Namen.

Der Verlust eines Kindes ist ein sehr schweres Schicksal für die Eltern. Der Schmerz ist so groß, dass sie ihn - so gut es geht - verdrängen, damit sie irgendwie weiterleben können. Das Verhalten der Eltern, die Tatsache, dass sie das nächste Kind auf denselben Namen taufen und ihm die Existenz des toten Geschwisters vielleicht sogar verschweigen, ist natürlich verständlich.

Stirbt das zweite Kind, so behält es jedoch seinen Platz als zweites Kind im System. Ist es für die Eltern nicht möglich, um das tote Kind zu trauern, den ganzen Schmerz zuzulassen und ihm so einen Platz in ihrem Herzen zu bewahren, dann wird dieses Kind später auch nicht mehr mitgezählt. Bald nach dem Verlust eines Kindes wird oft ein weiteres Geschwister geboren, das nun den Platz des zweiten Kindes einnimmt, obwohl es das dritte ist. Es glaubt natürlich auch selbst, das zweite Kind zu sein. Das hat schlimme Folgen, da sich dieses Kind dann unbewusst mit dem verstorbenen Geschwister identifiziert! Es hat - wie die Erfahrungen bei Familienaufstellungen zeigen - oft den Wunsch, dem toten Kind nachzufolgen, auch wenn es gar nichts von dessen Existenz weiß. Es kann aber auch sein, dass sich das *erste* Kind mit dem toten zweiten identifiziert.

Zweites Beispiel:

Eine solche Rangordnung gilt auch für Partner. Frühere Partner gehören mit zum aktuellen System und werden mitgezählt. Sie waren vorher da und haben für den nächsten Partner Platz gemacht.

War ein Mann früher verheiratet oder verlobt, so gehört seine erste Frau mit zum aktuellen Familiensystem. Die Frau, die er später nimmt, ist die „zweite" Frau. Sie kann niemals den Platz der ersten Frau einnehmen. Sie ist die zweite. So will es die zeitliche Reihenfolge, es geht also nicht um eine Wertung der Person oder der Beziehung. Doch auch hier gibt es oft Vermischungen, da diese Rangordnung nur selten anerkannt wird. Wird der ersten Frau ihr Recht auf Zugehörigkeit abgesprochen, so wird diese Frau häufig durch eine Tochter der zweiten Frau vertreten. Die Tochter hat dann die Gefühle dieser ersten Frau. Wenn die Trennung von der ersten Frau konfliktreich war, dann drückt die Tochter aus der zweiten Ehe den Hass der ersten Frau gegenüber dem Mann aus, ohne dass sie versteht, warum sie ihrem Vater gegenüber solche Gefühle hegt. War es eine wichtige und innige Beziehung für den Vater, dann vertritt diese Tochter seine frühere Geliebte. Zu ihrer Mutter steht sie in diesem Fall in einem rivalisierenden Verhältnis.

4. Ausgeschlossene Familienmitglieder verlangen danach, repräsentiert zu werden

Wird ein Familienmitglied ausgeschlossen, verdrängt oder vergessen, so entsteht ein Druck im System, der erst dann nachlässt, wenn es einen Ausgleich für diesen „Verlust" gibt. Meist ist es ein Kind oder ein jüngeres Mitglied der Sippe, das diesem Druck am wenigsten widerstehen kann und das den kompensatorischen Ausgleich liefert. Es ist sich dessen jedoch in keiner Weise bewusst.

Dieses Kind ist dann mit dem Ausgeschlossenen identifiziert. Es äußert Gefühle, die nicht *seine* Gefühle sind, sondern die der anderen Person. Es legt Verhaltensweisen oder Symptome an den Tag, die darauf aufmerksam machen, dass etwas nicht stimmt. Es lässt es sich schlecht gehen, um für die ganze Familie den Ausschluss dieses einen Familienmitglieds zu sühnen, es leidet stellvertretend für einen früheren Partner eines Elternteils oder es folgt einem toten Geschwister, das nicht mitgezählt wird, in den Tod.

5. In jedem Familiensystem herrscht ein natürliches Gefälle von Geben und Nehmen

Bert Hellinger hat beobachtet, dass es in jedem Familiensystem ein Gefälle von Geben und Nehmen gibt. Von den Eltern bekommen die Kinder ihr Leben geschenkt. Das Leben kommt gleichsam durch die Eltern hindurch zu den Kindern. Die Eltern können dem weder etwas hinzufügen, noch etwas davon wegnehmen. Dazu kommt, dass sie das Risiko der Geburt des Kindes auf sich nehmen.

Die Kinder nehmen von den Eltern ihr Leben und alles, was sie sonst noch von ihnen an Zuwendung bekommen haben. Sie können den Eltern für dieses Geschenk nie etwas Gleichwertiges zurückgeben. Dafür ist es viel zu groß. So entsteht ein Gefälle zwischen Geben und Nehmen. Die Kinder sind gewissermaßen ihren Eltern gegenüber in der Schuld. Dadurch entsteht eine starke Bindung. Das Kind spürt den Druck nach Ausgleich dieses Gefälles. Es weiß aber auch, dass es seinen Eltern nichts Gleichwertiges zurückgeben kann. Deshalb wird es sehr loyal in Bezug auf die Eltern und ausgesprochen sensibel für ihre Bedürfnisse.

Sind die Eltern verstrickt oder haben sie ein schweres Schicksal, dann springt oft ein Kind ein, aus Liebe und Loyalität und weil es spürt, dass es hier eine Gelegenheit zum „Ausgleich“ hat. Das ist natürlich kein guter Ausgleich, sondern nur eine Kompensation aus Liebe.

Beispiel: Spürt ein Sohn, dass es seiner Mutter schlecht geht, weil sie selbst ihren Bruder früh verloren hat, so übernimmt der Sohn für seine Mutter vielleicht die Trauer um diesen Bruder. Dies geschieht unbewusst. Die Seele des Sohnes wird zu dieser Bewegung von seiner Liebe und dem Wunsch getrieben, der Mutter etwas Wesentliches zurückzugeben.

Ein guter Ausgleich ist jedoch, wenn die Kinder das Gute, was sie von ihren Eltern erhalten haben, an *ihre* Kinder oder, sofern sie keine eigenen Kinder haben, an andere Menschen weitergeben. Und wenn sie ihre Eltern für das, was sie erhalten haben – in erster Linie für ihr Leben –, ehren.

Das Übernehmen des Schicksals und der Aufgaben anderer, vornehmlich älterer Familienmitglieder wird sowohl genährt von der Loyalität, die durch das Gefälle zwischen Geben und Nehmen entsteht, als auch durch das große Bedürfnis, weiterhin dazugehören zu dürfen. Übernimmt jemand etwas für einen Früheren, so ist sein Gewissen beruhigt. Selbst wenn sein Tun seiner Gesundheit oder seinem Glück schadet, erscheint es ihm stimmig und gut.

Auch unter Geschwistern gibt es ein Gefälle zwischen Geben und Nehmen. Die Älteren können den Jüngeren geben, sie haben schon mehr gelernt und erfahren. Die Jüngeren nehmen von ihren älteren Geschwistern. Dadurch entsteht Loyalität zwischen den Geschwistern. Sie sind in der Tiefe sehr stark aneinander gebunden, auch wenn sie an der Oberfläche und auf der Verhaltensebene nicht immer diesen Eindruck vermitteln. Ein Geschwister übernimmt leicht etwas für ein anderes Geschwister. Zwischen den Eltern oder Partnern selbst sind Bindung und Loyalität ebenfalls sehr groß.

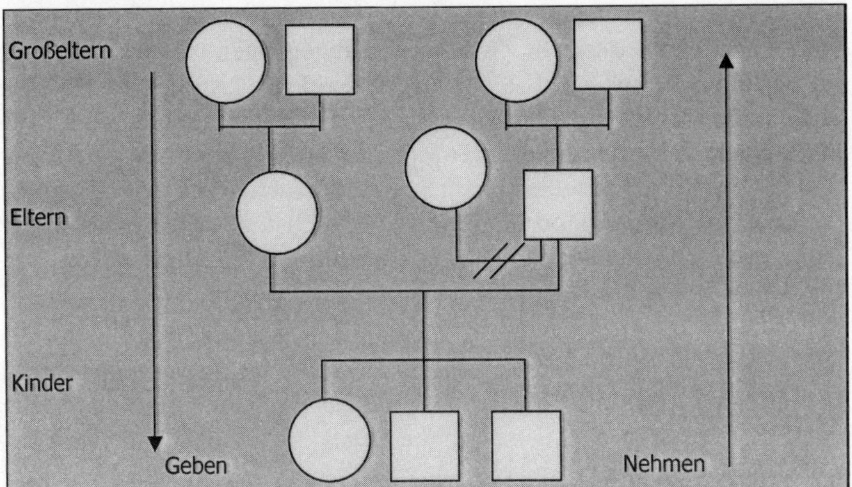

Das Geben fließt von oben nach unten

6. Durch Ausschluss, Nichtachtung oder Loyalität entstehen Verstrickungen

Verstrickt sind in der Regel später dazugekommene mit früher geborenen (und möglicherweise schon gestorbenen) Familienmitgliedern. Kinder - das gilt unabhängig von ihrem aktuellen Alter - übernehmen etwas für Eltern, Großeltern oder Geschwister. Manchmal übernimmt auch *ein* Partner das Schicksal des *anderen*. Es gibt Ausnahmen, in denen Großeltern einem Enkel oder Eltern einem Kind nachfolgen.

Eine zweite Frau ist systemisch sehr viel mehr beeinflusst von der ersten Frau als umgekehrt. Die zweite ist in der „Schuld" der ersten. Sie hat ihren Platz auf Kosten der ersten und das bindet. Die Folge kann für die zweite Frau zum Beispiel sein, dass sie sich nicht traut, ihren Mann *ganz* zu nehmen. Auch hier sieht man das Gefälle zwischen Geben und Nehmen. Die erste Frau ist diesbezüglich frei. Sie hat keine Verpflichtung ihrer Nachfolgerin gegenüber.

Tot geborene oder früh verstorbene Kinder haben einen starken Einfluss auf die lebenden Geschwister. Hier kommt es dann häufig zu Identifikationen oder zu einer Dynamik wie „Ich folge dir nach in den Tod" oder „Lieber sterbe ich als du".

Fehlgeburten haben nicht in jedem Fall dieselbe Wirkung wie früh verstorbene Kinder. Deshalb zählt man ein Kind, das „abgegangen" ist, normalerweise nicht zum Familiensystem. Man muss aber differenzieren. Man hat gesehen, dass ein Zwilling, der abgegangen ist, oft wichtig ist für das überlebende Kind. (Siehe das Beispiel von Laurie, S. 62 ff.). Eine entscheidende Rolle spielt auch das Alter des abgegangenen Kindes. Eine Fehlgeburt in den ersten drei Monaten ist belastend für die Mutter und das Paar, hat aber meistens keine systemischen Auswirkungen auf die anderen Kinder. Eine Fehlgeburt im sechsten Monat oder später kann wie eine Totgeburt angesehen werden. Die Wirkung auf das System ist stark und ein solches Kind gehört zum Familiensystem dazu.

Bei Abtreibungen ist es ähnlich. Ein abgetriebenes Kind wird in der Regel nicht in der Geschwisterreihe mitgezählt, da es systemisch meist keinen Einfluss auf die Geschwister und das Herkunftssystem hat. Aber auch hier bestätigt die Ausnahme die Regel.

Ich habe bei mehreren Aufstellungen erlebt, dass die Mutter zum abgetriebenen Kind sagte: „Ich folge dir nach." Hier folgt ein Elternteil einem Kind nach. Eines ihrer lebenden Kinder spürte das und sprang ein, um seine Mutter vor dem Gehen zu bewahren. Es sagte innerlich: „Liebe Mama, lieber ich als du." In diesem Fall hatte das abgetriebene Kind einen systemischen Einfluss auf sein lebendes Geschwister und somit auf das Herkunftssystem.

Ein abgetriebenes Kind hat immer einen Einfluss auf die Eltern. Es zählt also in allen Fällen zum Gegenwartssystem dazu, man kann das an den Folgen beobachten. Oft geht die Partnerschaft nach einer Abtreibung auseinander. Trotz möglicher guter Gründe für diese Entscheidung erlebt die Frau diesen Schritt wie eine persönliche Schuld. Ihre Seele reagiert, auch wenn ihr Bewusstsein im Einklang mit der Entscheidung ist. Das Kind wird ausgeklammert und vergessen. Manchmal tendiert die Mutter dazu, unbewusst für diese Schuld einen Ausgleich zu bezahlen. Das kann auf vielfältige Weise geschehen. Sie schränkt sich in ihrem Leben ein oder opfert die Beziehung zu ihrem Partner. Sie kann dann vielleicht keine Kinder mehr bekommen, keine neue Beziehung mehr eingehen oder folgt heimlich dem toten Kind nach.

Starke Bindungen sowie ein Gefälle zwischen Geben und Nehmen bestehen ...

- zwischen Partnern,
- zwischen Geschwistern,
- zwischen denen, die später dazukommen sind, und denen, die vorher da waren und für sie Platz gemacht haben.

Unter diesen Familienmitgliedern kommt es häufig zu Verstrickungen:

- Ein Partner übernimmt etwas für den anderen.
- Ein Geschwister übernimmt etwas für das andere.
- Später Dazugekommene übernehmen etwas von früher Lebenden.
- Manchmal folgen auch Eltern ihren Kindern oder Großeltern den Enkeln nach.

Grundlegende Formen der verborgenen Familiendynamik

Erledigen später Geborene, ohne es zu wissen, Dinge für Familienmitglieder aus früheren Generationen, so sind sie mit ihnen verstrickt. Das Kind (auch das erwachsene Kind), das eine solche Aufgabe auf sich nimmt, tut das aus Liebe und aus seinem Zugehörigkeitsbedürfnis heraus. Wenn eine Person in dieser Weise in die Bresche springt, dann hat sie das Gefühl, das sie etwas Gutes tut und es verdient, dazuzugehören. Sie fühlt sich mit ihrem Schicksal im Einklang, fühlt sich unschuldig und gut – egal wie schlimm die Folgen sind: ob sie krank wird, unglücklich ist, Schwierigkeiten im Leben hat oder sogar stirbt.

Es zeigen sich verschiedene Muster, denen die Menschen, die in das Schicksal eines anderen verstrickt sind, folgen. Bert Hellinger beschreibt drei Hauptformen, die man häufig beobachten kann (– natürlich gibt es darüber hinaus weitere Muster und unzählige individuelle Varianten):

- „Ich folge dir nach"
- „Lieber ich als du"
- „Ich sühne für persönliche oder für übernommene fremde Schuld"

„Ich folge dir nach"

„Ich folge dir nach" bedeutet, dass ein Mensch den Drang hat, einem anderen Mitglied seines Systems nachzufolgen. Der Satz kann genauer meinen: „Ich folge dir nach in deine Krankheit." Oder: „Ich folge dir nach in den Tod."

Ein Junge hat zum Beispiel früh seinen Vater verloren, da dieser im Krieg gefallen ist. In manchen Fällen schafft es die Mutter, den Vater durch Achtung und Würdigung innerhalb der Familie mit zu repräsentieren. Ihr Mann lebt dann sozusagen in ihr weiter und hat einen Platz in der Familie. In diesem Fall besteht keine Gefahr für das Kind. Das System ist im Gleichgewicht, niemand ist ausgeschlossen und der Sohn hat seinen Vater, auch wenn dieser nicht physisch präsent ist.

Hat der Vater jedoch nicht diesen Platz, wird er vergessen oder verdrängt, so kann es sein, dass der Junge aus Liebe zum vermissten Vater tief in der Seele den Wunsch entwickelt, dem Vater gleich zu werden und auch zu sterben. Dahinter steckt die archaische Vorstellung, man könne so den Toten wiederfinden oder ihn zum Leben erwecken. In Aufstellungen kann man das unter anderem daran sehen, dass der Vater nach außen gewandt steht und sein Sohn direkt hinter ihm. Fühlt sich der Stellvertreter des Sohnes wohl in dieser Position, die darauf hinweist, dass er dem Vater nachfolgen will, dann zeigt das, dass diese Dynamik eine Rolle spielt und der Sohn innerlich sagt: „Lieber Papa, ich folge dir nach."

Wenn ein Geschwister gestorben ist, dann fühlen sich der Bruder oder die Schwester, die noch leben, oft im Vorteil. Es ist ein Ungleichgewicht entstanden. Der Überlebende traut sich jetzt nicht mehr, in vollen Zügen zu leben, sein Leben ganz zu nehmen und davon zu profitieren. Zum Ausgleich schränkt er sich ein. Dieser Zwang, das eigene Glück für den anderen zu opfern, ist viel zu stark und unbewusst, als dass man ihn mit der Vernunft besiegen könnte. Dahinter wirkt die magische Vorstellung, dem Geschwister würde es besser gehen, wenn es einem selbst schlechter ginge, oder es würde wieder leben, wenn man an seiner Stelle stürbe. Das ist der unbewusste Wunsch des liebenden Kindes in uns. Es geht dann jedoch nicht nur *einem* schlecht, sondern zweien. Und anstelle des *einen* Toten gibt es zwei.

Dazu ein Beispiel: Ein Mann berichtet, dass es ihm seit einigen Wochen sehr schlecht gehe. Er hat gravierende Schlafstörungen und Schlafmangel, ist depressiv und muss sich sehr zurückhalten, um nicht einfach aus dem Fenster zu springen. Dabei ist das alles für ihn unerklärlich. Er hat ein erfülltes Leben, eine gute Beziehung zu seiner Frau, sein Beruf füllt ihn aus und er kann sich leisten, was sein Herz begehrt. Als er gefragt wird, welche einschneidenden Ereignisse in seiner Familie gebe, sagt er zunächst, dass nichts Besonderes geschehen sei. Dann aber fällt ihm ein, dass sein jüngerer Bruder im Alter von zwanzig Jahren Selbstmord begangen hat. Nach seinem Tod wurde nie mehr über ihn gesprochen. Dieses Thema war seit beinahe dreißig Jahren absolut tabu. Er wird aufgefordert, sich seinen Bruder vorzustellen. Als er ihn klar vor Augen hat, soll er ihm sagen: „Lieber Bruder, ich folge dir nach." Als er diesen Satz hört, ist der Mann wie vom Donner gerührt. Der Satz beschreibt genau die Bewegung in seinem tiefsten Innern. Er fühlt sich wie ertappt und alles wird ihm mit einem Mal klar. Nach kurzer Zeit beginnt er zu protestieren: „Aber mein Bruder will doch gar nicht, dass ich ihm nachfolge, das hilft ihm doch auch nicht!" Daraufhin sagt er innerlich dem Bruder: „Auch wenn du tot bist – ich lebe noch eine Weile." Und: „Ich gebe dir einen Platz in meinem Herzen." Danach fühlt er sich, als wäre ein großes Gewicht von ihm abgefallen.

„Lieber ich als du"

Wenn es den Vater oder die Mutter aus systemischen Gründen sozusagen aus der Familie hinauszieht, weil er oder sie jemandem aus der Herkunftsfamilie (zum Beispiel dem eigenen früh verstorbenen Vater) nachfolgen will, dann merken das die Kinder. Es muss gar nicht darüber gesprochen werden. Eines der Kinder beschließt dann vielleicht unbewusst: „Lieber ich als du, Papa ...". Lieber verschwinde ich als du. Oder: Lieber werde ich krank als du. Dieses Kind fühlt sich dabei gut und im Einklang mit sich und seiner Familie. Es steht im Dienste der Bindungen an seine Familie und erledigt sozusagen treu seine Aufgabe. Die Dynamik „Lieber ich als du" ist also die direkte Konsequenz von „Ich folge dir nach".

Hierzu ein Beispiel: Eine Frau möchte ihre Familie aufstellen. Ihre Tochter ist anorektisch und muss ins Krankenhaus, da sie dramatisch an Gewicht verloren hat. In der Aufstellung der Gegenwartsfamilie steht der Ehemann beziehungsweise Vater nach außen gewandt, ganz am Rande und weit entfernt von den Stellvertreterinnen der Frau und der Tochter. Der Stellvertreter des Ehemannes und Vaters bestätigt, dass es ihn weg, nach außen ziehe. Es stellt sich heraus, dass der Ehemann *seinen* Vater verloren hatte, als er ein kleines Kind war. Ein Stellvertreter seines (verlorenen) Vaters wird vor ihn hingestellt und es geht ihm wieder besser. Der Grund für diesen Sog nach außen, raus aus seiner Familie, wird plötzlich klar. Er möchte seinem Vater nachfolgen. Als er seinen Platz mit seiner Tochter tauscht und sich neben seine Frau stellt, wird sofort deutlich, dass die Tochter bereit ist, anstelle ihres Vaters ihrem Großvater nachzufolgen. Sie sagt innerlich: „Lieber verschwinde ich, lieber Papa, als du." Das wäre natürlich keine gute Lösung.

Der Vater wird so vielleicht in der Familie zurückgehalten. Die Krankheit seiner Tochter fordert seine volle Aufmerksamkeit und Präsenz. Aber auch hier verschlimmert sich das Leid aller. Das Kind kann seinen Eltern nicht dadurch helfen, dass es ihm selbst schlecht geht und es verschwindet. Dies wäre ein schlimmer Ausgleich, der zusätzliches Leid erzeugte, anstatt den anderen Familienmitgliedern zu helfen. Die Lösung wäre, wenn die Tochter innerlich sagen würde: „Selbst wenn du gehst, lieber Vater – ich bleibe."

Wenn ein Geschwister behindert ist, dann ist es für die gesunden Geschwister besonders schwer, die eigene Gesundheit anzunehmen und ihr Leben in vollen Zügen zu genießen. Sie erleben ihre Gesundheit wie eine Schuld gegenüber dem benachteiligten Geschwister.

Beispiel: Ein Mann hat drei Geschwister, zwei Brüder und eine Schwester. Die Schwester ist behindert, sie ist mongoloid. Als er vierzehn Jahre alt gewesen war, hatte die Sehkraft des Mannes rapide nachgelassen. Keiner wusste, warum. Er ist heute beinahe blind. Seinem jüngeren Bruder geschah im gleichen Alter dasselbe. Medizinisch ist ungeklärt, warum beide ihr Augenlicht fast vollständig verloren haben. In einer Einzelsitzung kommt der Satz ans Licht: „Lieber ich als du, liebe Schwester. Lieber habe *ich* eine Behinderung an deiner Stelle, dann bist du frei."

Der lösende Satz für diesen Mann lautet hier: „Liebe Schwester, ich achte dein Schicksal. Ich nehme mein Leben ganz. Mit dir vor Augen mache ich etwas Gutes daraus. Jetzt schaue ich das Leben *vor* mir an."

„Ich sühne für persönliche oder für übernommene fremde Schuld"

Eine weitere Dynamik stellt das Sühnen für Schuld dar. Hat ein Mensch einem anderen etwas angetan, physisch oder psychisch, dann entsteht ein Ungleichgewicht und ein Druck, dieses Ungleichgewicht wieder auszugleichen.

Der Schuldige wagt in der Regel die Konfrontation mit seiner Schuld und mit dem anderen nicht. Menschen tendieren dazu, zum Ausgleich für ihre Schuld zu sühnen. Sie bezahlen oft für das Leid, das sie jemandem zugefügt haben, einen Preis, der diesem Leid entspricht. Das kostet sie dann zum Beispiel ihre Gesundheit, ihr Wohlergehen oder bei sehr schwerer Schuld sogar ihr Leben. Sühnt jemand für seine Schuld, so ist er vor allem mit sich selbst beschäftigt. Der andere, dem er etwas angetan hat, verschwindet völlig aus seinem Blickfeld. Der Schuldige verdrängt diese Beziehung. Die Verdrängung der Beziehung zum Opfer erhält jedoch die Bindung an dieses aufrecht. Erst wenn der Schuldige das Opfer in den Blick nimmt und sich dieser Person und seiner eigenen Schuld stellt, kann er sich lösen. Tut er das nicht und war es eine schwere Schuld, so geht das Leid noch weiter. Ein Kind oder ein Enkel wird dem Schuldigen seine Last abnehmen und an seiner Stelle büßen. Alle bleiben mit dem Opfer verbunden, auch die Nachkommen. So erzeugt das *eine* Leid, das jemand einem anderen zugefügt hat, *vielfaches* Leid.

Manchmal gelingt aber auch ein Ausgleich. Das kann geschehen durch einen guten Austausch mit der verletzten Person, durch ein offenes Gespräch, durch das Eingeständnis der eigenen Schuld und durch den Entschluss, im Angesicht dieser Schuld etwas Gutes zu tun. Danach kann auch die Beziehung gut weitergehen – oder aber aufhören und dann sind beide frei. Ist der Schaden nicht mehr gutzumachen, dann wäre es wichtig, dass der Täter sich seiner Schuld und seinem Opfer innerlich stellt und im Angedenken an das Geschehen etwas Gutes tut; so muss niemand aus den nachfolgenden Generationen für seine Tat sühnen.

Identifizierung

Eine Indentifizierung findet man in den meisten Fällen systemischer Verstrickung. Der Junge, der seinen großen Bruder verloren hat und seit einiger Zeit chronisch krank ist, hat sich mit dem toten Bruder identifiziert. Die Tochter, die eine unerklärliche Wut auf die Mutter hat, ist mit der ersten Frau des Vaters identifiziert. Die Enkelin, die sich im Leben immer ausgeschlossen fühlt, ist identifiziert mit der Großmutter, die im Kindbett starb und von der man in der Familie nicht spricht. Hier finden überall Vermischungen statt. Gefühle, Schuld, Handlungsweisen oder Schicksale werden übernommen, die Grenzen zwischen zwei Leben, zwei Individuen und deren Geschichte sind nicht mehr klar definiert.

Sätze, die lösen

Will man solche Vermischungen klären, Verstrickungen auflösen und zwischen der eigenen Geschichte und dem Schicksal des Menschen, mit dem man verstrickt ist, wieder klar unterscheiden, so hilft zunächst die genaue Benennung des Problems. Bert Hellinger hat herausgefunden, dass die Lösung dort beginnt, wo der krank machende Satz ans Licht gebracht und dem geliebten Menschen ins Gesicht gesagt wird. Der Klient stellt sich die Person, von der er etwas übernommen hat oder der er nachfolgen will, innerlich vor, schaut ihr dabei in die Augen und benennt die Dynamik, in der er sich befindet. Er sagt ihr zum Beispiel mit seiner ganzen Liebe: „Ich folge dir nach." Dabei ist es wichtig, die geliebte Person als Gegenüber zu sehen und darauf zu achten, dass auch sie diesen Satz hört. Erst dann kann diese Person, mit welcher der Klient gewissermaßen symbiotisch verbunden war, als echtes Gegenüber erkannt und anerkannt werden. Das ist ein wichtiger Schritt, der eine gesunde Distanzierung erst ermöglicht

Gelingt diese Abgrenzung in der inneren Vorstellung, so kann sie mit weiteren Sätzen bekräftigt und verstärkt werden. „Ich achte dein Schicksal" ist ein Satz, der das Gegenüber anerkennt, diesem Menschen zeigt, dass er gesehen wird, und somit sowohl trennt als auch versöhnt. Wenn man einem geliebten Menschen sagt: „Ich gebe dir einen Platz in meinem Herzen", so muss man ihn vorher als ein vom eigenen Ich getrenntes Individuum wahrnehmen, sonst könnte man ihn nicht auf diese heilsame Weise in sich aufnehmen.

Lösungen gelingen, indem die Angst machende oder schmerzhafte Bindung an den anderen Menschen innerlich aufgenommen und der andere als Gegenüber gewürdigt wird. Dann erst kann man sich abgrenzen, ihm sein Schicksal überlassen und das eigene leben.

Verstrickungen

Nicht jeder Schicksalsschlag in einer Familie hat automatisch und in jedem Fall eine Verstrickung zur Folge. Manche Menschen sind fähig einen guten Ausgleich zu schaffen, indem sie ihre persönliche Schuld verantworten und sich ihrem Schicksal oder der Trauer über den Verlust eines Angehörigen stellen. Für andere sind die Umstände einfach zu mächtig, als dass sie sich ihnen aussetzen oder sie in einer guten Weise alleine verkraften könnten.

Nicht jede Verstrickung hat eine Krankheit zur Folge. Manche Menschen sind verstrickt und tragen das Schicksal anderer aus ihrem System mit, *ohne* dass ihnen dies schadet. Es gehört einfach mit zu ihrem Leben, das dadurch an Schwere, aber auch an Tiefe gewinnt. Jeder Mensch ist anders geartet und reagiert anders auf die Umstände, denen er ausgesetzt ist.

Umgekehrt jedoch, wenn zum Beispiel Selbstmordgefährdung oder eine schwere Krankheit vorliegen, geht dies immer mit einer Verstrickung im Familiensystem einher. Bert Hellinger sagte dazu in einem Interview:

> „Ich habe noch mit niemandem gearbeitet, der eine schwere Erkrankung hatte (abgesehen von Erbkrankheiten), bei dem es *keine* massive Verstrickung innerhalb der Familie gab. Wo immer eine schwere Krankheit ist, gibt es auch Verstrickung. Bei Krebs ist das sehr häufig. Nun darf man natürlich nicht alles auf die Verstrickung zurückführen, aber sie läuft parallel. Bei Selbstmordgefährdung oder -versuchen findet man Verstrickung. Der Selbstmord geschieht selten eines äußeren Ereignisses wegen. Sobald man da nachforscht, stellt sich heraus, dass entweder jemand einem Früheren in den Tod nachfolgt oder für etwas in der Familie sühnt, allerdings ohne dass er das weiß. Er spürt nur einfach diesen Drang, das zu machen."[9]

---

[9] Interview mit Bert Hellinger: „Verstrickungen, Familienstellen und Lösung", in: *Gesundheitsnachrichten*, Teufen/Schweiz: Verlag A. Vogel, Januar 1999

Liebe, die krank macht, und Liebe, die heilt

Hinter Sätzen und Dynamiken wie „Ich folge dir nach“ oder „Lieber ich als du“ steht der heimliche Wunsch des Kindes in uns, den geliebten Menschen wiederzufinden, ihn wieder lebendig zu machen oder an seiner Stelle zu leiden, um ihn so zu retten. Es ist ein Kindersatz, der die ganze Liebe und Bedürftigkeit des Kindes beinhaltet. Die unbewusste Überzeugung, den geliebten Menschen durch eigene Krankheit wieder gesund machen oder durch den eigenen Tod wieder lebendig machen zu können, entspringt einer Denkweise, die Teil von unser aller Entwicklung ist.

Kinder im Alter von drei bis vier Jahren glauben Kinder, wenn sie die Augen zumachen, sie seien für andere nicht mehr sichtbar und könnten sich so verstecken oder verschwinden. Ein Kind, das auf jemanden böse ist und ihm etwas Böses wünscht, hat große Angst, dass das auch geschehen wird. Gute Wünsche gehen in Erfüllung, wenn man bestimmte Bedingungen erfüllt ... Das Kind lebt in einer egozentrischen Welt, von der es glaubt, dass es sie gedanklich, mit seinen Wünschen und Vorstellungen beliebig verändern und beinflussen kann. Das ist begleitet von einer Art Allmachtsgefühl. Diese Entwicklungsstufe nennt man in der Entwicklungspsychologie die Phase des magischen Denkens.

Wenn wir als Erwachsene unbewusst so handeln, als könnten wir jemanden von seiner Krankheit erlösen, indem wir selbst krank werden, oder als könnten wir jemanden von seiner Schuld befreien, indem wir diese auf uns nehmen und an seiner Stelle sühnen, oder als könnten wir jemanden auferstehen lassen, indem wir an seiner Stelle sterben, dann zeugt das von ganz tiefen seelischen Prozessen, die von der großen Liebe des Kindes in uns getragen und als Ziel hartnäckig verfolgt werden.

Das „Systemgewissen“ fordert Ausgleich. Das Kind, auch das erwachsene Kind, ist an alle anderen im System gebunden. Es hat ein tiefes Zugehörigkeitsgefühl und -bedürfnis in Bezug auf sein Ursprungssystem. Wenn es nun einspringt und jemanden „rettet“, fühlt es sich im Einklang mit sich und seiner Familie. Es tut etwas „Gutes“ und darf so weiterhin dazugehören. Ganz gleich, ob dieser Vorgang ihm schadet oder es seine Gesundheit und sein Leben aufs Spiel setzt. Alle diese Faktoren zusammen lassen eine Dynamik entstehen, deren Kraft sehr groß ist. Solche unbewussten seelischen Vorgänge steuern wir natürlich nicht mit unserem erwachsenen, analytischen Verstand. Sie sind viel zu stark, als dass wir ihnen nur mit der Vernunft oder mit irgendeiner Methode oder Therapie Einhalt gebieten könnten.

> „Heilung und Rettung liegen bei solchen Verstrickungen jenseits von nur ärztlichem und therapeutischem Tun. Sie verlangen einen religiösen Vollzug, eine Bekehrung auf Größeres hin, das über das magische Denken und Wünschen hinausgeht und es entmachtet. Dieses Größere wäre im Gegensatz zur trügerischen Verheißung des Himmels – die Erde. Wer die Erde bejaht, bejaht sowohl ihre Fülle als auch Anfang und Ende. Manchmal kann der Arzt oder Helfer einen solchen Vollzug vorbereiten und unterstützen. Der liegt aber nicht in seiner Macht und folgt nicht, wie der Ursache die Wirkung, einer Methode. Wenn er gelingt, verlangt er das Letzte und wird erfahren als Gnade."[10]

Kommt dieser Vorgang jedoch ans Licht und erkennt die Person die Verstrickung *bewusst*, dann kann sie oft nicht mehr handeln wie zuvor. Sie hat erkannt, dass es dem anderen, der schon tot ist, nichts nützt, wenn sie es sich schlecht gehen lässt. Oder sie sieht, dass ihre Krankheit die Krankheit der Mutter nicht aufhebt und das Leid nur verdoppelt wird.

Solch ein Bewusstwerden ist oft sehr schmerzhaft. Plötzlich kommt das Ziel, das man heimlich verfolgte, in Sicht und es wird klar, dass es niemals erreichbar sein wird: Die Mutter wird nicht wieder gesund und der Verstorbene nicht wieder lebendig. Es wird auch deutlich, wie hoch der Preis war, und die Enttäuschung ist groß. Jetzt, da die Ohnmacht dem Schicksal gegenüber gefühlt wird, kommt der ganze Schmerz an die Oberfläche.

Was jedoch bleibt, ist die Liebe. Die Liebe war schon vorher die treibende Kraft. Es war allerdings eine Liebe, die krank machte. Jetzt, da das ursprüngliche Ziel dieser Liebe (nämlich den anderen zu retten) seine Bedeutung und Macht verloren hat, kann sie einem anderen Ziel dienen. Sie wird zur Quelle für Heilung und Aussöhnung auf einer bewussten Ebene.

---

[10] Hellinger (2000 b), S. 37

Wann eine Familienaufstellung sinnvoll ist

Eine Aufstellung ist dann angebracht, wenn ein Problem systemisch bedingt ist. Wer aufstellen will, sollte ein klares Anliegen haben. Ein Anliegen ist die Beschreibung eines Zustands, den der Betreffende ändern will und alleine nicht ändern *kann*. Zum Beispiel: „Ich habe schon mein ganzes Leben lang Schuldgefühle und weiß nicht warum". Oder: „Es gelingt mir nicht, eine dauerhafte Beziehung aufrechtzuerhalten." – „Ich habe oft das Gefühl, ich sollte lieber tot sein." – „Ich habe das Gefühl, nicht ganz ich selbst zu sein, sondern eher wie jemand anders zu fühlen und zu handeln." – „Ich finde meinen Platz im Leben nicht." ... Paare können ein gemeinsames Anliegen haben wie: „Wir wissen nicht, ob wir weiterhin zusammenbleiben sollen." Eltern können ein Anliegen bezüglich ihres Kindes haben, das Verhaltensstörungen zeigt. Eine Krankheit oder ein schweres Schicksal kann auch ein Anliegen sein.

Daraufhin fragt man nach einschneidenden Ereignissen in der Herkunfts- oder in der Gegenwartsfamilie. Je nach Anliegen und je nachdem, welche Informationen gegeben werden, entscheidet der Aufstellungsleiter, ob systemische Arbeit sinnvoll ist, und wenn ja, ob die Herkunfts- oder die aktuelle Familie aufgestellt werden soll.

Manchmal stellt man auch nur zwei Personen auf, zum Beispiel einen Stellvertreter für den Klienten und einen Stellvertreter für seine Krankheit. Je klarer das Problem und das Anliegen formuliert wird, desto klarer ist das Bild, das die Person aufstellen kann.

Fehlen Informationen und sagt der Klient zum Beispiel, dass es in seiner Familie überhaupt nichts Besonderes gebe, dass es allen gut gehe und nie ein einschneidendes Ereignis eingetreten sei ..., dann empfiehlt es sich, dass er (noch einmal) in der Familie nachforscht, bevor er sie aufstellt. Fehlen zu viele Informationen, dann verleitet das leicht zu Spekulationen; die Aufstellung stößt an ihre Grenzen und die Lösung wird schwer oder unmöglich. Dasselbe gilt für ein zu vages Anliegen oder eine Aufstellung, die nur aus Neugier gemacht wird.

Man muss auch beachten, dass sich nicht jedes Problem eines Menschen mittels einer Aufstellung lösen lässt, da nicht jede Schwierigkeit im Leben systemisch begründet ist.

Aufstellungen sind in gewisser Weise spektakulär. Hat jemand einmal eine Aufstellung miterlebt, so entsteht häufig der Wunsch, sein eigenes

System aufzustellen. Hier ist es wichtig, dass der Aufstellungsleiter ein gutes Unterscheidungsvermögen besitzt, um ein wesentliches Anliegen von neugieriger Experimentierfreude zu unterscheiden. Man stellt seine Familie nicht einfach so aus reinem Interesse auf. Genauso wenig, wie man einfach aus Neugier zum Zahnarzt geht und sich „nur mal so" behandeln lässt.

In einer Aufstellung geht es ums Ganze. Es geht darum, tiefe, unbewusste Prozesse ans Licht zu bringen, welche Menschen dazu bewegen, es sich in irgendeiner Form schlecht gehen lassen. Es geht darum, sich der verborgenen Wahrheit zu stellen. Zu sehen, in welche Dynamik man verstrickt ist, geht oft einher mit einer schmerzhaften Desillusionierung.

Beispiel: Eine Klientin erkennt, dass sie ihrer Großmutter, die als junge Frau an der Spanischen Grippe starb, nachfolgt. Sie versteht, dass sie selbst deshalb in ihrem Leben viel gelitten hat, und sieht erst jetzt, dass ihr heutiges Leiden die Großmutter ja doch nicht mehr retten kann. Sie muss sich erst einmal ihre Ohnmacht eingestehen. Sie kann nichts machen. Sie kann das nicht ausgleichen, sie kann die Großmutter nicht durch ihr eigenes Leiden erlösen und wieder lebendig machen.

Das ist eine schwer zu verkraftende „Ent-täuschung". Erst wenn diese vollzogen ist, kann sie sich einer anderen Form des guten Ausgleichs zuwenden – einem Ausgleich durch Anerkennung und Würdigung der Großmutter, mit der sie verstrickt war. Dazu muss sie sie bewusst und mutig in den Blick nehmen und ihr einen Platz in der Familie geben. So entsteht eine neue Ordnung und niemand muss es mehr der Großmutter gleich tun, um an sie, die vergessen und verdrängt war, zu erinnern. Dieser Prozess ist schmerzhaft, verlangt Mut und gelingt nicht immer.

> „Der schmerzhafte Prozess braucht seine Zeit. Ein Therapeut kann da nichts machen. Wie in der Homöopathie gibt es auch beim Aufstellen oft eine Erstverschlimmerung. Das ist ein Teil des Prozesses. Der Klient muss sich auf diese Bewegung einlassen, muss der tiefe-ren Seele trauen, vertrauen, dass sie ihn führt. Wenn er das nicht macht, hilft das Familienstellen nichts."[11]

---

[11] Interview mit Bert Hellinger: „Verstrickungen, Familienstellen und Lösung", in: *Gesundheitsnachrichten*, Teufen/Schweiz: Verlag A. Vogel, Januar 1999

Dieser Prozess kann ein bis zwei Jahre dauern. In der Regel stellt ein Klient einmal sein Herkunftssystem und wenn nötig einmal sein aktuelles System auf. Das genügt, was die Vorgehensweise anbelangt. Wenn die Arbeit gut und vollständig war, gibt es nichts zu wiederholen. Der Klient hat alles gesehen, was für eine positive Veränderung notwendig ist. *Bert Hellinger versteht das Familienstellen nicht als eine Therapie, sondern als einen Wachstumsimpuls.* Eine Aufstellung zeigt, was ist und wie die Lösung aussehen kann. Dies ist die Basis möglichen Handelns und deshalb stellt man in den meisten Fällen auch nur einmal auf.

Ein weiterer wichtiger Aspekt ist der richtige *Zeitpunkt*. Selbst wenn offensichtlich ein systemisches Problem vorliegt, ist es nicht immer angebracht, sofort eine Aufstellung zu machen. Manchmal ist es notwendig, dass sich das Anliegen des Klienten verdichtet, bis er einen starken Wunsch nach Veränderung hat und der Leidensdruck gewissermassen hoch genug ist. Je höher der Druck, desto größer ist die Energie während der Aufstellung und desto besser lässt sich der Klient auf die Arbeit ein.

Manchmal genügt es aber auch, nur Zuschauer einer Aufstellung zu sein. Als Zuschauer erlebt man vielleicht eine Situation mit, die der eigenen Realität ähnlich ist. Der Prozess, dem man während der Aufstellung beiwohnt, genügt bei vielen, etwas im eigenen Inneren zum Schwingen zu bringen und eine Lösung für sich zu finden, die dann in der eigenen Seele weiterwirkt.

Wie Lösungen erkennbar gemacht werden

Ziel einer Familienaufstellung ist es nicht, „ein Symptom zu beseitigen, sondern jemanden in seiner Familie wieder heimisch werden zu lassen, so dass er mit allen guten Kräften dort in Verbindung kommt."[12] Sobald die Ordnung wiederhergestellt ist, kann die betreffende Person daraus eine ganz neue, fundamentale Kraft schöpfen. Diese Ressource ermöglicht in einigen Fällen spektakuläre Veränderungen in den verschiedensten Lebensbereichen. Oft fühlen sich die Menschen stabiler, energiegeladener und mehr in sich selbst ruhend. Ihr Leben wird ruhiger und kraftvoller. Beziehungen klären sich, der Betreffende kann handeln, anstatt etwas zu erleiden. Jeder reagiert entsprechend seiner Situation, den jeweiligen Umständen und seinen Fähigkeiten.

Eine Familienaufstellung ist immer lösungsorientiert. Das heißt, der Therapeut oder Aufstellungsleiter hat die wiederherzustellende Ordnung vor Augen. Er sucht nicht in erster Linie das Problem, sondern vorrangig die Lösung. Aufstellungen sind zunächst dazu da, systemische Beziehungsstrukturen in sehr kurzer Zeit zu erkennen und sie dem Klienten in eindrucksvoller Weise vor Augen zu führen. Der Klient erkennt, dass sein Verhalten, Denken und Fühlen in engem Zusammenhang mit diesen Beziehungsstrukturen, den Bindungen und Verstrickungen innerhalb seines Systems stehen. Dies ist jedoch nur der erste Schritt, der eigentlich eher in den Hintergrund tritt, da es nicht darauf ankommt, beim Problem zu verharren und die Vergangenheit erneut zu erleben, sondern eine neue Perspektive für die Zukunft zu finden! Der zweite Schritt während derselben Aufstellung besteht darin, die Ordnung innerhalb dieses Systems, soweit zum Zeitpunkt der Aufstellung möglich, wiederherzustellen.

Identifikationen werden aufgelöst, ausgeschlossene und vergessene Personen werden wieder ins Blickfeld gebracht und anerkannt, Schuld wird zurückgegeben. Durch lösende Sätze, die die Stellvertreter sagen, ändert sich die Atmosphäre schlagartig. Durch Rituale wie Verneigen vor bestimmten Personen und durch Umstellen der Stellvertreter während der Aufstellung wird die innere Struktur des Systems Schritt für Schritt verändert. Die Wirkung der Veränderung kann man unmittelbar an den Reaktionen der Stellvertreter ablesen. Kompensationen wie die

---

12 Hellinger (1994), S. 519

Identifizierung mit einer anderen Person aus dem System, Übernahme eines fremden Schicksals und schlimmer Ausgleich durch Sühne werden ersetzt durch Anerkennung der Ausgeschlossenen, durch Dissoziation[13] und Würdigung. Dies geschieht so lange, bis alle entscheidenden Personen ihre Ebenbürtigkeit wiedererlangt haben und ein gesundes Gleichgewicht entstanden ist. Die neu geschaffene Ordnung oder Lösung ist daran erkennbar, dass die Stellvertreter sich an ihrem Platz wohl fühlen, kraftvoll und ruhig werden.

Der Aufstellungsleiter bestimmt in den allermeisten Fällen die Sätze, die die Stellvertreter sagen, verändert deren Positionen und entscheidet, welche Personen aus dem System aufgestellt oder später in die Aufstellung mit hineingenommen werden. Es handelt sich also keinesfalls um ein freies Rollenspiel, in dem jeder seinen Impulsen freien Lauf lassen kann. Die Sätze, die der Aufstellungsleiter vorgibt, zielen auf eine präzise Formulierung der Verstrickung hin und damit auf deren Aufdeckung. Ein Stellvertreter würde es oft nicht von alleine wagen, einen solchen Satz zu sagen. Das System ist bestrebt, Veränderung zu vermeiden. Ließe man also die Stellvertreter frei sprechen, so würde man dazu beitragen, dass sich das Problem weiterhin selbst aufrechterhält.

Der Klient beobachtet diese Veränderungen als Zuschauer von außen, verfolgt die Gefühle der Stellvertreter mit und sieht schließlich ein neues Bild seines Systems. Diese neue Ordnung nimmt er in sich auf. Das neue Bild wirkt in der Seele noch lange nach - ein Prozess, der mehrere Jahre dauern kann. Das Denken, Fühlen und Handeln des Klienten kann sich nun an der neuen Ordnung im System orientieren, das Gleichgewicht ist wiederhergestellt, der Klient hat einen Lösungsvorschlag gesehen, den er in seinem Innern nachvollziehen kann. So kommt es oft zu ganz entscheidenden Veränderungen im Leben dieses Menschen.

Alles hängt jedoch davon ab, wie sehr er sich auf diese Aufstellung einlassen konnte und ob er wirklich betroffen war und bereit ist, die Lösung als solche zu verinnerlichen. Das ist ein schwerer Schritt und es genügt nicht, einfach nur seiner Aufstellung zugeschaut zu haben. Ein innerer, aktiver Prozess muss folgen. „Die Frage ist, ob die Seele hinter-

[13] Dissoziation bedeutet hier inneres Abstandnehmen, das es dem Klienten ermöglicht, den anderen als ein von ihm getrenntes Individuum wahrzunehmen.

herkommt und ob man bereit ist, das, was das Leiden vorher gebracht hat, jetzt hinter sich zu lassen. Das ist manchmal sehr schwer."[14]

Lösungen sind schwer und es ist oft leichter weiterhin zu leiden. Lösungen erfordern Engagement und Mut – so als ob man auf eine andere Energieebene springen würde.

[14] Interview mit Bert Hellinger: „Verstrickungen, Familienstellen und Lösung", in: *Gesundheitsnachrichten*, Teufen/Schweiz: Verlag A. Vogel, Januar 1999

Zusammenfassungen zu Teil I

System

Ein System ist ein autonomer Verband, der aus zwei oder mehr Teilen besteht und in dem bestimmte Regeln gelten.

Eine Körperzelle, ein menschlicher Organismus, ein Individuum, eine Familie, aber auch eine Firma und deren Mitarbeiter oder eine Verwaltung können als lebende Systeme betrachtet werden.

Ein lebendes System ist stets darum bemüht, in Homöostase (im Gleichgewicht) zu bleiben, um zu überleben. Das ist sein vorrangiges Ziel. Dabei steht es in ständigem Austausch mit seiner Umwelt und passt sich nach Möglichkeit an alle wechselnden äußeren und inneren Gegebenheiten an, um sein Fortbestehen zu garantieren.

Verstrickung

Tragische Ereignisse erschüttern ein System und haben häufig Verstrickungen zur Folge, die in einer Familie oft über Generationen hinaus weiter wirken. Verstrickung heißt, dass ein meist jüngeres Familienmitglied etwas für ein anderes Familienmitglied trägt, ohne sich dessen bewusst zu sein. Ein Familienmitglied wird zum Beispiel krank, um an ein anderes, das ein schweres Schiksal hatte, zu erinnern. Ein späteres Familienmitglied sühnt für die Schuld einer Person aus einer früheren Generation etc.

Familiensystem

Verstrickungen beschränken sich auf eine klar umgrenzte Reihe von Familienmitgliedern. Wir nennen diese Gruppe von Familienmitgliedern das Familiensystem.

Es gibt zwei verschiedene Arten oder Kategorien von Familiensystemen: die Ursprungs- oder Herkunftsfamilie sowie die Gegenwartsfamilie.

Aufstellung

Wer vermutet, dass er innerhalb seines Familiensystems verstrickt ist, und sein persönliches Glück oder seine Gesundheit dadurch gefährdet sieht, kann sein Familiensystem aufstellen. Dazu wählt er aus einer Gruppe von etwa zwanzig Männern und Frauen *Stellvertreter* aus, die während der Aufstellung die Rolle eines Familienmitglieds übernehmen. Die Person stellt je nach Problem und Anliegen entweder ihr Ursprungs- oder ihr aktuelles Familiensystem auf, indem sie den verschiedenen Stellvertretern einen Platz und eine Richtung im Raum zuweist. So entsteht ein Bild der Familie, das Verstrickungen und versteckte Dynamiken für alle Beteiligten sichtbar und spürbar werden lässt.

Der Therapeut sucht nach einer Lösung der Verstrickung, indem er, der inneren Ordnung des Systems folgend, einigen Stellvertretern andere Plätze zuweist, fehlende Personen in die Aufstellung hereinnimmt, ausgeschlossene oder vergessene durch Sätze und Rituale würdigen lässt etc., bis ein neues Bild des Familienverbandes entsteht, in dem jeder einen angemessenen Platz hat und niemand mehr etwas für ein anderes Familienmitglied kompensatorisch erledigen muss. Die betroffene Person nimmt diese neue Ordnung innerlich auf und lässt das Bild in ihrer Seele wirken.

Teil II

Familienstellen: Fallbeispiele aus der Praxis

Vorbemerkungen

Die Fallbeispiele in diesem Buch wurden während meiner Seminare mit Erlaubnis der Teilnehmer auf Video aufgezeichnet. Die Seminare fanden in einem Zeitraum von zwei Jahren in Frankreich statt, mit französischen Teilnehmern. Die Namen der Klienten habe ich geändert, die Dialoge aber genau wiedergegeben.

Anhand dieser Beispiele können besonders häufig auftretende Dynamiken erklärt und die Techniken des Familienstellens anschaulich gemacht werden.

Alle Aufstellungen und alle Lösungen sind so einzigartig wie die Menschen, die ihre Familie aufgestellt haben. Keine Aufstellung kann als wiederholbares Schema oder Rezept für Sie als Leser(in) dienen; die Lösungsschritte ergeben sich immer aus der jeweiligen Situation. Die dargestellten Beispiele geben jedoch Hinweise auf mögliche Vorgehensweisen.

Es hat sich herausgestellt, dass manche Klienten einige Zeit, nachdem sie aufgestellt haben, das Bedürfnis verspüren die in der Zwischenzeit erlebten Ereignisse und Veränderungen mitzuteilen. So gibt es manchmal unerwartet ein Jahr später eine Rückmeldung, ganz still und gesammelt, ein Gespräch oder einen Brief. Eine Frau erzählte mir eineinhalb Jahre nach ihrer Aufstellung, was bei ihr und in ihrer Familie in der Zwischenzeit geschehen war. Wir hatten uns häufig gesehen, aber nie mehr über die Aufstellung gesprochen. Sie schloss: „Jetzt kann ich dir das sagen, vorher hätte ich es nicht gekonnt. Da war noch so vieles in Bewegung. Ich bin froh, dass du nie gefragt hast!"

Neugier und vorschnelles Nachfragen seitens des Aufstellungsleiters oder Außenstehender haben eine negative Wirkung auf den Veränderungsprozess. Neugier ist so etwas wie ein „Angriff" auf den Klienten, der Frager zieht die Aufmerksamkeit auf sich, stellt sich über den anderen und nimmt ihm letztlich gedankenlos etwas von seiner neu gewonnenen Energie weg.

Da Bert Hellingers Methode des Aufstellens noch recht neu ist, wurde noch nicht systematisch erforscht, in welcher Weise die Klienten die gefundene Ordnung, die Erkenntnisse und neuen Sichtweisen, die die Aufstellung hervorbrachte, in den Alltag integrieren. In der Aufstellung selbst kann jeder unmittelbar Veränderung sehen. Was danach kommt ist weniger klar, schon deshalb, weil ein Lösungsbild noch lange nachwirkt. Durch mündliche Rückmeldungen weiß man, dass sich häufig entscheidende Dinge positiv verändern, nicht nur für die Person selbst, sondern auch für andere Familienmitglieder, die bei der Aufstellung nicht anwesend waren und nicht einmal etwas davon wussten. Ich finde es wichtig, vorhandene und freiwillige Rückmeldungen zu sammeln und ihnen Beachtung zu schenken. So wird Forschung auf diesem Gebiet möglich, ohne dass die Klienten darunter leiden; und die Veränderungen, die sich bei ihnen vollzogen haben, können andere Menschen ermutigen, auf diese Weise ein existenzielles Problem in ihrem Leben zu lösen.

Einigen der Klienten, die aufgestellt hatten, habe ich mehrere Wochen nach ihrer Aufstellung einen Fragebogen angeboten. Es war ihnen freigestellt, darauf zu antworten. Damit wurde der Prozess so wenig wie möglich beeinträchtigt und jeder konnte ohne Druck in der für ihn angemessenen Weise reagieren.

Jeder, der wollte, hatte die Möglichkeit, auf seine Art zu antworten. Manchmal waren die Antworten knapp und beschränkten sich auf ja oder nein. Andere berichteten ausführlicher oder in Briefform. Manche schrieben mir auch spontan. Die eingegangenen Rückmeldungen sind jeweils *nach* dem Aufstellungsprotokoll abgedruckt.

Die Aufstellungsprotokolle sind nach Themenbereichen geordnet. Sie dienen als Beispiele für das Thema, das zu Beginn des jeweiligen Kapitels kurz besprochen wird, können jedoch auch andere Themen ansprechen.

Zum besseren Verständnis der nachfolgenden Aufstellungen sind die einzelnen Schritte und Positionsveränderungen der Stellvertreter in Diagrammen (Schaubildern) wiedergegeben.

In den Diagrammen steht ein Quadrat für einen *männlichen* Stellvertreter, ein Kreis für eine *weibliche* Stellvertreterin in der Aufstellung. Der Stellvertreter des Klienten ist dunkelgrau markiert. Die Pfeile geben die Richtung an, in welche die Personen aufgestellt sind (in die sie also blicken). Spricht der Klient selbst, so ist sein Name im Protokoll ganz ausgeschrieben; spricht sein *Stellvertreter*, so erscheint im Text eine *Abkürzung* des Namens. Gibt es mehrere Geschwister, so werden ihre Symbole mit Zahlen gekennzeichnet: das älteste Kind mit 1, das zweite Kind mit 2 und so fort.

Hier die Bedeutung weiterer Abkürzungen:

AM = Adoptivmutter
AV = Adoptivvater
BM = Bruder der Mutter
BV = Bruder des Vaters
GM = Großmutter
GMV = Großmutter väterlicherseits
GVV = Großvater väterlicherseits
M = Mutter
MV = Mutter des Vaters
V = Vater

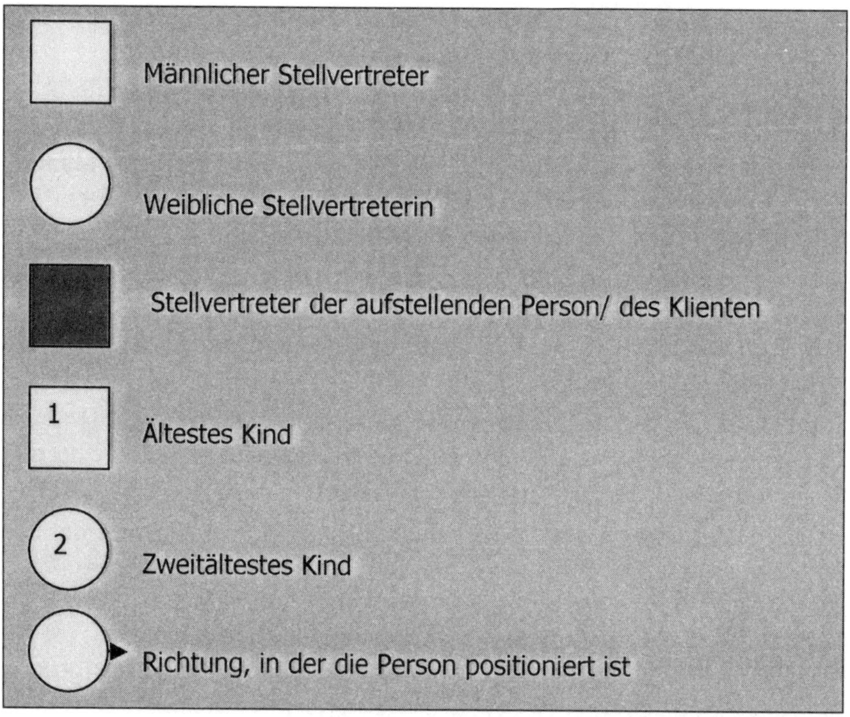

1. Das Schicksal eines anderen tragen

Dies ist überhaupt das zentrale Thema beim Familienstellen. Wenn *ein* Familienmitglied aus Liebe das Schicksal eines anderen übernimmt, indem es an dessen Stelle leidet, eine Schuld für ihn bezahlt oder sein Schicksal nachahmt, dann ist es systemisch verstrickt.

Marie und ihre Herkunftsfamilie: „Ich achte dein Schicksal."

MARIE: Das erste Mal, als ich bei einer Aufstellung zuschaute, war ich sehr davon berührt, was sich da für die betreffende Person tat, und ich dachte mir: Da gibt es bei mir auch einiges zu klären.

CONSTANZE: Hast du ein Anliegen?

MARIE: Ja, mehrere Sachen. Ich bin Krankenschwester und ich bin daran gewöhnt, Menschen sterben zu sehen. Ich arbeite seit über zwanzig Jahren und das bereitet mir eigentlich keine besonderen Probleme. Wenn es jedoch junge Leute sind, die sterben, dann ist das unerträglich für mich. Das ist dann sehr schmerzhaft für mich und bereitet mir großen Kummer, selbst wenn ich sie kaum kenne. Und dann habe ich diesbezüglich mal mit meinen Eltern gesprochen. Ich hatte zwei Onkel, die gestorben sind. Ein Bruder meiner Mutter und ein Bruder meines Vaters. Die sind recht jung gestorben. Der Bruder meiner Mutter bereitet mir keine Schwierigkeiten, nun ja, das glaube ich zumindest ...

CONSTANZE: Wir werden sehen.

MARIE *(lacht)*: ... ja, wir werden sehen. Andererseits ist da was mit dem Bruder meines Vaters, so fühlt sich das an.

CONSTANZE: Dich interessiert also vorrangig deine Herkunftsfamilie?

MARIE: Ja.

CONSTANZE: An was sind sie gestorben?

MARIE: Der Bruder meiner Mutter starb während des Krieges an einem Abszess im Gehirn, gefolgt von einer Stirnhöhlenentzündung. Es gab kein Antibiotika. Der Bruder meines Vaters ist durch einen Unfall ums Leben gekommen. Er fiel vom Dach. Er war Zimmermann. Sie waren dabei, ein Haus mit zwei, drei Etagen zu bauen, dabei ist er vom Dach gefallen. Er hatte nur ein Auge. Er hat ein Auge beim Spielen verloren, als er 14, 15 Jahre alt war.

CONSTANZE: Hast du Geschwister?

MARIE: Einen großen Bruder, dann eine Schwester, dann komme ich und ich habe noch einen kleinen Bruder. Es geht ihnen gut.

CONSTANZE: Du glaubst also, es gebe eine Verbindung zwischen dem Tod deines Onkels und deiner Schwierigkeit junge Leute sterben zu sehen.

MARIE: Ja, vor allem, wenn sie einen Unfall hatten.

CONSTANZE: Gut, dann wähle Stellvertreter für deine Eltern, für dich und für deine Geschwister. Den Rest sehen wir dann.

Marie wählt die Stellvertreter aus.

CONSTANZE: Stell die Geschwister erst mal in der Altersreihenfolge nebeneinander, damit wir sehen, wer wer ist. Weißt du, wie man aufstellt? Also, du sammelst dich innerlich, nimmst jeden Einzelnen bei den Schultern und führst ihn an einen Platz hier in diesem Raum. Ohne nachzudenken. Mach es aus dem Gefühl heraus und ohne den Stellvertretern Anweisungen zu geben. Sonst sind sie nicht mehr frei in ihrer Wahrnehmung.

Zu den Stellvertretern: Ihr nehmt euch Zeit, um zu spüren, wie es euch auf dem jeweiligen Platz geht. Ihr habt vielleicht Körperwahrnehmungen, es wird euch heiß oder kalt oder ihr fühlt euch von einem anderen angezogen oder ihr spürt, dass ihr zittert etc.

(Vgl. Abbildung Seite 53)

CONSTANZE *zu Marie*: Wie geht's deinem jüngeren Bruder?

MARIE: Nicht gut.

JÜNGERER BRUDER: Kann ich was sagen? Ich spüre sehr viel Emotion hier. Das ist ganz intensiv. Wie eine große Lust zu Weinen oder eine überwältigende Freude. Ich weiß nicht, ob da Tränen aufsteigen oder Freude.

CONSTANZE: Ich habe den Eindruck, dass er da gefährdeten Platz hat. – Wie geht es dem Vater?

VATER: Gut, mir ist heiß.

CONSTANZE: Der Mutter?

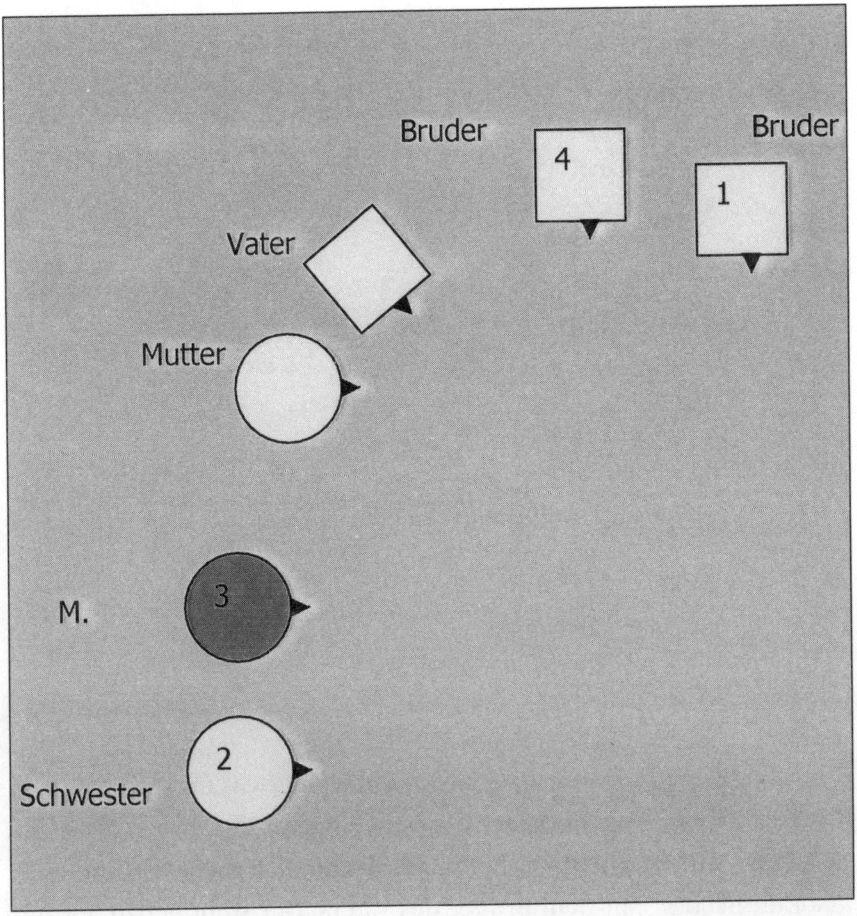

Mutter: Da links ist viel Energie, rechts weniger. In der Mitte fühle ich etwas wie ein Loch.

M.: Ich fühle mich nicht gut. Mir ist sehr heiß, auch in den Beinen.

Älterer Bruder: Ich will weg hier ...

Marie *greift ein*: Mein älterer Bruder ist auch weit weg gezogen.

Constanze *zu Marie*: Wähle noch zwei Männer aus. Einen für den Bruder des Vaters und einen für den Bruder der Mutter. Stell sie ins Blickfeld der anderen Familienmitglieder.

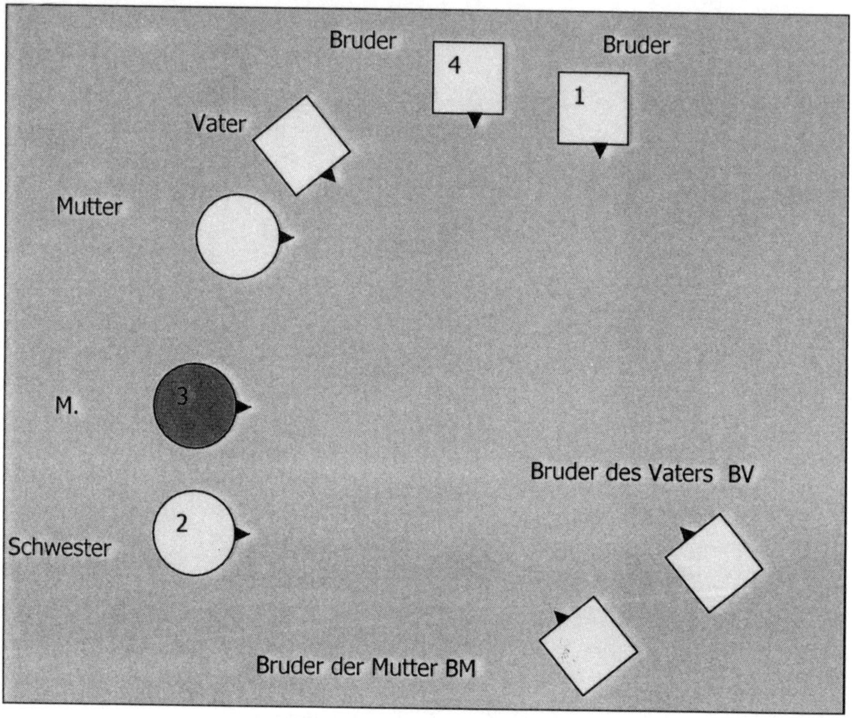

CONSTANZE *zum jüngeren Bruder*: Ändert sich etwas für dich ?

JÜNGERER BRUDER: Es geht besser. Mir ist weniger heiß.

CONSTANZE: Mit welchem der beiden fühlst du dich mehr verbunden?

JÜNGERER BRUDER: Mit dem Bruder des Vaters. Der steht genau vor mir und ich nehme ihn besser wahr.

ÄLTERER BRUDER: Ich will immer noch weg hier, nach vorne. (*Lachen in der Gruppe. Er folgt seinem Impuls und stellt sich zwischen seinen Onkel väterlicherseits und seinen jüngeren Bruder.*) Oh, hier kann ich durchatmen!

CONSTANZE: Wie geht's dem Vater?

VATER: Mir ist weniger heiß, vor allem am Kopf.

ÄLTERER BRUDER: Ich bin böse auf den Vater.

CONSTANZE: Wir machen hier mal Ordnung.

JÜNGERER BRUDER *(ungeduldig)*: Ich glaube, dass ich genau dasselbe wie mein großer Bruder fühle. Vorher schon und jetzt auch.

Marie sagt dazu, dass die beiden Brüder einander sehr nahe stehen. Constanze stellt die Stellvertreter um.

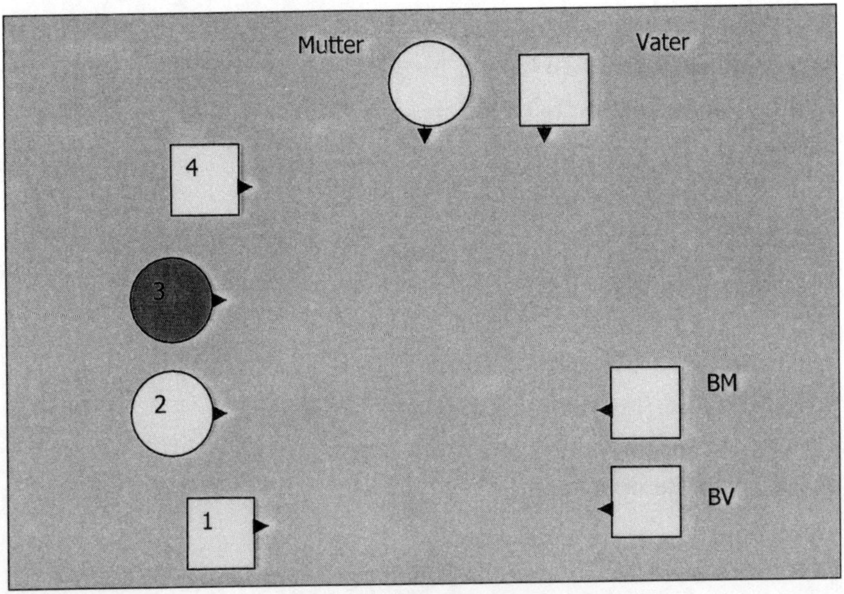

CONSTANZE *zu den Kindern*: Wie geht's hier ?

ÄLTERER BRUDER: Es geht, hier habe ich den Eindruck, mich zu erholen.

CONSTANZE *zu Marie*: Ich habe die Kinder in der Reihenfolge ihres Alters aufgestellt. Von rechts nach links.

Marie stellt sich an ihren Platz.

MARIE: Es ist ein bisschen kühl hier …, als wäre hier ein Ventilator drunter ...

Constanze nimmt den Stellvertreter des Vaters und bittet ihn, Marie an die Hand zu nehmen und sich mit ihr vor seinen verstorbenen Bruder zu stellen.

CONSTANZE *zu den beiden*: Schaut den Onkel an.

MARIE: Das ist unangenehm. Ich habe große Angst, aber ich fühle mich gut da.

Der Stellvertreter des Vaters berührt seinen Bauch: Hier bildet sich ein Knoten.

MARIE: Gott sei Dank hält er mich an der Hand.

CONSTANZE *zum Vater*: Sag zu deinem Bruder: „Du bist mein großer Bruder."

VATER: Du bist mein großer Bruder.

CONSTANZE: „Ich bin dein kleiner Bruder."

VATER: Ich bin dein kleiner Bruder.

CONSTANZE: „Du bist tot."

VATER: Du bist tot.

CONSTANZE: „Ich lebe noch eine Weile, dann komme ich auch."

VATER: Ich lebe noch eine Weile, dann komme ich auch.

(Schweigen)

CONSTANZE: „Ich achte dein Schicksal."

VATER *(etwas gepresst)*: Ich achte dein Schicksal.

CONSTANZE: Kannst du ihm das freundlich sagen?

VATER: Ich achte dein Schicksal.

CONSTANZE *zum Bruder des Vaters*: Wie ist das für dich?

ONKEL (BV): Ich würde ihm gerne danken und dann gehen.

Er geht spontan einen Schritt vor, berührt den Stellvertreter des Vaters an der Schulter und sagt ihm danke. Constanze bittet den Stellvertreter des Vaters sich zusammen mit Marie vor dem Onkel leicht zu verneigen. Sie verneigen sich mit Achtung vor dem Schicksal des Onkels.

CONSTANZE *zu Marie*: Du kannst auch zu ihm sagen: „Ich achte dein Schicksal."

MARIE: Ich achte dein Schicksal. *(Nach einer Pause:)* Das berührt mich ganz tief.

CONSTANZE: „Jetzt gebe ich dir einen guten Platz in meinem Herzen."

MARIE: Jetzt gebe ich dir einen guten Platz in meinem Herzen.

CONSTANZE: „Du gehörst mit zu unserer Familie."

MARIE: Du gehörst zu unserer Familie.

Dem Onkel geht es gut. Er will gehen.

CONSTANZE: Noch nicht. *(Lacht.)* Geht aber beide ein Stück zurück.

Marie und der Stellvertreter des Vaters stellen sich zurück an ihre Plätze von vorher. Constanze stellt die Aufstellung um.

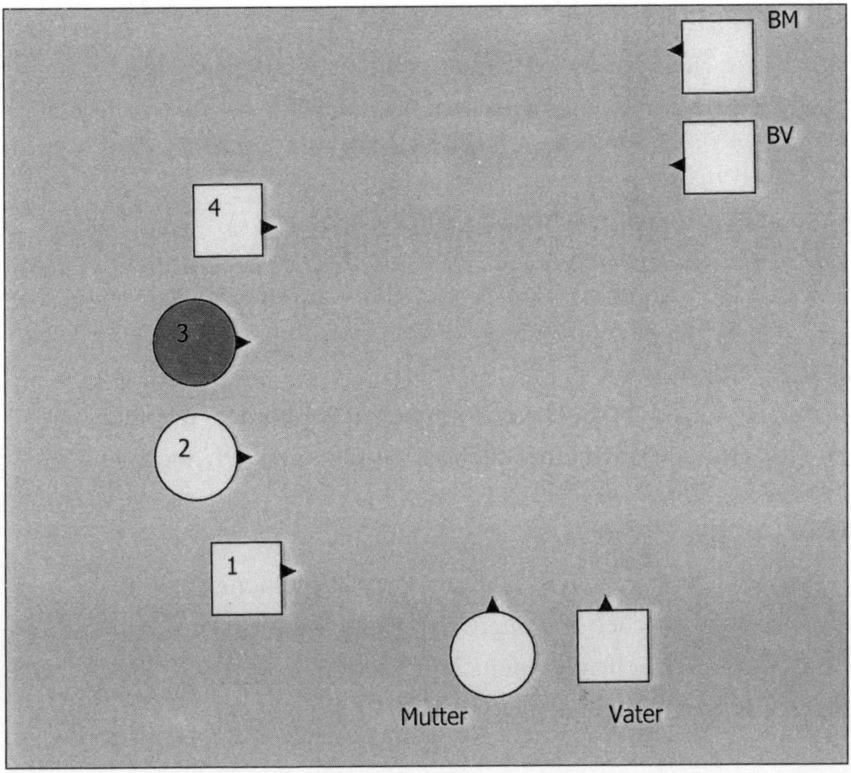

VATER: Es geht besser. Es ist weniger heiß. Ich habe weniger Angst.

CONSTANZE: Gut, das ist normal. Und der Mutter ?

MUTTER: Mir geht's hier weniger gut als vorher da drüben.

CONSTANZE *zu Marie*: War deine Mutter verfügbar, präsent für euch Kinder?

MARIE: Mehr oder weniger. Ich glaube, wir waren ihr mehr eine Last als ein Vergnügen.

CONSTANZE: Ich frage mich, ob es noch etwas mit dem Bruder der Mutter zu lösen gibt.

Dem zweiten Kind geht es nicht gut. Es fühlt sich zu sehr eingeengt zwischen den Geschwistern.

CONSTANZE: Ist der Bruder der Mutter wichtig für dich?

SCHWESTER: Ja.

CONSTANZE: Hier gibt es vielleicht noch eine Identifizierung.

MARIE: Die beiden haben denselben Namen. *[Das kommt im Französischen öfter vor. Beispiel: Dominique und Dominic. Anmerkung des Verlags]*

CONSTANZE: Gut, wir machen das wie vorher auch.

Zur Stellvertreterin der Mutter: Du nimmst die Tochter bei der Hand und ihr kommt vor den Bruder, der während des Krieges gestorben ist. Ihr schaut ihm in die Augen. Sag ihm: „Du bist tot."

MUTTER: Du bist tot.

CONSTANZE: „Ich lebe noch ein Weilchen, dann komme ich auch."

MUTTER: Ich lebe noch ein Weilchen, dann komme ich auch.

CONSTANZE: „Schau, das ist meine Tochter."

MUTTER: Schau, das ist meine Tochter.

CONSTANZE: „Jetzt gebe ich dir einen Platz in meinem Herzen."

MUTTER: Jetzt gebe ich dir einen Platz in meinem Herzen.

CONSTANZE: „Und ich achte dein Schicksal."

MUTTER: Ich achte dein Schicksal.

CONSTANZE *zum Bruder der Mutter:* Wie ist das für dich?

BM: Bevor sie kamen, da hatte ich so eine Phase, da war es mir kalt und dann kam so ein Kribbeln. Jetzt bin ich viel aufrechter und ich fühle etwas ganz Starkes. *(Er zeigt auf sein Herz.)*

CONSTANZE *zu den Stellvertreterinnen der Mutter und der Tochter*: Verneigt euch vor ihm mit Achtung und Liebe.

CONSTANZE *zur Schwester*: Sag ihm: „Jetzt sehe ich dich."

SCHWESTER: Jetzt sehe ich dich.

CONSTANZE: „Ich habe denselben Vornamen wie du."

SCHWESTER: Ich habe denselben Vornamen wie du.

CONSTANZE: „Deshalb muss ich aber nicht dasselbe Schicksal haben."

SCHWESTER: Deshalb muss ich aber nicht dasselbe Schicksal haben.

CONSTANZE: „Ich lasse dir dein Schicksal."

SCHWESTER: Ich lasse dir dein Schicksal.

CONSTANZE: „Und ich lebe meins."

SCHWESTER: Und ich werde meines leben.

BM: Ich fühle mich in Frieden.

CONSTANZE *zur Gruppe*: Die Toten haben keinen Frieden, wenn - ich sage es mal so - wenn sie wissen, dass ihnen einer nachfolgen will und ein schweres Schicksal hat, weil er mit ihnen verstrickt ist. So können sie keine Ruhe finden. Es hilft niemandem, wenn ein junger Mensch das Schicksal eines Älteren, der schon gegangen ist, nachahmt. Es gibt dann zwei Unglückliche anstelle von einem.

MARIE: Ich wollte noch hinzufügen, dass mein großer Bruder denselben Vornamen hat wie der Bruder meines Vaters.

CONSTANZE: Ah ja, ich glaube aber, dass der jüngere Bruder von diesem Onkel beeinflusst war. Das hat man am Anfang gesehen.

ÄLTERER BRUDER: Ja, ich habe mich von ihm nicht sehr betroffen gefühlt.

CONSTANZE zur Mutter: Schau deine Kinder an. Sag ihnen: „Jetzt, nachdem ich meinem Bruder einen Platz gegeben habe, werde ich mehr für euch da sein können."

MUTTER: Jetzt, da ich meinem Bruder einen Platz gegeben habe, werde ich mehr für euch da sein können.

Marie schüttelt den Kopf.

CONSTANZE: Das war ein Versuch.

Sie stellt die Mutter rechts neben den Vater, damit die Kinder mehr im Bannkreis des Vaters stehen.

MARIE: Sie stört mich immer noch.

Dem älteren Bruder ist es lieber, wenn die Mutter links neben dem Vater steht. Sie stellt sich an diesen Platz zurück.

CONSTANZE *zu Marie*: Sag zur Mutter: „Du bist die Große und ich bin die Kleine."

MARIE: Du bist die Große und ich bin die Kleine.

CONSTANZE: „Du hast mir viel gegeben."

MARIE: Du hast mir viel gegeben.

CONSTANZE: „Das war viel genug. Den Rest mache ich selbst."

MARIE: Das war viel genug. Den Rest mache ich selbst.

CONSTANZE: „Ich achte dich als meine Mutter."

MARIE: Ich achte dich als meine Mutter.

MUTTER: Es ist, als ob die Spannung weg wäre.

ÄLTERER BRUDER: Es ist gut.

SCHWESTER: Gut.

MARIE: Es geht gut. Mir ist noch ein bisschen kalt links.

Die Kinder rücken näher zusammen und Marie fühlt sich wohl.

JÜNGERER BRUDER: Okay.

Die Eltern und Maries Geschwister fühlen sich auch gut.

CONSTANZE: Vielen Dank euch allen.

MARIE: Danke.

Zusammenfassung: Marie und ihre Herkunftsfamilie

Die Verstrickung:

Marie hat zwei Onkel, die früh gestorben sind. Der Bruder ihrer Mutter ist im Alter von acht Jahren an einer Krankheit gestorben. Der Bruder ihres Vaters ist als junger Mann bei der Arbeit vom Dach gestürzt und tödlich verunglückt. Marie hat einen älteren Bruder, dann eine ältere Schwester und einen jüngeren Bruder.

Maries jüngerer Bruder scheint an seinem Platz gefährdet zu sein. Er vertritt entweder den Bruder des Vaters oder will anstelle des Vaters diesem Bruder nachfolgen.

Die Lösung:

Der Vater gibt seinem toten Bruder einen Platz, indem er ihn als großen Bruder anerkennt und sein Schicksal achtet. Das ist wie eine Erlösung sowohl für den Vater als auch für seinen Bruder. Jetzt kann der Sohn auch ruhig werden, er muss für niemanden mehr einspringen.

Das zweite Kind, Maries Schwester, hat denselben Namen (in der weiblichen Form) wie der verstorbene Bruder der Mutter. Die Mutter sagt zu ihrem Bruder: „Ich achte dein Schicksal." Maries Schwester sagt zum Onkel: „Jetzt sehe ich dich. Ich habe denselben Vornamen wie du, deshalb muss ich aber nicht das gleiche Schicksal haben. Ich lasse dir dein Schicksal und lebe meines."

Marie hat am Schluss der Aufstellung noch ein schwieriges Verhältnis zur Mutter. Sie ist ihr gegenüber hochmütig. Als sie ihren Platz als Kind einnimmt und die Mutter würdigt, lässt die Spannung nach.

Laurie und ihre Gegenwartsfamilie: „Ich habe ein Kind im Mutterleib verloren."

LAURIE: Das Gefühl, das ich habe, ist das Resultat von zwanzig Jahren Ehe. Ich habe mich verändert, ich habe den Eindruck, dass ich die letzten zwei, drei Jahre einiges an Ballast abgeworfen habe, bei einigen Seminaren und Workshops. Während sich da also etwas verändert hat, hatte das auch positive Auswirkungen auf meine Kinder. Sie stehen mir heute näher und das entwickelt sich immer noch weiter in diese Richtung. Die Beziehung zu meinem Mann hat sich auch verändert. *(Der Mann ist in der Runde anwesend.)* Da gibt es jetzt mehr Distanz. Irgendetwas läuft falsch und manchmal haben wir es sehr schwer miteinander. Ich weiß nicht, ob es an seiner Arbeit liegt, ob es irgendeine Geschichte gibt, ich habe keine Ahnung. Ich hoffe, dass wir heute Abend eine Lösung dafür finden ...

CONSTANZE: Wie viele Kinder habt ihr?

LAURIE: Zwei Mädchen.

CONSTANZE: Wie alt sind sie?

LAURIE: Fünfzehn und zehn Jahre alt.

CONSTANZE: War einer von euch früher schon einmal verheiratet oder in einer festen Bindung?

LAURIE: Nein.

CONSTANZE: Also in eurer Paarbeziehung hat sich etwas verändert. Ist das schon lange so oder hat sich das erst kürzlich eingestellt?

LAURIE: Ich glaube, den richtigen *Crash* gibt es seit ungefähr anderthalb Jahren. Für mich hat eine neue Zeit angefangen, seit ich meinen alten Ballast abgeworfen habe. Ich fühle mich freier für viele Dinge. Ich habe aber den Eindruck, dass diese neue Freiheit eine Auswirkung auf uns hat. Als habe mein Mann jetzt keinen Schutz mehr.

Constanze schaut den Mann an, der gekommen war, um seine Frau zu begleiten, aber von vornherein gesagt hatte, er wolle sich nicht beteiligen.

CONSTANZE *zu Lauries Mann*: Wenn Sie möchten, können Sie auch etwas dazu sagen.

LAURIES MANN: Nein, nein, ich habe mir untersagt hier einzugreifen. Das ist die Aufstellung meiner Frau. *(Er lacht.)*

LAURIE: Das sind meine Empfindungen.

CONSTANZE: Nun gut. Also, du wählst jemanden, der dich in der Aufstellung vertritt, und suche auch Stellvertreter für deinen Mann und die Kinder aus.

Laurie fragt verschiedene Leute aus der Gruppe, ob sie die Rolle spielen wollen, die sie ihnen zugedenkt. Dann stellt sie gleich die Stellvertreter auf. Sie macht dies schnell und unkonzentriert.

CONSTANZE: Das war etwas zu schnell. Mach es noch einmal. Langsamer und gesammelt. Ohne schon im Voraus ein Bild von der Aufstellung im Kopf zu haben.

Laurie nimmt erneut jeden der Stellvertreter an den Schultern und stellt sie noch einmal auf.

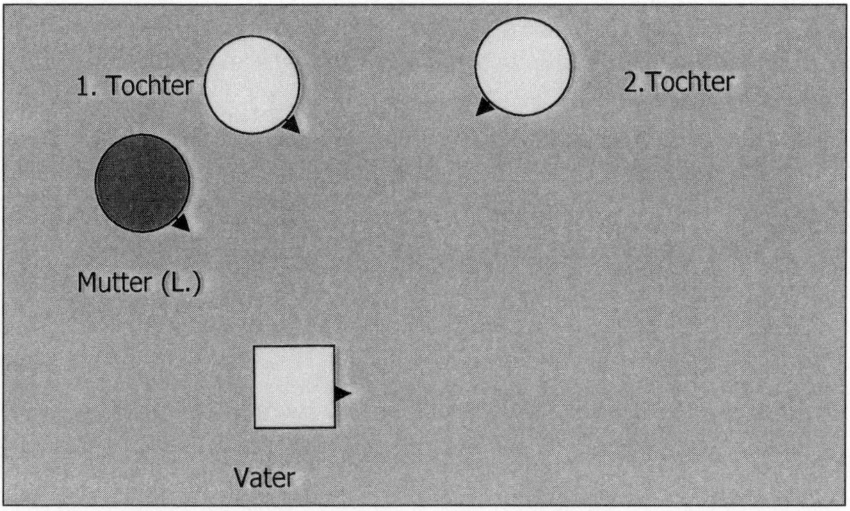

CONSTANZE *zu den Stellvertretern*: Ihr nehmt euch jetzt genug Zeit, um zu spüren, wie ihr euch an dem Platz fühlt, den ihr einnehmt. Schaut, wie es euch da geht, aber lest es nicht von dem Bild ab, das euch die Aufstellung vermittelt. Traut einfach eurer Wahrnehmung.

CONSTANZE *zu Laurie*: Ist ein Kind gestorben?

LAURIE: Ich hatte eine Fehlgeburt. Dann erwartete ich Zwillinge. Ich habe aber einen der Zwillinge während der Schwangerschaft verloren. Im dritten Schwangerschaftsmonat. Zwischen der ersten und der zweiten Tochter hatte ich die Fehlgeburt.

CONSTANZE *zum Stellvertreter des Vaters*: Wie geht es dem Vater?

VATER: Ich fühle mich außen vor.

CONSTANZE: Wie geht es der Mutter?

STELLVERTRETERIN VON LAURIE (L.): Ich fühle mich sehr vom Vater angezogen. *(Das heißt: von ihrem Mann.)*

ERSTE TOCHTER: Ich fühle mich sehr zur Mutter hingezogen.

ZWEITE TOCHTER: Ich falle nach rechts. *(Sie zeigt auf ihre große Schwester.)* Aber links, da bin ich auch instabil. Und der Vater schaut mich nicht an!

CONSTANZE: Wo schaut er hin? *(Zum Vater:)* Hast du eine Idee? Gibt es eine Richtung, in die es dich zieht?

Der Stellvertreter des Vaters möchte sich gerne zu seiner Frau drehen. Constanze fragt Laurie, ob sie eine Vorstellung habe, auf wen der Mann schaue.

LAURIE: Auf seinen eigenen Vater? Seine Mutter? Die Schwiegereltern wohnen ganz in unserer Nähe. Sie haben neben uns gebaut.

CONSTANZE: Nein, das ist es nicht. Gab es ein einschneidendes Ereignis in dieser Familie, jemanden, der ein schweres Schicksal hatte?

LAURIE *(schaut ihren Mann an)*: Nein, ich weiß nicht. Höchstens vielleicht, dass er einen Bruder hatte, der tot zur Welt kam.

CONSTANZE: Ah ja.

LAURIE: Der erste Bruder starb, dann kam ein zweiter Bruder, dann mein Mann. Wie bei mir. Meine älteste Schwester ist auch tot geboren.

CONSTANZE *(führt den Vater nach vorne)*: Wie ist das für dich?

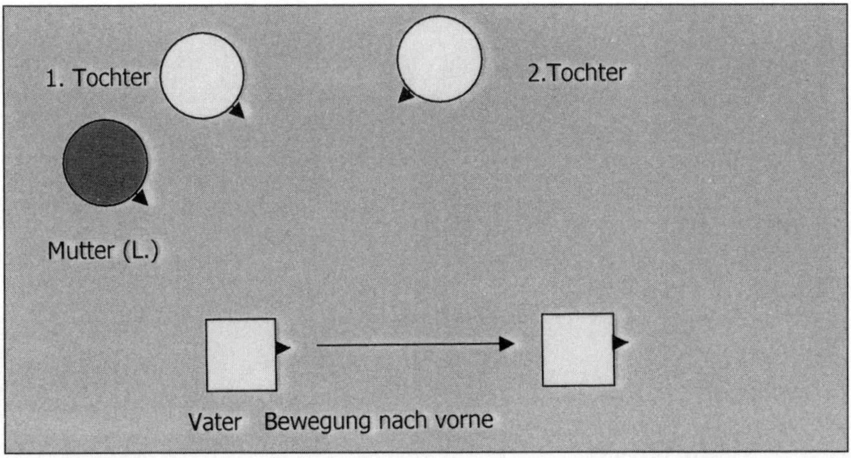

VATER: Nein. Das geht zu weit raus. Da geht es mir weniger gut.

Constanze stellt den Vater wieder an seinen ursprünglichen Platz und dreht ihn zu seiner Familie hin.

VATER: Das ist besser.

L.: Soll ich etwas sagen? Ich habe keine Verbindung. Mir fehlt eine Bindung. Ich möchte berühren, jemandem nah sein, so geht es mir.

CONSTANZE *zu Lauries Stellvertreterin*: Du kannst ausprobieren und den Platz finden, der für dich gut ist.

Sie geht ein paar Schritte zurück und behält dabei denselben Abstand zum Mann und zu ihrer ersten Tochter.

(Vgl. Abbildung Seite 66 oben!)

L.: Ja, das ist besser.

Constanze wählt einen Mann als Stellvertreter für den tot geborenen Bruder des Vaters. Sie stellt ihn neben den Vater.

VATER: Das ist gut, das ist besser.

CONSTANZE *zur Mutter*: Ist es einfacher für dich, deinem Mann näher zu kommen, wenn sein Bruder da ist ?

L.: Oh jaaa ... *(Sie rückt näher an ihn heran.)* ..., aber ich will meine Mädchen nicht alleine lassen.

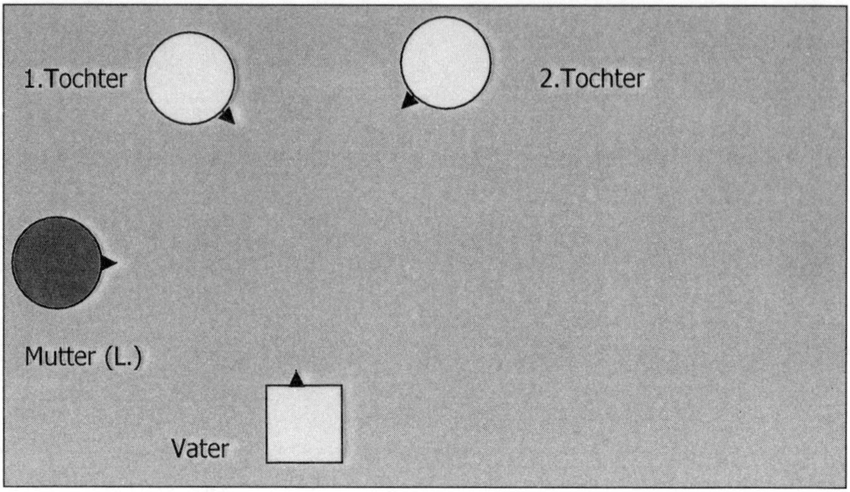

(Lachen in der Gruppe.)

CONSTANZE: Ja, ja, ist ja klar.

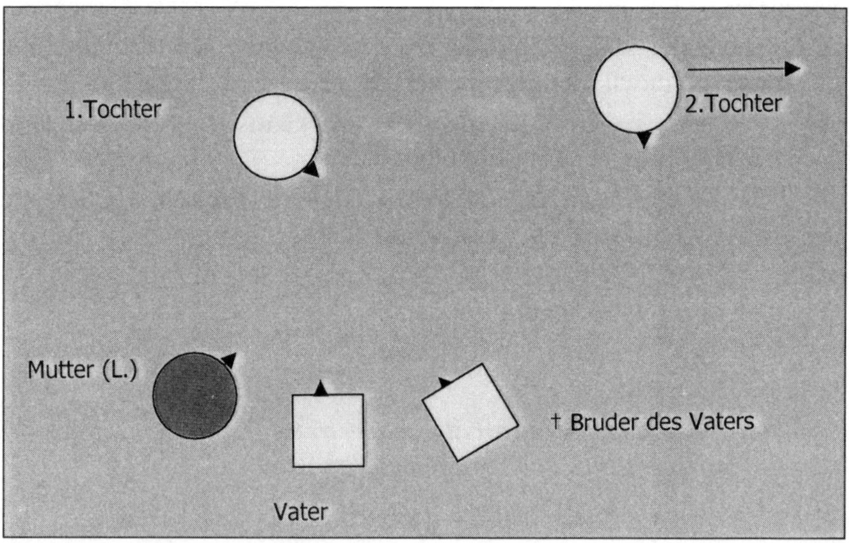

ERSTE TOCHTER: Das ist besser.

ZWEITE TOCHTER: Jetzt geht's mir auf der rechten Seite besser. Vorher wäre ich fast in die Richtung meiner Schwester gefallen. Seit der

Bruder des Vaters da ist, bin ich stabiler geworden. Links ist es aber noch nicht das Wahre. Da ist noch etwas wie eine Leere. Aber *(– sie lächelt –)* es wird schon besser. Jetzt möchte ich jedoch mehr Abstand zu meiner großen Schwester haben. Sie rückt etwas ab. Ja, hier kann ich besser atmen.

CONSTANZE *(zeigt auf den leeren Platz zwischen den Schwestern)*: Gab es da den Zwilling?

LAURIE: Zwischen den beiden hatte ich eine Fehlgeburt. Die kleine Tochter hatte einen Zwillingsbruder oder eine Zwillingsschwester.

CONSTANZE: Gut. Meistens zählt man Fehlgeburten ja nicht in der Geschwisterreihe mit, da sie meist keine systemische Auswirkung auf die anderen haben. Ein tot geborenes Kind aber wird mitgezählt. Es hat einen systemischen Einfluss auf die Geschwister. Vielleicht ist der Zwilling ja doch wichtig. Wir probieren das einfach aus.

Constanze fragt die Stellvertreterin der zweiten Tochter, ob ihr Zwilling eher ein Junge oder ein Mädchen war. Die Stellvertreterin sagt spontan, sie glaube, es müsse ein Mädchen gewesen sein. Constanze wählt eine Frau als Stellvertreterin der Zwillingsschwester. Die zweite Tochter möchte, dass die Zwillingsschwester sich links neben sie stellt.

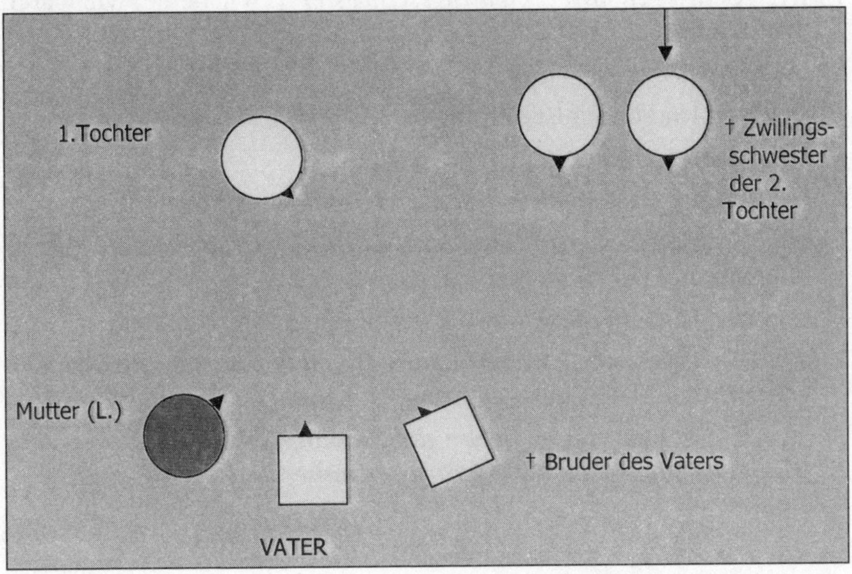

CONSTANZE *zur jüngsten Tochter*: Ändert das etwas für dich?

ZWEITE TOCHTER: Ja, ein neues Gleichgewicht entsteht. Das macht mir aber etwas. Sie ist zu stark präsent.

CONSTANZE: Kannst du ihr in die Augen schauen ?

ZWEITE TOCHTER *(hält sich die Hand auf die Magengegend, während sie die Zwillingschwester anschaut)*: Das macht mir etwas, das berührt mich.

Tränen steigen ihr in die Augen. Die älteste Tochter will sich näher neben ihre kleine Schwester stellen. Die Mutter rückt dicht neben ihren Mann, diese Bewegung erheitert die beobachtende Gruppe.

CONSTANZE *zum Vater*: Schau deinen toten Bruder an und sag zu ihm: „Du bist der Älteste, ich bin der Dritte. Jetzt gebe ich dir einen Platz unter uns Geschwistern."

VATER *zu seinem Bruder*: Du bist der Älteste, ich bin der Dritte. Jetzt gebe ich dir einen Platz bei uns Geschwistern.

BRUDER †: Ich bin erleichtert, das tut mir gut.

CONSTANZE *zur zweiten Tochter*: Schau deine Zwillingsschwester an. Sage ihr: „Wir beide, wir waren zusammen."

ZWEITE TOCHTER *zu ihrer Zwillingsschwester* †: Wir beide, wir waren zusammen.

Sie ist tief bewegt.

CONSTANZE: „Und du fehlst mir."

ZWEITE TOCHTER: Und du fehlst mir sehr.

CONSTANZE: „Du hast einen guten Platz in meinem Herzen."

ZWEITE TOCHTER *(weist auf ihr Herz und atmet tief durch)*: Du hast einen guten Platz in meinem Herzen.

CONSTANZE: „Und auf diese Weise können wir zusammen bleiben."

ZWEITE TOCHTER *(seufzt)*: Und so kannst du immer bei mir bleiben. *(Zu Constanze:)* Es ist gut, das gesagt zu haben. Das beruhigt.

Sie kann sich jetzt näher neben die Zwillingsschwester stellen und ist froh, dass auch die große Schwester näher kommt.

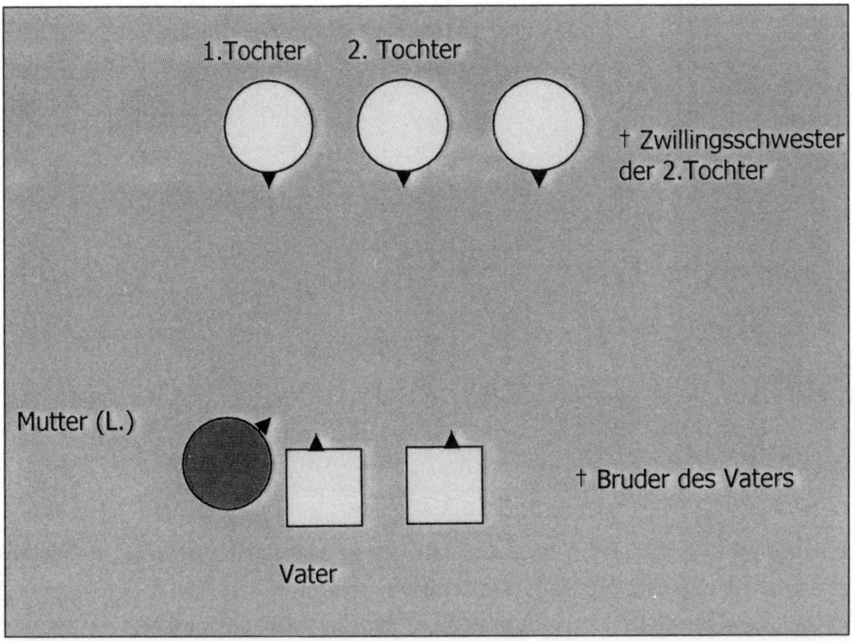

CONSTANZE: Sag zu deiner Schwester: „Du bist die Erste und ich bin die Kleine."

ZWEITE TOCHTER *zur ersten Tochter*: Du bist die Erste und ich bin die Kleine.

CONSTANZE: „Und schau, das ist meine Zwillingsschwester."

ZWEITE TOCHTER: Und schau, das ist meine Zwillingsschwester.

Die Stellvertreterinnen der Mädchen schauen sich gegenseitig an und lachen fröhlich.

Constanze holt Laurie in die Aufstellung und stellt sie an ihren Platz. Ihre Stellvertreterin setzt sich in der Kreis der beobachtenden Gruppe. Laurie schaut alle Repräsentanten um sich herum an. Dabei atmet sie tief.

Nach einer Weile stellt Constanze die Kinder neben die Eltern.

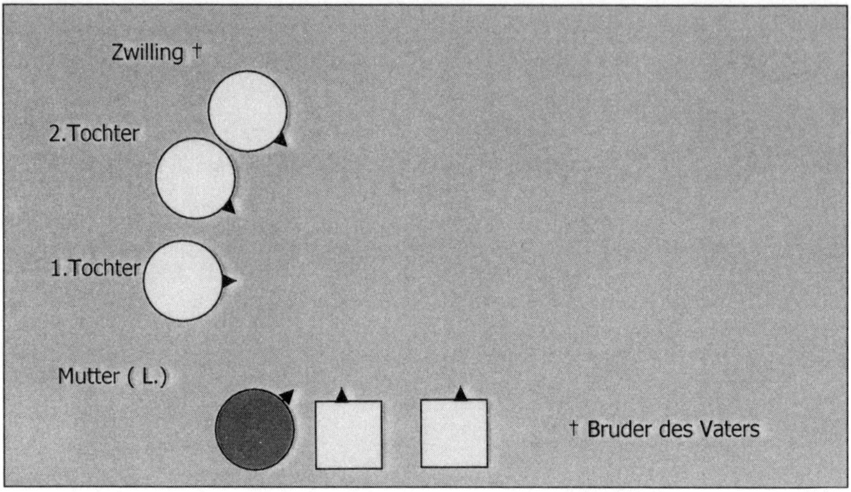

Laurie ist erschüttert. Sie weint, während sie das Kind, das sie verloren hat, anschaut. Sie sagt, das tue ihr gut.

CONSTANZE *zu Laurie*: Sag dem Kind: „Wir geben dir auch einen Platz."

LAURIE *(während sie abwechselnd das Kind und ihren Mann anschaut)*: Wir geben dir auch einen guten Platz. – Das tut mir gut.

ZWEITE TOCHTER: Mir ist, als entlaste das unsere Beziehung. Ich habe zu viel alleine auf mich genommen.

Laurie stimmt dem zu und meint, sie verstehe gut, was die Stellvertreterin sagt.

CONSTANZE: Sag zu deiner kleinen Tochter: „Von nun an werde ich dich mit anderen Augen anschauen."

LAURIE: Von nun an werde ich dich mit anderen Augen anschauen.

CONSTANZE: „Ich werde dich zusammen mit deiner Zwillingsschwester sehen."

LAURIE: Ich werde dich zusammen mit deiner Zwillingsschwester sehen.

ZWEITE TOCHTER *spontan zur Mutter*: „Ich danke dir."

VATER *zur jüngsten Tochter*: Jetzt sehe ich euch auch beide.

Der Satz kommt nicht recht an. Er berührt die Tochter überhaupt nicht.

Constanze führt die Zwillingsschwester vor den Vater und dreht sie mit dem Rücken zu ihm. Sie soll sich vor dem Vater auf dem Boden setzen und sich mit dem Rücken an ihn anlehnen. Der Vater legt eine Hand auf ihren Kopf. Plötzlich verändern sich die Gesichtszüge des Stellvertreters. Gefühl für das tote Kind steigt in ihm auf.

CONSTANZE *zum Vater*: Schau zu deiner Frau und sage ihr: „Wir tragen das zusammen."

VATER: „Wir tragen das zusammen."

LAURIE *(atmet tief und erleichtert durch)*: Danke.

Constanze stellt die Zwillingschwester wieder an ihren Platz zwischen den Geschwistern.

CONSTANZE *zu Laurie*: Du kannst zu dem toten Bruder deines Mannes sagen: „Ich sehe dich jetzt mit deinem Bruder zusammen und ich sehe, dass er eine gute Kraft für dich darstellt."

LAURIE: Ich sehe dich jetzt mit deinem Bruder zusammen und ich sehe, dass er eine gute Kraft für dich darstellt.

Constanze fragt die verschiedenen Stellvertreter und Laurie, wie es ihnen jetzt gehe.

VATER: Gut.

LAURIE: Es ist warm geworden.

ERSTE TOCHTER: Gut.

ZWEITE TOCHTER: Es ist lebendig geworden.

CONSTANZE *zur jüngeren Tochter*: Du kannst jetzt zu deiner Zwillingsschwester sagen: „Jetzt lasse ich dich ziehen, in Frieden."

ZWEITE TOCHTER: Jetzt lasse ich dich ziehen, in Frieden.

CONSTANZE: Irgendwann muss man die Toten auch gehen lassen. – Danke.

Alle setzen sich wieder.

CONSTANZE *zu Laurie*: Bei Gelegenheit kannst du deiner Tochter erzählen, was du in der Aufstellung gesehen hast.

LAURIE: Ja, sie sagt oft: „Mama, warum ist *sie* gestorben und nicht ich?", und ich habe oft den Eindruck, dass sie nur halb lebt.

CONSTANZE: Eine Person, die überlebt hat, wo eine andere gestorben ist (das kann zum Beispiel auch bei einem Unfall sein), stellt sich häufig diese Frage. Sie wird auch Mühe, haben, ihr Leben ganz zu nehmen, da sie sich der Zwillingsschwester gegenüber sozusagen schuldig fühlt. Wenn man jedoch die Toten in einer Aufstellung anschaut, dann sieht man, dass sie es immer gut meinen mit den Lebenden. Sie wollen, dass sie weiterleben und glücklich sind. Das kannst du auch deiner Tochter sagen. – Was deine Beziehung zu deinem Mann anlangt: Ihr müsst das zusammen tragen. Vielleicht gibt es auch noch etwas in der Herkunftsfamilie des Mannes, das ihn nach außen schauen ließ, am Anfang. Sein Bruder ist wichtig für ihn und er muss gesehen werden.

Zusammenfassung: Laurie und ihre Gegenwartsfamilie

Die Verstrickung:

Laurie sagt, dass sie und ihr Mann sich in letzter Zeit immer mehr voneinander distanzieren, und wünscht sich dafür eine Lösung.

Das Paar hat zwei Kinder. Das zweite Kind, ein Mädchen, ist ein Zwilling. Der andere Zwilling ist im dritten Schwangerschaftsmonat abgegangen. Lauries Mann hat einen Bruder, der tot geboren wurde.

Die Lösung:

Zu Beginn der Aufstellung steht der Mann nach außen gewandt. Sobald sein verstorbener Bruder neben ihn gestellt wird, kann er sich umdrehen und seiner Familie zuwenden. So geht es ihm auch besser. Seine Frau sieht ihn nun mit seinem Bruder zusammen und will sich ganz nahe neben ihn stellen.

Für die zweite Tochter verändert sich etwas, sobald ihr Zwilling neben sie gestellt wird. Sie gewinnt an Stabilität. Alle fühlen sich am Ende wohl an ihrem Platz.

Nach der Aufstellung schreibt Laurie folgenden Brief:

> Ich habe zunächst meinen Mann gebeten, bei der Aufstellung dabei zu sein. Ich wollte sehen, was in unserer Familie abläuft, da es zwischen mir und meinem Mann viele Konflikte gab. Es zeigte sich, dass der Verlust des Zwillings eine wichtige Rolle spielte und das Familiengleichgewicht stark beeinträchtigte. Mir ist klar geworden, dass mein Mann und ich nie darüber gesprochen haben, auch nicht mit unserer kleinen Tochter. Seit ihrer Geburt fühlte ich mich sehr stark mit ihr verbunden, das war nicht unbedingt ein gesundes Gefühl. Wir haben Mühe uns voneinander zu lösen.
>
> Als der Zwilling in der Aufstellung anerkannt wurde, da habe ich mich unwahrscheinlich erleichtert gefühlt. So, als habe man die Schnur eines Ballons durchgetrennt, der an meinem Bauch festgebunden war. Ich war sehr glücklich. Meinem Mann war nicht klar geworden, wie wichtig das war. Ich sagte ihm, ich wolle es gerne unserer Tochter mitteilen; er war nicht ganz damit einverstanden. Ich habe es zwei Tage später aber gemacht. Die Reaktion war umwerfend. Sie hat geweint, dann hat sie gesagt: „Uff, Mama, jetzt kann ich endlich atmen." Sie fühlte sich erleichtert. Sie hat daraufhin innerlich mit ihrer Zwillingsschwester gesprochen, das tat sie auch noch Monate später. Sie hat gefragt: „Mama, warum ist sie gestorben und

nicht ich?" Ich habe ihr geantwortet: „Sie hat es so gewählt. Du bist da, du hast das Recht zu leben und glücklich zu sein."

Dann sagte sie: „Mama, ich lebe jetzt." Sie meinte schließlich: „Weißt du Mama, mit meiner Zwillingsschwester ist das wie in dem Song von David Halliday: *... je n'ai pas eu le temps de te dire combien je t'aime et combien tu me manques ...*" („Ich hatte nicht die Zeit, dir zu sagen, wie sehr ich dich liebe und wie sehr du mir fehlst ...") – Seitdem sehe ich meine Tochter als einen eigenständigen Menschen.

Später erzählt Laurie, dass die große Schwester auch sehr berührt war. Sie hatte nicht gewusst, wie wichtig das für die kleine Schwester gewesen war und wie schwierig. Sie hatte immer das Gefühl gehabt, die Mutter ziehe ihr die kleine Schwester vor. Jetzt verstand sie auf einmal die besondere Bindung, die die beiden hatten. Der Vater war sehr betroffen von der Reaktion seiner kleinen Tochter und von all den Auswirkungen. Er konnte erst mal nicht mehr darüber sprechen an diesem Abend.

Laurie und ihre Herkunftsfamilie: Ihre Schwester starb bei der Geburt, ihr Bruder erschoss unabsichtlich seinen Spielkameraden

LAURIE: Ich bin gekommen, um meine Herkunftsfamilie aufzustellen.

CONSTANZE: Wieso glaubst du, dass das notwendig ist?

LAURIE: Also, ich habe seit einigen Jahren gemerkt, dass ich es mir immer schwer gemacht habe. Das Leben war ein Kampf, sei es im beruflichen oder im privaten Bereich ... Es war nie einfach, das kommt auch jetzt noch manchmal wieder, aber seit drei Jahren hat sich doch einiges verändert. In Bezug auf bestimmte Ereignisse in meinem Leben würde ich gerne wissen, ob es noch Sachen gibt, die bewirken, dass mein Leben ein Kampf sein muss und dass es immer schwierig sein muss.

CONSTANZE: Gab es einschneidende Ereignisse in deiner Herkunftsfamilie?

LAURIE: Ja. Abgesehen von meiner Schwester, die bei ihrer Geburt starb – sie blieb im Geburtskanal stecken –, ist noch etwas Dramatisches passiert, als ich elf Jahre alt war. Mein Vater war Jäger, es gab also ein Gewehr bei uns zuhause, Patronen und so weiter. Eines Tages, am Vorabend des Geburtstages meines Bruders, sind Einbrecher bei uns eingedrungen und haben alle Hasen und so was gestohlen. Papa hat daraufhin gesagt, er werde sein Gewehr bereit stellen und in die Luft schießen, sobald sie noch einmal auftauchten. Mein kleiner Bruder hat das gehört und hat am nächsten Tag nach der Schule seinem besten Freund vorgeschlagen, ihm mal Papas Gewehr zu zeigen. Sie sind ins Haus gegangen, Mama hat unten mit Nachbarinnen gesprochen und plötzlich hat sie einen Schuss gehört. Da war es passiert: Wie alle Kinder es tun würden, haben sie das Gewehr angelegt. Mein Bruder hat auf den Freund gezielt, wie es sein Freund vorher mit ihm gemacht hatte, aber ohne abzudrücken. Mein Bruder hat abgedrückt und den Freund auf der Stelle getötet. Was darauf folgte, war alles ziemlich schlimm. Als ich nach Hause kam, sagte man mir: „Du darfst nicht nach oben gehen, dein Bruder hat seinen Freund erschossen ..., nun ja, alles Weitere war sehr, sehr schlimm ... Es gab einen Prozess gegen meine Bruder.

CONSTANZE: Wie geht es diesem Bruder heute?

LAURIE: Die Konsequenzen waren hart. Mein Bruder ist sehr in sich gekehrt, ein Einzelgänger ...

CONSTANZE *unterbricht*: Ich möchte jetzt nichts über seine Eigenschaften wissen.

LAURIE: ... wohingegen der andere eher extravertiert ist. Wir sind drei.

CONSTANZE: Vier Kinder, von denen eines gestorben ist.

LAURIE: Ja, man hat aber im Grunde nie von meiner Schwester gesprochen.

CONSTANZE: Ja, ich seh schon. – Also, wähle Stellvertreter für *dich*, für deine Brüder und die Eltern. Den Rest sehen wir dann.

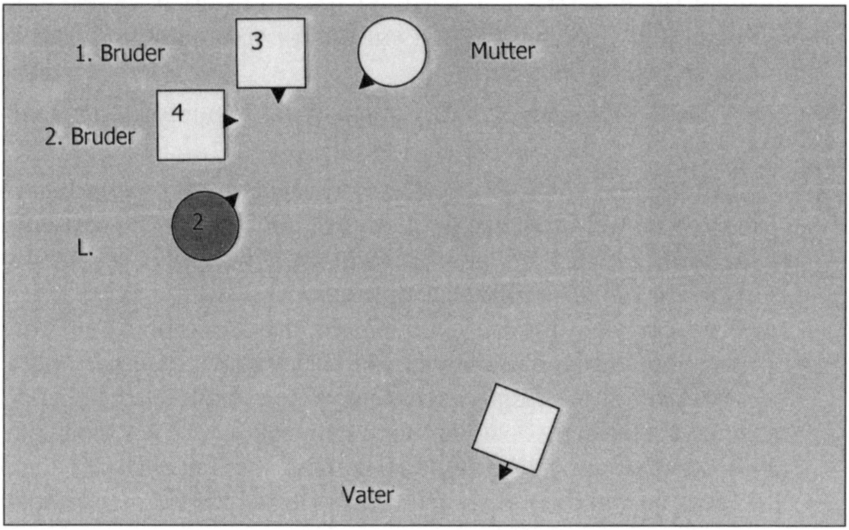

Die Stellvertreter werden gefragt, wie sie sich an ihrem Platz fühlen. Die Mutter sagt, an diesem Platz fühle sie sich besser als an dem Platz, den Laurie ihr vorher angewiesen hatte. (Laurie hatte die Aufstellung noch einmal verändert.)

Der Vater spricht mit bewegter Stimme. Er fühlt sich isoliert und völlig ausgeschlossen.

Die Stellvertreterin Lauries stört es, dass der Vater so beiseite steht.

Der zweite Bruder fühlt sich schlecht, es zieht ihn nach hinten weg, sein Herz schlägt schnell.

Der erste Bruder hat auch Herzklopfen und fühlt sich beklemmt. Er würde gern entweder vorwärts oder rückwärts gehen.

Constanze stellt noch eine Frau dazu, die Lauries verstorbene Schwester darstellt. Ihre Anwesenheit bewirkt eine Veränderung bei der Mutter, die sich dadurch besser fühlt.

VATER: Für mich ist das gar nicht gut, sie macht mir etwas Angst.

CONSTANZE *zu Laurie*: Um dieses Kind ist nicht getrauert worden.

LAURIE: Ich habe das erst sehr spät erfahren. Man hat nicht darüber gesprochen.

CONSTANZE: Hatte die Mutter Schaden bei der Geburt erlitten ?

LAURIE: Das war sicher sehr hart für sie, psychisch gesehen. Sie hatte einen Unfall gehabt. Aufgrund dieses Unfalls war der Oberschenkelknochen in die Hüfte gerammt worden. Sie lag acht Monate auf einer Streckbank. Sie hatte sich schon gedacht, dass sie Geburt deshalb schlecht laufen würde. Sie hat das immer wieder gesagt, die anderen sagten ihr aber, doch, doch, das geht schon, pressen sie, das wird schon gehen, und es ging eben nicht. Ich musste dann schnell hinterher kommen.

CONSTANZE: Bei dem, was du da erzählst, geht es auch um einen Kampf. Findest du nicht? Du sprachst doch davon, dass du im Leben kämpfen musst.

LAURIE: Ah ja.

CONSTANZE: Hier haben zwei ums Überleben gekämpft. Die Mutter hat überlebt. Das Kind nicht.

Constanze stellt die Schwester neben L.

(Vgl. Abbildung Seite 78 oben!)

CONSTANZE *zur Schwester*: Ändert das etwas für dich?

SCHWESTER †: Mich hat es vorhin schon so nach vorne gezogen, das ist jetzt noch stärker.

CONSTANZE: Geh mit der Bewegung.

Die Stellvertreterin der Schwester geht erst auf die Mutter zu, dann zeigt sie, dass ihre linke Schulter verspannt ist, danach dreht sie sich herum, um ihre Geschwister zu sehen. Zuletzt geht sie ein paar Schritte zurück. (Abbildung Seite 78 unten)

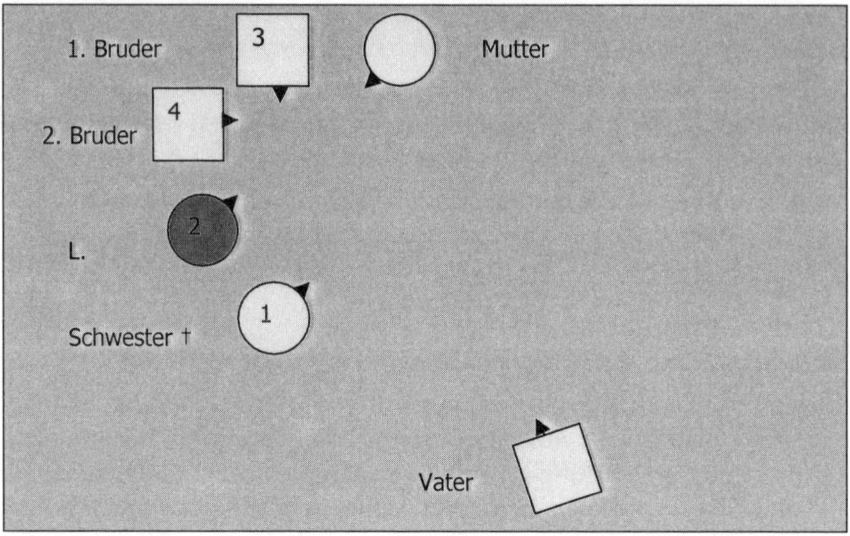

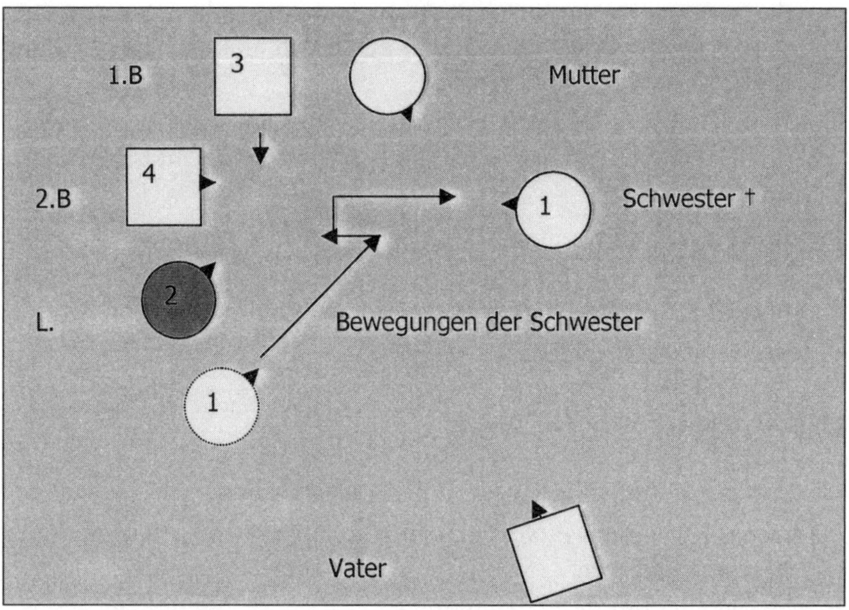

CONSTANZE *zur Mutter, die sich umdreht, um die Tochter sehen zu können:* Sag zu diesem Kind: „Du bist mein Kind."

MUTTER: Du bist mein Kind.

CONSTANZE: „Du gehörst zu uns."

MUTTER: Du gehörst zu uns. – Mein Herz schlägt wie wild!

CONSTANZE *zu Laurie*: Das hat nicht stattgefunden.

Zur Stellvertreterin der Mutter: Sag ihr: „Jetzt gebe ich dir einen Platz in meinem Herzen."

MUTTER *zu dem toten Kind*: Jetzt gebe ich dir einen Platz in meinem Herzen.

CONSTANZE: Und wenn ein Schmerz kommt, der ehrt dann das Kind. *(Zur Schwester †)*: Wie geht es dir jetzt?

SCHWESTER †: Das ist ganz überwältigend !

Constanze stellt den Vater neben die Mutter. Sie lässt ihn zur Tochter sagen. „Du bist mein Kind und auch ich gebe dir einen Platz in meinem Herzen." Der Satz kommt beim Kind nicht recht an.

CONSTANZE: Sag ihr: „Es war sehr schlimm. Wir haben sehr darunter gelitten, dass wir dich verloren haben."

VATER: Es war sehr schlimm. Wir haben sehr darunter gelitten, dass wir dich verloren haben.

CONSTANZE: „Jetzt sehe ich dich. Und ich nehme dich in mein Herz."

VATER: Jetzt sehe ich dich. Und ich nehme dich in mein Herz.

Es klappt nicht. Der Vater fühlt sich außerdem immer noch ausgeschlossen.

Constanze stellt das tote Kind neben seine Geschwister. Constanze bittet Lauries Stellvertreterin, ihre verstorbene Schwester anzusehen und ihr zu sagen: „Du bist meine große Schwester."

L.: Du, du bist meine große Schwester.

CONSTANZE: „Und ich gebe dir einen Platz."

L.: Ich gebe dir einen Platz.

CONSTANZE: „Du gehörst zu uns."

L.: Du gehörst zu uns.

Die Schwestern schauen einander an und stellen sich näher nebeneinander. L. ist innerlich sehr bewegt, zwischen Weinen und Lachen. Beiden wird es plötzlich sehr heiß.

Constanze holt einen Mann in die Aufstellung, der den erschossenen Freund des ersten Bruders repräsentiert.

CONSTANZE *zu Laurie*: Wir schauen uns mal die Geschichte mit dem Unfall an. Vielleicht gibt sie uns einen Hinweis auf die Haltung des Vaters und weshalb er sich nicht richtig zugehörig fühlen kann. Sonst kann das auch aus *seiner* Herkunftsfamilie kommen.

LAURIE: Ich glaube, das kommt eher aus *seiner* Herkunftsfamilie.

CONSTANZE: Was ist *da* passiert?

LAURIE: Da gab es Gewalt zwischen den Eltern, die haben sich scheiden lassen. Die Mutter war Alkoholikerin, sie ist in einer Scheune gestorben ...

CONSTANZE: An was ist sie gestorben, am Alkohol?

LAURIE: Bestimmt, die Umstände ihres Todes sind nicht ganz geklärt. Sie ist jedoch eines natürlichen Todes gestorben.

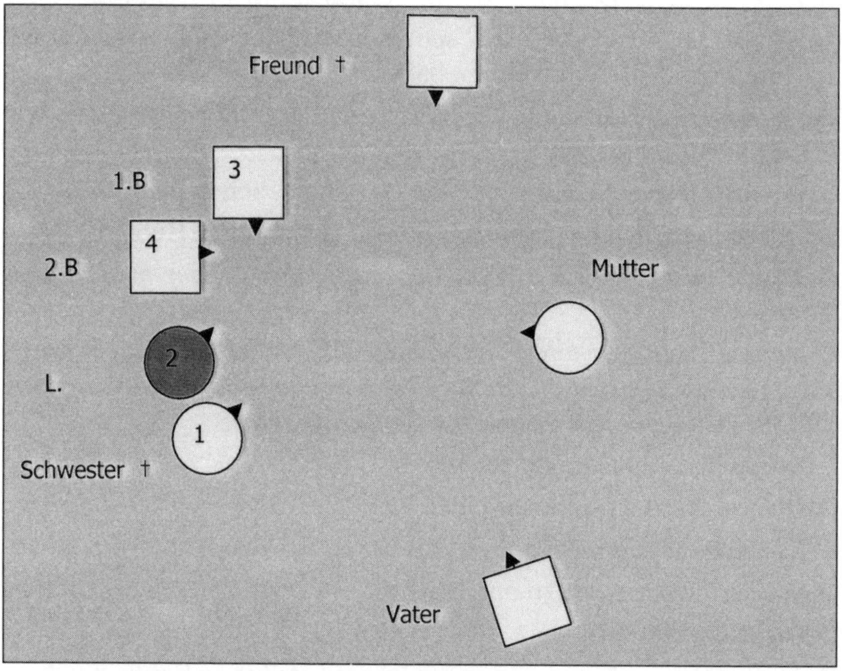

Der erste Bruder hat beim Erscheinen des Freundes sofort das Bedürfnis sich umzudrehen und hinauszugehen.

Constanze bittet den Freund, sich auf den Boden zu legen. Der erste Bruder, der ihn unfreiwillig getötet hat, legt sich neben ihn.

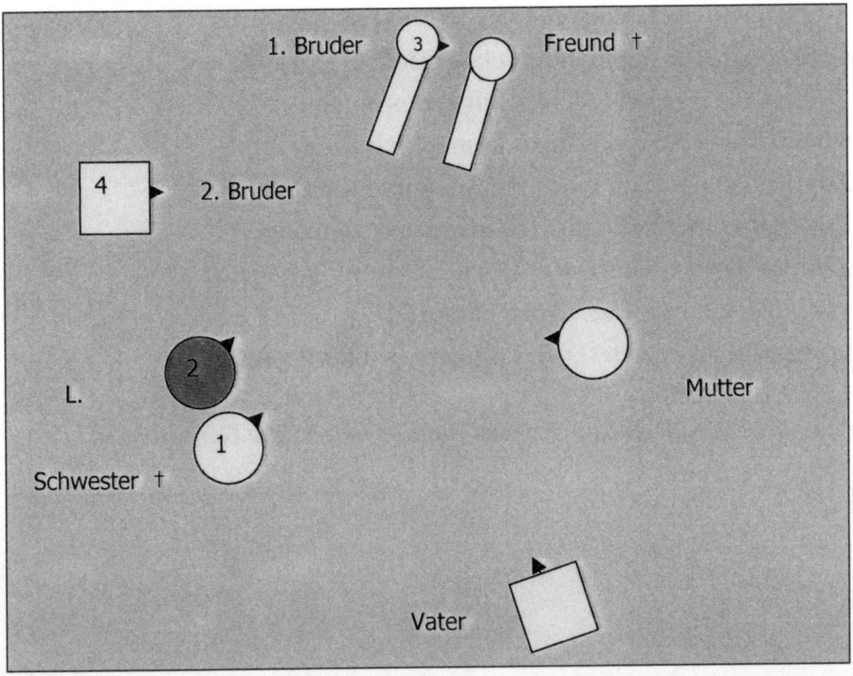

Nach einer Weile:

ERSTER BRUDER: Da kommt etwas aus der Tiefe hoch. Da steigt Traurigkeit auf.

Kurze Zeit später beruhigt sich dieses Gefühl.

FREUND †: Ich fühle mich ihm nah. Ich habe Mitleid mit ihm, irgendwie belustigt es mich auch, er ist also geblieben ...

CONSTANZE *zum ersten Bruder*: Sag einfach zu ihm: „Es tut mir Leid."

ERSTER BRUDER: Es tut mir Leid.

CONSTANZE *zum Freund*: Gibt es etwas, was du ihm sagen möchtest?

FREUND †: Ich bin nicht nachtragend.

Nach einiger Zeit bittet Constanze den Stellvertreter des ersten Bruders aufzustehen. Er stellt sich wieder an seinen ursprünglichen Platz.

ZWEITER BRUDER: Ich habe das nicht mit ansehen können.

CONSTANZE (*führt auch den zweiten Bruder zu dem Toten; er bleibt neben ihm stehen*): Sag ihm: „Du bist tot."

ZWEITER BRUDER: Du bist tot.

CONSTANZE: „Ich bleibe noch eine Zeit."

ZWEITER BRUDER: Ich bleibe noch etwas.

CONSTANZE: „Und eines Tages komme ich auch."

ZWEITER BRUDER: Und eines Tages komme ich auch.

CONSTANZE: „Sei freundlich zu mir, wenn ich bleibe."

ZWEITER BRUDER: Sei freundlich zu mir, wenn ich bleibe.

FREUND †: Ich bin jetzt weniger traurig.

CONSTANZE *zu Laurie*: Er, der jüngere Bruder, ist in Gefahr.

LAURIE: Ich weiß!

Constanze stellt diesen Bruder wieder neben die Geschwister.

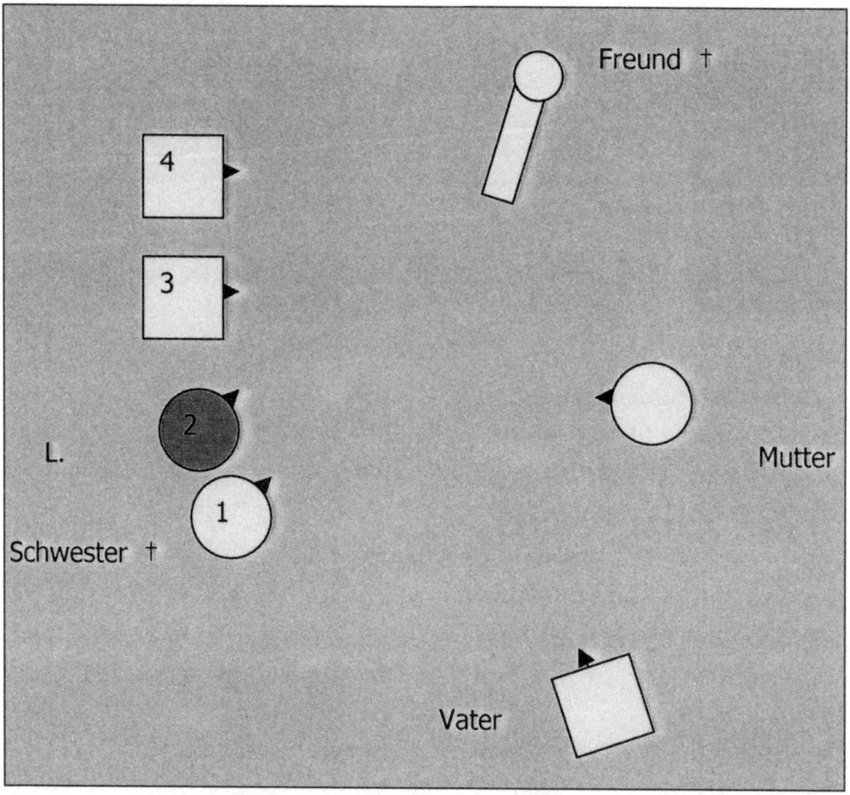

CONSTANZE *zum zweiten Bruder*: Sag zu deinem älteren Bruder: „Ich bleibe."

ZWEITER BRUDER: Ich bleibe.

CONSTANZE: „Für dich bleibe ich."

ZWEITER BRUDER: Für dich bleibe ich.

Constanze nimmt zwei Stellvertreter für die Eltern des Vaters in die Aufstellung hinein (GVV und GMV). Sie schauen nach außen, der Vater steht einige Schritte hinter ihnen. Dies ist ein Test für ihn, er soll zeigen, ob er den Eltern nachfolgen will. Der Vater sagt, er würde lieber ein Stück rückwärts gehen, dieses Gefühl hatte er schon von Anfang an. Constanze dreht die Eltern des Vaters um, so dass sie die anderen Stellvertreter sehen können.

CONSTANZE *zum Vater*: Sie haben es nicht leicht gehabt. Beide hatten eine große Last zu tragen. Ich hätte gerne, dass du sie anschaust und dir das dabei zu Herzen nimmst.

Zu Laurie: Ich denke, er hat es als Kind auch nicht leicht gehabt.

Zum Vater: Ich möchte, dass du dich vor ihnen verneigst. Mit Achtung für die Eltern und in Bezug auf das, was sie durchgemacht haben. Um ihr Schicksal zu würdigen und die Tatsache, dass sie dir das Leben geschenkt haben. All das zusammen. Mach es ganz nach deinem Gefühl und lass dir die nötige Zeit.

Der Stellvertreter des Vaters verneigt sich vor seinen Eltern.

GVV: Mir wird es ganz warm.

GMV: Ich würde ihn gerne in die Arme nehmen.

CONSTANZE *zum Vater*: Sie sind freundlich, nicht wahr?

VATER: Hm. Ich will immer noch nach hinten gehen.

Er geht mehrere Schritte rückwärts, bis er den Platz findet, der für ihn stimmt. Die Kinder fühlen sich besser. Der Jüngste teilt mit, dass die Verneigung des Vaters vor den Großeltern ihm gut getan habe.

CONSTANZE *zu Laurie*: Selbst wenn der Vater das so nicht ausdrückt: Jetzt, nachdem er etwas geregelt hat, ist er eher verfügbar für seine eigenen Kinder.

Laurie stellt sich selbst an ihren Platz in der Aufstellung. Constanze stellt die Mutter den Kindern gegenüber; diese bewegt sich etwas hin und her, bis sie den richtigen Platz für sich gefunden hat.

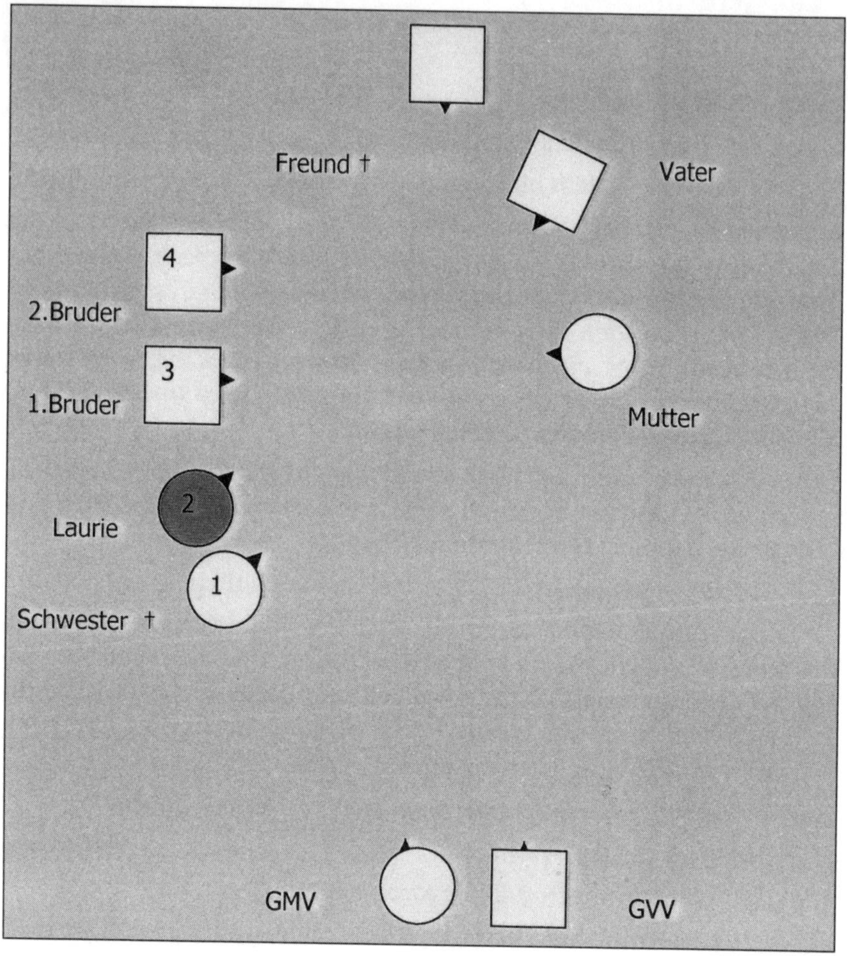

CONSTANZE *zu Laurie*: Das ist es.

LAURIE: Ja, das ist es!

CONSTANZE: Sag nur noch zu deiner Schwester: „Jetzt höre ich auf zu kämpfen."

LAURIE: Jetzt höre ich auf zu kämpfen.

CONSTANZE: Sag ihr auch: „Jetzt nehme ich mein Leben voll und ganz."

LAURIE: Jetzt nehme ich mein Leben voll und ganz.

CONSTANZE: „Mit dir vor Augen und in meinem Herzen."

LAURIE: Mit dir vor Augen und in meinem Herzen.

SCHWESTER †: Ich bin sicher, dass das richtig ist. Und ich wünsche ihr das Beste.

CONSTANZE: Sag zu der Mutter: „Ich lasse dir dein Schicksal."

LAURIE: Ich lasse dir dein Schicksal.

CONSTANZE: „Und ich lebe meines."

LAURIE: Und ich lebe meines. – Uff, ich bin froh, dass ich ihr das sagen kann!

MUTTER: Da fällt mir ein Stein vom Herzen!

CONSTANZE *zur Mutter*: Sag zu deiner Tochter: „Ich trage es alleine."

MUTTER: Ich trage es alleine.

CONSTANZE: Ich lasse es so. Danke.

Zusammenfassung: Laurie und ihre Herkunftsfamilie

Die Verstrickung:

Laurie sagt, sie sehe das Leben immer als einen Kampf.

Ihre (ältere) Schwester erstickte bei der Geburt. Laurie hat noch zwei jüngere Brüder. Der erste Bruder erschoss als Kind beim Spielen versehentlich seinen besten Freund.

Die Lösung:

Zunächst wird die verstorbene Schwester in die Aufstellung mit hereingenommen. Die Mutter ist berührt, sie gibt ihrem Kind einen Platz. Laurie tut es gut, die große Schwester neben sich zu haben. Sie sagt ihr schließlich: „Jetzt höre ich auf zu kämpfen. Ich nehme mein Leben ganz, mit dir vor Augen und in meinem Herzen." Es erleichtert sie sehr, der Mutter bewusst ihr Schicksal zu lassen und die Verantwortung für ihr eigenes Schicksal zu übernehmen.

Der Vater ist mit seinem eigenen Herkunftssystem beschäftigt und nicht sehr für seine Familie verfügbar. Er verbeugt sich mit Respekt vor dem schweren Schicksal seiner Eltern. Das erleichtert Lauries jüngsten Bruder.

Der erste Bruder sagt zu dem toten Freund: „Es tut mir Leid." Der Freund sichert ihm spontan zu, dass er ihm nichts vorwerfe. Der zweite, jüngere Bruder scheint von dieser Geschichte eher betroffen zu sein, so als ob er sie für den großen Bruder auf sich nehmen und an seiner Stelle zu dem Toten gehen wolle. Er sagt zu seinem großen Bruder: „Ich bleibe. Für dich bleibe ich."

Mehrere Monate nach dieser Aufstellung berichtet Laurie Folgendes:

> Ich wollte mit dieser Aufstellung sehen, welche Auswirkungen die schlimmen Ereignisse in meinem Leben eventuell haben und ob ich etwas mit mir herumschleppe, was gar nicht zu mir gehört. Ich wollte auch nachprüfen, ob der gefühlsmäßige Eindruck, den ich von meinen Familienmitgliedern habe, so stimmt.
>
> Nun, alles was ich im Gefühl hatte, war da, vor meinen Augen. Ich wusste, dass mein Vater immer abwesend war, auch, wenn er da war. Nur *sein* Leiden zählte – er konnte aber nicht anders. Dass meine große Schwester, die nicht anerkannt war, solch einen negativen Einfluss auf mich hatte, hätte ich aber nicht erwartet. Ich wusste, dass mein zweiter Bruder in Gefahr war. Er ist es heute noch.

Meine Eltern wussten, dass ich diese Aufstellung machen würde. Sie haben sehr geweint, als ich ihnen erzählt habe, was war. Sie haben mich gefragt, was ich für meinen Bruder tun könne. Ich habe ihnen gesagt: „Eines Tages ergibt es sich, dass wir ein Gespräch miteinander führen können, er und ich." Das hat sich bis jetzt noch nicht ergeben und es geht ihm schlecht. Meinen Eltern geht es gut und wir stehen uns sehr nahe. Was das Schönste ist: Mein Vater schreibt seit über einem Monat an einem Buch über sein Leben, so kommt er uns und seinen Enkelkindern noch näher.

2. Bindung an frühere Partner

Wenn man nach den ersten Partnern fragt, kommen oft erstaunliche Geschichten zutage. Manchmal scheiterte die erste Liebe daran, dass die Eltern einer Verbindung mit dem geliebten Menschen nicht zustimmten. In anderen Fällen ist der Verlobte oder der frisch verheiratete Mann im Krieg gefallen und die Frau hat daraufhin zum Beispiel seinen Bruder geheiratet. Wieder andere Klienten sind verlassen worden oder die Beziehung ist gescheitert.

Im Abschnitt „Wie man bei einer Familienaufstellung konkret vorgeht" (S. 15) haben wir gesehen, dass frühere Partner zum System dazugehören. Das heißt, man hat beobachtet, dass diese früheren (wichtigen) Partner – wenn man sie missachtet, vergisst oder nicht mitzählt – einen Einfluss auf das Familiensystem haben. Die alte Bindung beeinflusst das Gelingen einer neuen Bindung. Ist sie nicht gelöst, so kann das systemische Auswirkungen auf die Kinder aus der nachfolgenden Beziehung haben.

Die nachfolgenden Aussagen gründen – wie auch schon die „Regeln" im Abschnitt „Das Familiensystem" (vgl. S. 18) – auf Erfahrungswerten. Es handelt sich hier nicht um unumstößliche Gesetze, sondern um Beobachtungen, die bei Tausenden von Aufstellungen gemacht und von Aufstellungsleitern vielfach bestätigt wurden. Ich lade Sie als Leser dazu ein, die manchmal etwas apodiktisch klingenden Gesetzmäßigkeiten sowohl an Ihren persönlichen Erfahrungen als auch am Verhalten anderer in Ihrer Umgebung unvoreingenommen zu überprüfen.

Die erste Liebe geht immer einher mit der stärksten Bindung, egal wie innig oder schwierig die Beziehung ist oder war. Bindung in der Partnerschaft entsteht in der Regel durch den sexuellen Vollzug. Die Bindung an den jeweiligen Partner nimmt mit den nachfolgenden Partnerschaften ab. Die Stärke der Bindung lässt sich an der Tiefe des Schmerzes bei einer Trennung ablesen.

Bert Hellinger unterscheidet zwischen Bindung und Liebe. Die *Bindung* in einer dritten Beziehung ist zum Beispiel mit Sicherheit weniger stark als jene in der ersten Beziehung. Die *Liebe* in der zweiten oder dritten Partnerschaft kann jedoch inniger sein.

Bert Hellinger geht davon aus, dass viele Trennungen ihre Ursache in der *Ursprungsfamilie* des einen oder des anderen Partners haben.

Manchmal sind auch *beide* Partner in ihre jeweilige Herkunftsfamilie verstrickt und sind trotz aller Zuneigung einfach nicht frei füreinander. Die Verstrickung bindet einen großen Teil der Lebensenergie und die Partner sind nicht voll und ganz für eine Partnerschaft verfügbar. In solchen Fällen scheitert die Beziehung häufig.

Es gibt aber auch *Ereignisse*, die einen Bruch in der Partnerschaft verursachen, der nicht mehr rückgängig zu machen ist. Wenn beispielsweise eine Abtreibung stattgefunden hat, ist die Beziehung, selbst wenn sie noch weiter bestehen bleibt, auf einer tieferen Ebene beendet. Dies hat verschiedene Gründe. Unabhängig davon, wer die Abtreibung wollte und aus welchen Gründen dieser Entschluss gefasst wurde, wird dieser Akt von beiden Partnern unbewusst so gedeutet, dass der andere etwas von einem tötet. Dem anderen wird dadurch eventuell auch signalisiert: „Du bist nicht gut genug, um Vater/Mutter meines Kindes zu sein." Wenn eine Beziehung nicht so tragfähig ist, dass beide Partner die Verantwortung für ein Kind übernehmen können, dann wird sie durch eine Abtreibung grundlegend in Frage gestellt.

Falls einer der Partner das Kind haben möchte, der andere jedoch auf einer Abtreibung besteht, dann ist die persönliche Verletzung so groß, dass dieses Paar keine tiefe Beziehung mehr haben kann. Oft kommt es dann früher oder später zu einer Trennung. Bert Hellinger geht so weit zu sagen, dass ein Paar sich mit der Trennung unbewusst gewissermaßen für die Abtreibung bestraft.

Manchmal jedoch kann eine solche Verbindung weitergehen, wenn beide Partner echten Schmerz über den Verlust ihres abgetriebenen Kindes erleben können und diesem Schmerz zustimmen. Der gemeinsame Schmerz heilt dann den Bruch. Die Beziehung kann wieder aufgenommen werden. Es ist allerdings nicht mehr dieselbe, sondern eine neue Beziehung. Sie kann nicht mehr so innig sein, es ist eine zweite Beziehung. Es ist nicht mehr die erste Liebe. Die Verbindung eines solchen Paares gewinnt aber durch diese gemeinsam durchlittene Erfahrung manchmal an Tiefe.

Wenn eine frühere Partnerschaft nicht vollständig gelöst ist, dann behindert diese alte Bindung die neue Partnerschaft. Falls es eine Trennung im Hass gab, der Groll auf den früheren Partner weiterhin besteht oder man sich immer noch ungerechterweise verlassen fühlt, dann bindet das noch ungemein an diese Person, auch nachdem man sie viele Jahre nicht mehr gesehen hat. In diesem Fall ist man nicht ganz frei für eine neue Partnerschaft und die alte, ungelöste Bindung behindert eine neue Beziehung.

Gibt es in einer zweiten Ehe Kinder, so kann man (in der Lebenswirklichkeit ebenso wie in Familienaufstellungen) regelmäßig beobachten, dass *ein* Kind aus dieser zweiten Ehe mit dem ersten Partner identifiziert ist.

Hierzu ein Beispiel, das Bert Hellinger in seinem Vortrag „Wie Liebe gelingt“ gab.

> „Wenn ein Mann während seiner Ehe eine andere Frau kennen lernt und daraufhin zu seiner ersten Frau sagt: ‚Mit dir will ich von jetzt an nichts mehr zu tun haben', und noch dazu etwas erfindet, was er seiner ersten Frau vorwerfen kann, dann wird diese Frau von einem Kind, das er später mit seiner neuen Frau hat, vertreten. Dieses Kind wird dann seinem Vater mit demselben Hass begegnen, den die erste Frau ihm gegenüber hegt. Es weiß aber nicht, dass es das stellvertretend für jemanden tut. Eine unsichtbare Kraft versucht hier das Gleichgewicht wiederherzustellen. Auf diese Weise rächt ein unschuldiges Familienmitglied das Unrecht, das der ersten Frau angetan wurde.“

> (Mit „Kraft“ meint B. Hellinger eine systemimmanente Tendenz wie diejenige hin zu Ordnung oder Ausgleich, zum Gleichgewicht von Geben und Nehmen. Anmerkung der Autorin)

War ein Mann bereits früher verheiratet oder in einer festen Bindung und hat er in einer nächsten Ehe zwei Kinder, einen Jungen und ein Mädchen, so ist das Mädchen erfahrungsgemäß in aller Regel mit der ersten Frau identifiziert (gleichgeschlechtliche Identifizierung).

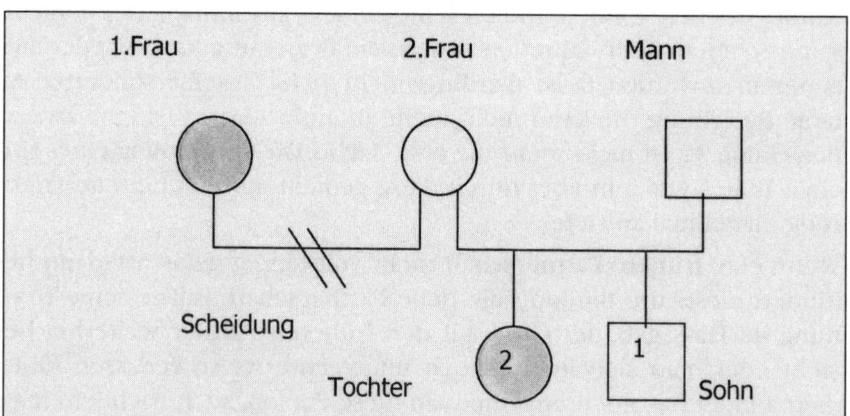

Hat derselbe Mann in der zweiten Ehe nur einen *Sohn*, steht also *kein Mädchen* zur Verfügung, so wird der Sohn - wie sich bereits bei Tausenden von Aufstellungen gezeigt hat - *gegengeschlechtlich* mit einer früheren Frau identifiziert sein. Er hat dann Schwierigkeiten, seine männliche Seite voll zu entwickeln und ein Mann zu werden.

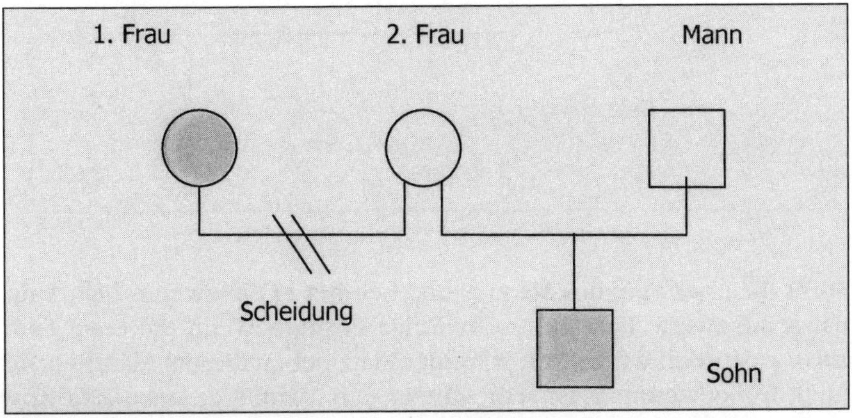

Das Gleiche gilt natürlich auch, wenn eine *Frau* bereits früher einen wichtigen Partner hatte. Dann ist in aller Regel das männliche Kind aus der nachfolgenden Partnerschaft mit diesem ersten Mann identifiziert. Gibt es nur Mädchen, dann ist eines der Mädchen gegengeschlechtlich mit dem ersten Partner seiner Mutter identifiziert. Dieses Kind hat es mit seiner Rolle als Frau nicht immer ganz leicht.

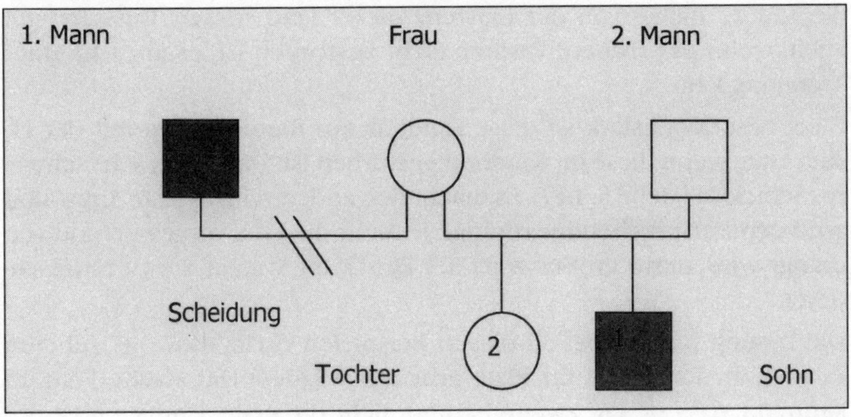

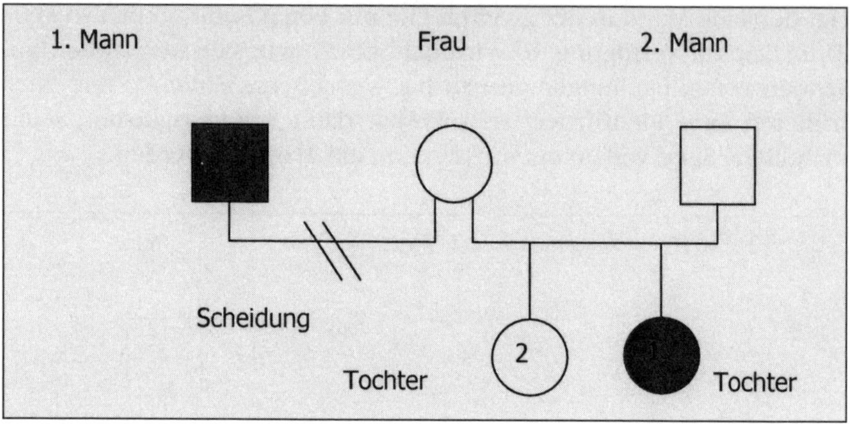

Stirbt die erste Frau des Mannes und heiratet er ein zweites Mal, dann hat seine zweite Frau eine schwierige Position: Wenn die erste Frau *nicht* gestorben wäre, dann wäre der Platz neben diesem Mann für sie nicht frei gewesen. Es ist sehr schwer, den Mann sozusagen „auf Kosten" der ersten Frau zu nehmen (– so könnte die zweite Frau das erleben). Die zweite Frau traut sich dann vielleicht nicht, ihren Mann *ganz* zu nehmen, und die Beziehung geht möglicherweise deshalb wieder auseinander oder sie ist nicht ganz erfüllt. Wenn das neue Paar Kinder bekommt, dann tendieren diese zu einer Identifikation mit der ersten Frau. Die Kinder sind auf der Welt und leben, weil die erste Frau Platz gemacht hat. Das ist die verborgene systemische Verbindung zwischen den Kindern und dieser Frau. Diese Bindung wirkt auch dann, wenn die Kinder nichts von der Existenz dieser Frau wissen. Dasselbe gilt auch, wenn der frühere Partner nicht gestorben ist, es aber zu einer Trennung kam.

Ganz besonders stark ist diese Tendenz zur Identifikation mit der ersten Frau, wenn diese im Kindbett gestorben ist. Das ist ein sehr schweres Schicksal (siehe S. 149). Es macht den anderen im System Angst und wird dementsprechend verdrängt. Je mehr die Frau vergessen und verdrängt wird, desto größer wird der Druck im System, sie zu repräsentieren.

Die Lösung besteht bei all diesen Beispielen darin, dass die früheren Partner, ihr Rang und ihr Platz geachtet werden: Die zweite Frau erkennt an, dass sie die zweite ist und nicht die erste. Und sie lässt der ersten Frau ihren Platz, wie immer es auch war. Der Mann vollzieht innerlich eine gute Lösung von der ersten Frau, sie muss aber in seinem System einen Platz behalten dürfen. Dann wird diese Frau von keinem Kind vertreten werden und die Partner können einander näher kommen.

Rose, ihre Gegenwarts- und ihre Herkunftsfamilie: „Ich habe Angst."

CONSTANZE: Also, du warst letztes Mal schon hier in der Gruppe?

ROSE: Ja.

CONSTANZE: Und das hat dir Mut gemacht, selber aufzustellen?

ROSE: Ja, das letze Mal hatte ich schon Lust dazu. Ich dachte ... Ich hatte mich da auf ein Problem versteift. Dass ich dann andere Aufstellungen gesehen habe, das hat meinen Blick erweitert und ich konnte sehen, dass bei mir noch andere Sachen anstehen.

CONSTANZE: Gut. Was willst du lösen, um was geht es?

ROSE: Es gibt in meiner Familie eine Wiederholung von Todesfällen sowie einen Mangel an affektiver Zuwendung seit meiner Kindheit, der mir mit jedem Todesfall neu bewusst wird. Um zu existieren und um mich wahrzunehmen, strenge ich mich ungemein an. Ich arbeite sehr viel, ich habe den Eindruck, sehr viel zu machen, um Anerkennung zu bekommen ..., aber eigentlich hätte ich das nicht nötig. Ich möchte mich gerne anders verhalten, habe zurzeit aber nicht genug Seelenfrieden für eine solche innere Öffnung. Wenn ich alleine bin, rotiere ich, als hätte ich Angst alleine zu sein.

CONSTANZE: Warst du oft alleine im Leben?

ROSE: Ja.

CONSTANZE: Von Anfang an?

ROSE: Ja.

CONSTANZE: Hast du einen Elternteil verloren?

ROSE: Ja. Mein Vater hat auch seine Mutter verloren, als er zwei Jahre alt war. Sie ist jung gestorben, an der Spanischen Grippe. Mein Vater war zwei Jahre alt und seine Schwester war gerade geboren worden. Ich habe seit langer Zeit ein gerahmtes Bild von ihr, das habe ich bei einem Umzug gefunden, ich konnte es bis jetzt aber einfach nicht aufhängen. Mein Vater ist gestorben. Mein Mann ist gestorben.

CONSTANZE: Wie alt warst du, als dein Vater starb?

Sie rechnet nach.

CONSTANZE: Warst du schon erwachsen?

ROSE: Ja, so um die dreißig. Als ich meinen Mann verlor, da war unser Sohn acht Monate alt. Ich habe das Gefühl, da wiederholt sich was.

CONSTANZE: Lebst du jetzt alleine?

ROSE: Nein, seit einiger Zeit lebe ich mit einem Mann zusammen.

CONSTANZE: Gut.

ROSE: Wenn ich aufwache, dann bin ich ganz panisch, ich habe Angst. Tagsüber zeige ich das aber nicht, da kann ich das kontrollieren, jedoch wenn ich alleine bin, vor allem beim Aufwachen, dann ist das …

(Pause)

CONSTANZE: Hast du Geschwister?

ROSE: Einen Bruder. Wir haben sehr wenig Kontakt. Wir sind sechzehn Monate auseinander. In dem Haushalt, in dem ich aufgewachsen bin, habe ich mich ganz fehl am Platz gefühlt. Ich habe überhaupt keinen Bezug, weder zu meiner Mutter noch zu meinem Vater; der hat mir große Angst gemacht, er war sehr streng. Mein Bruder und ich, wir telefonieren ein Mal pro Jahr …

CONSTANZE: Das ist, als hättest du keinen Platz, an dem du in Sicherheit bist.

ROSE: Ja, ich fühle mich wie ein Waisenkind.

CONSTANZE: Wir werden sehen, ob wir einen guten Platz für dich finden. Ich werde trotzdem zunächst mit deinem Gegenwartssystem anfangen. Mit deinem verstorbenen Mann und deinem jetzigen Partner.

ROSE: In Ordnung.

CONSTANZE: Wähle Stellvertreter für diese beiden Personen und für dich selbst aus.

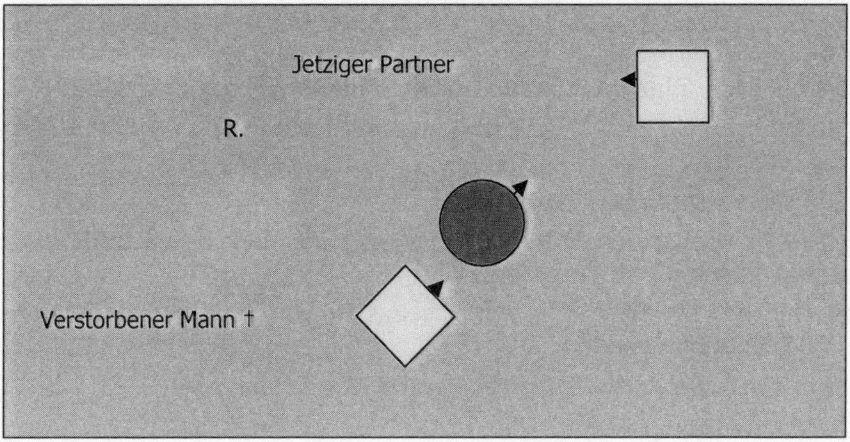

PARTNER: Ich habe keine Kraft.

CONSTANZE *zu Rose*: Ich wollte dir gerade sagen, dass es nicht einfach sein wird für deinen Partner dich zu halten. Macht das Sinn für dich?

ROSE: Noch nicht.

STELLVERTRETERIN *von Rose* (R.): Ich habe das Gefühl nach hinten zu kippen. *(Sie macht die entsprechende Bewegung.)*

VERSTORBENER MANN: Ich fühle mich sehr von ihr angezogen.

CONSTANZE: Das ist stark zwischen den beiden, sehr stark.

Constanze dreht R. um, damit diese ihren ersten Mann anschauen kann. Sie führt den jetzigen Partner etwas nach hinten weg. Dieser seufzt erleichtert und sagt, so gehe es ihm besser.

PARTNER: Ich kann wieder atmen, das ist eine Erleichterung.

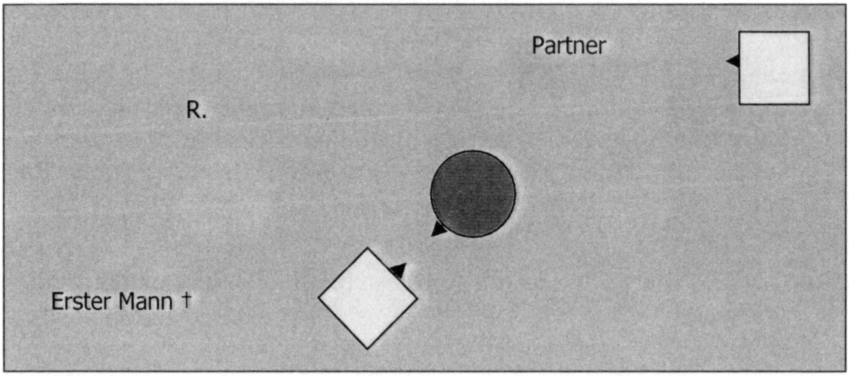

MANN †: Ich fühle mich immer noch von ihr angezogen.

R.: Ich habe ein großes Bedürfnis zu ihm zu gehen. So als würde ich gedrängt.

Constanze dreht den Mann um.

MANN †: Das ist besser. Ich spüre Wärme im Rücken. Ich fühle mich weniger von ihr angezogen.

R.: Ich möchte ihm noch näher sein. Mir war es lieber, als wir uns gegenüber standen.

Constanze führt den Mann einige Schritte weiter vor.

R.: Jetzt wird mir kalt.

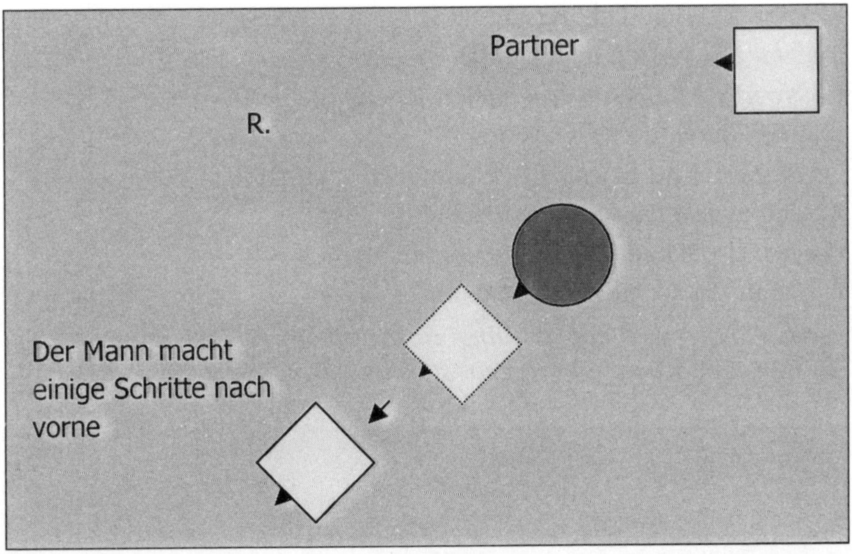

MANN †: Ich spüre immer noch die Wärme. Ich möchte mich umdrehen. *(Er dreht sich um.)*

R.: Ich spüre die Distanz.

CONSTANZE *zeigt auf den gegenwärtigen Partner von Rose, dieser lächelt*: Da ist es einfacher für ihn.

Zu R.: Kannst du deinen Mann anschauen? Sag ihm „schade".

R.: Schade.

CONSTANZE: „Ich halte in Ehren, was du mir gegeben hast."

R.: Ich halte in Ehren, was du mir gegeben hast.

CONSTANZE: „Es war viel."

R.: Es war viel.

CONSTANZE: „Ich lasse dir auch mit Liebe, was ich dir gegeben habe."

R.: Ich lasse dir auch mit Liebe, was ich dir gegeben habe.

CONSTANZE: „Das war auch viel."

R.: Das war auch viel.

CONSTANZE: „Ich habe es dir mit Freude gegeben."

R.: Und ich habe es dir mit Freude gegeben.

Der Mann macht eine Geste der Erleichterung, er lacht und atmet auf.

CONSTANZE: Sag dem ersten Mann: „Jetzt lasse ich dich frei."

R.: Jetzt lasse ich dich frei.

PARTNER: Das befreit mich! ... *(Er lacht.)*

CONSTANZE: „Und ich werde weiter leben."

R.: Und ich werde weiter leben.

CONSTANZE: „Und eines Tages komme ich auch."

R.: Und eines Tages komme ich auch.

CONSTANZE: „Schau, das ist mein neuer Mann."

R.: Schau, das ist mein neuer Mann.

Roses Partner will etwas näher zu ihr hin. Er stellt sich links neben sie. Der verstorbene Mann geht spontan einige Schritte zurück.

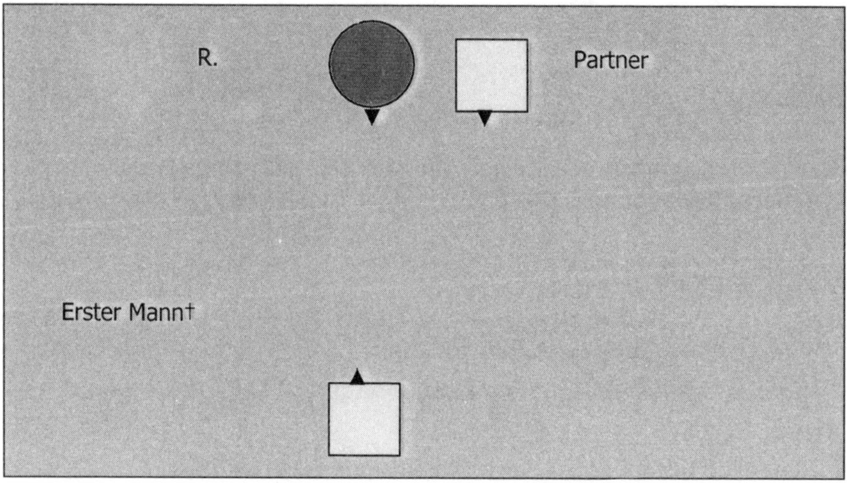

CONSTANZE *zu R.*: Wie ist das für dich?

R.: Ich fühlte mich erst etwas schwach auf den Beinen und konnte ihn schlecht anschauen. Jetzt geht es besser.

CONSTANZE *zum Mann*: Dreh dich um.

Zu R. und ihrem Partner: Und ihr bleibt nicht in derselben Achse stehen.

Sie dreht beide leicht nach links.

CONSTANZE *zu R.*: So siehst du deinen ersten Mann noch, er bleibt in deinem Blickfeld. Und er (der Partner) muss dich mit dem verstorbenen Mann nehmen. Sonst hat er keine Chance, dich zu behalten.

Der Partner nickt zustimmend.

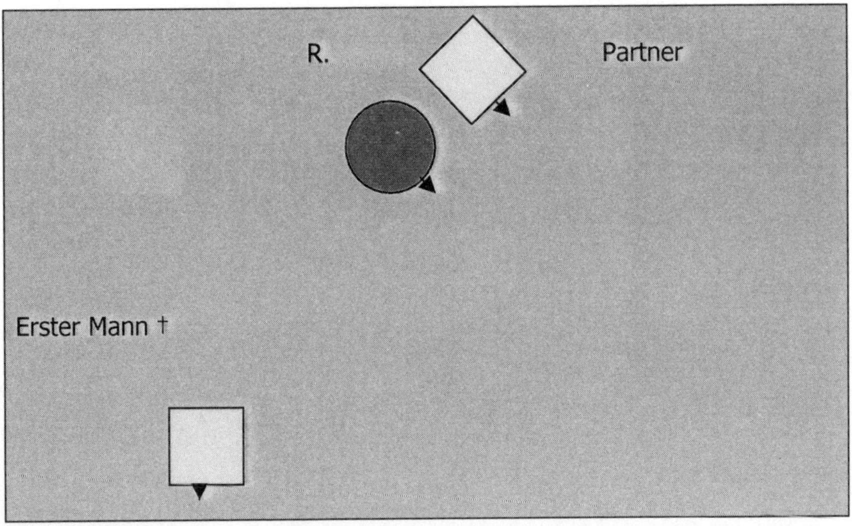

CONSTANZE: Wie geht es euch beiden?

PARTNER: Ich bin wieder im Gleichgewicht.

R.: Mich stört das. Ich sehe meinen ersten Mann mehr als ihn.

CONSTANZE: Dann schau deinen neuen Mann an.

R. lacht und dreht den Kopf – beide strahlen einander an. Constanze bittet die Stellvertreterin, mit Rose ihren Platz zu tauschen.

CONSTANZE *zu Rose*: Schau ihn an.

Rose und ihr Partner treten spontan einander gegenüber und schauen einander intensiv an. Nach einiger Zeit erscheint auf beiden Gesichtern ein strahlendes Lächeln. Die anderen Gruppenmitglieder lachen erleichtert.

CONSTANZE *zu Roses Partner*: Du kannst ihr sagen: „Ich nehme dich ganz, mit deinem Schicksal."

PARTNER: Ich nehme dich ganz, mit deinem Schicksal.

Rose schaut auf den Boden.

CONSTANZE: Schau ihn an, sonst kannst du nicht nehmen, was er dir sagt.

Ihr Freund wiederholt den Satz und greift dabei mit beiden Händen nach ihren Schultern. Sie schaut ihm in die Augen und nickt, dabei beginnen Tränen zu fließen.

CONSTANZE *dreht beide um und stellt sie nebeneinander. Sie zeigt nach vorne*: Das ist die Zukunft.

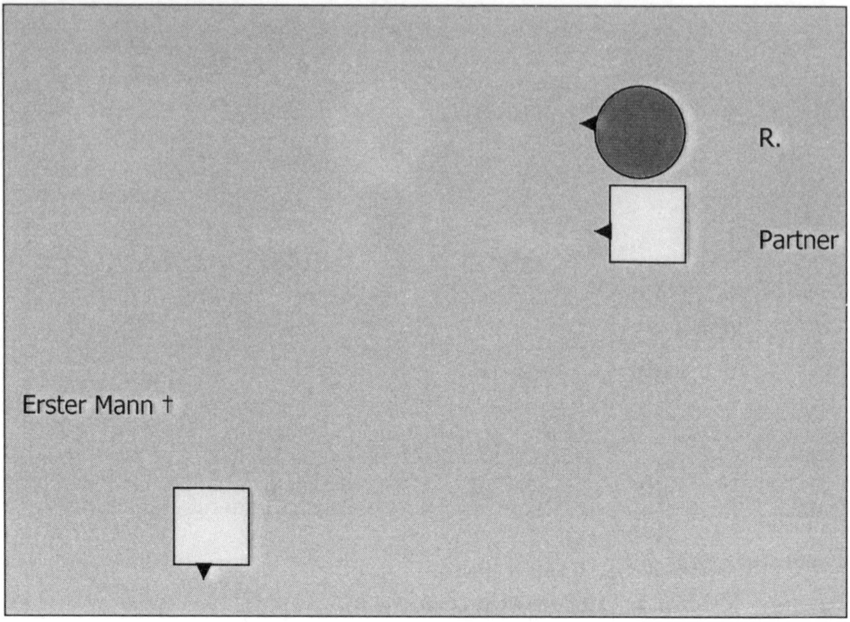

CONSTANZE: Ist das ein guter Platz für dich ?

ROSE *(zögernd)*: Ja, ja, hier ist es leichter.

CONSTANZE: Deinen Mann werden wir nicht vergessen, er gehört zu deiner Geschichte. Du musst ihm einen guten Platz bewahren. Dein jetziger Mann auch, er muss ihm einen Platz geben.

PARTNER: Ich habe den Eindruck, dass er auch irgendwie zu *mir* gehört.

CONSTANZE: Ja, das ist wichtig, sonst könnt ihr nicht zusammenbleiben. – Gut, aber es ist noch nicht fertig.

Sie sucht einen Mann, der den Vater von Rose repräsentiert (V), sowie eine Stellvertreterin für ihre Mutter (M). Sie bittet Roses ersten Mann Platz zu nehmen und wählt noch jemanden für die Mutter des Vaters (MV) aus.

(Vgl. Abbildung Seite 101)

MUTTER: Ich habe das Gefühl, nach links zu fallen.

Constanze stellt sie links neben ihren Mann. Da fühlt sie sich besser.

ROSE: Ich würde gerne zur Großmutter gehen. Aber ich kann nicht.

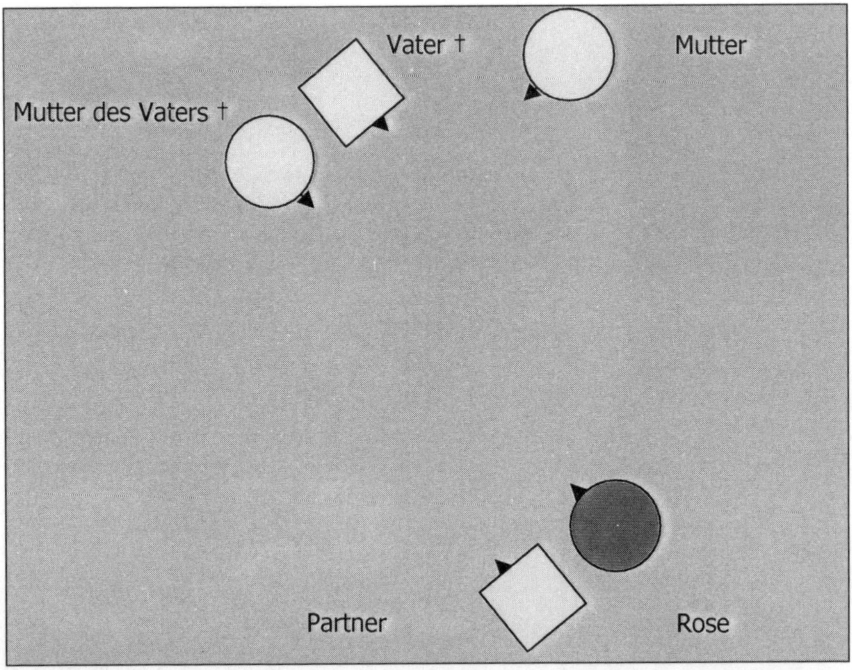

Constanze stellt die Großmutter links vom Vater in einem gewissen Abstand auf.
MV †: Ich fühle mich so mittelmäßig.

(Vgl. Abbildung Seite 102)

CONSTANZE *zum Vater* †: Kannst du sie anschauen? Das ist deine Mutter. Sag ihr: „Du hast mir sehr gefehlt."

VATER †: Du hast mir sehr gefehlt. *(Er lächelt traurig.)*

CONSTANZE: Stimmt der Satz?

VATER †: Ja.

CONSTANZE: „Jetzt nehme ich dich als meine Mutter."

VATER †: Jetzt nehme ich dich als meine Mutter.

CONSTANZE: „Ich hätte dich gerne da gehabt, als ich klein war."

VATER †: Ich hätte dich gerne da gehabt, als ich klein war.

MV † *(bewegt sich ein bisschen)*: Ich habe den Eindruck, dass ich jetzt meinen Platz finde.

VATER †: Mir gehts besser. Vorher war alles eher flach.

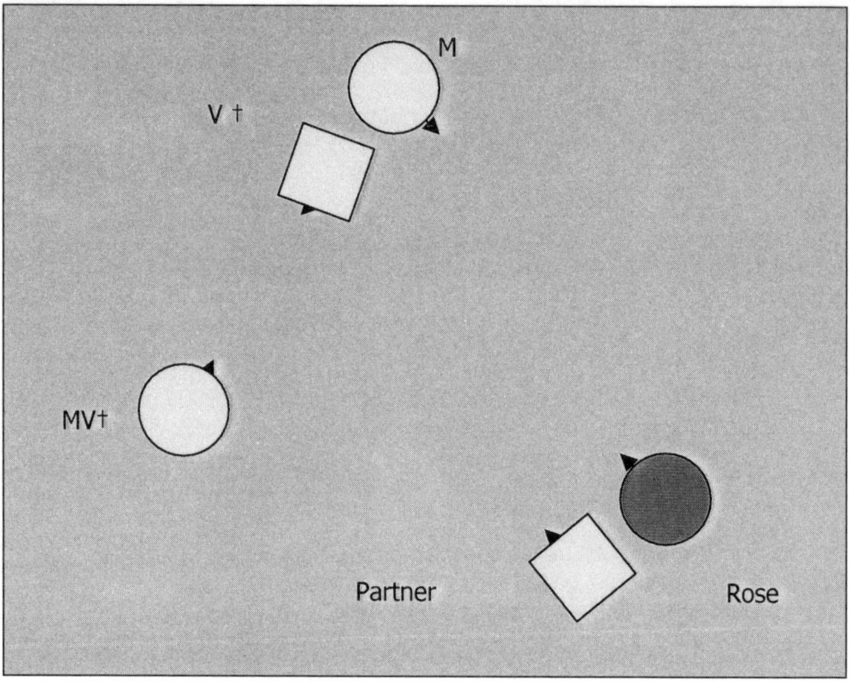

CONSTANZE: Sag zu deiner Mutter: „Schau, das ist meine Frau."

VATER †: Schau, das ist meine Frau.

CONSTANZE: „Und das ist mein Kind."

VATER †: Und das ist mein Kind.

CONSTANZE: „Es ist gut weitergegangen."

VATER †: Es ist gut weitergegangen.

CONSTANZE *zu Rose*: Wie ist das für dich?

ROSE: Also, meinen Vater finde ich liebenswert. Er hat ganz menschliche Gefühle ausgedrückt, das hat er sonst nie gemacht. Ich bin eher bewegt, was meine Mutter anlangt.

CONSTANZE *zu Rose*: Stell dich jetzt mal neben deine Mutter. Ist dein Bruder älter als du?

ROSE: Er ist sechzehn Monate älter.

Constanze stellt ihn erst links neben Rose. Rose will zur Großmutter. Sie stellt sich neben die Großmutter und legt den Arm um sie. Der Bruder bleibt bei der Mutter.

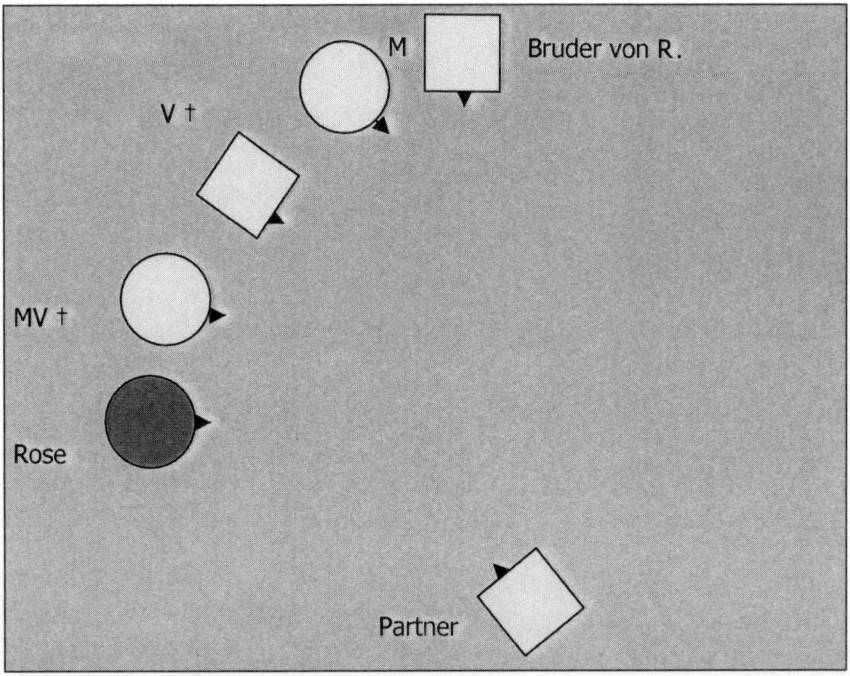

Constanze: Sag deiner Großmutter: „Du bist meine Großmutter."

Rose: Du bist meine Großmutter.

Constanze: „Schade, dass ich dich nicht gekannt habe."

Rose: Schade, dass ich dich nicht gekannt habe.

Constanze: „Aber jetzt gebe ich dir einen Platz."

Rose: Aber jetzt gebe ich dir einen Platz.

Constanze: „Und ich nehme auch meinen Platz als Enkelin ein."

Rose: Und ich nehme auch meinen Platz als Enkelin ein."

Sie schauen sich an, die Großmutter nickt freundlich mit einem lieben Lächeln. Rose legt ihr den Kopf auf die Schulter, die Großmutter hält sie.

Constanze *zu Rose*: Gehts?

Rose: Ja, alles klar.

Bruder: Ich will hier weg.

Er zeigt nach vorne. Constanze führt ihn in diese Richtung und stellt seine Schwester neben ihn.

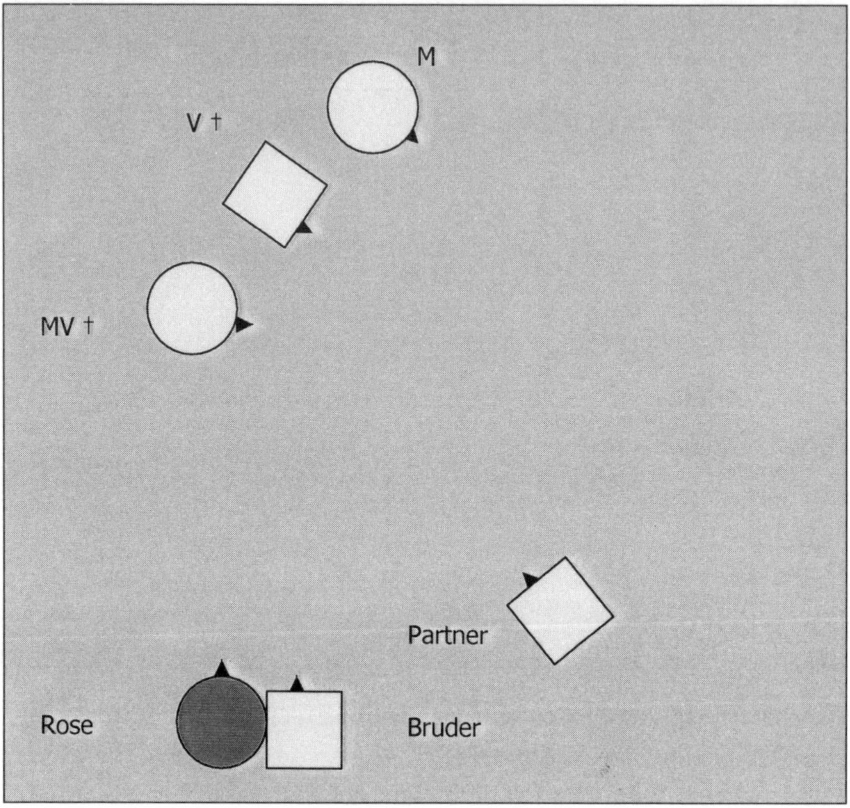

Der Bruder legt seinen Arm um Rose.

ROSE: Ich fühle mich nicht wohl mit der Mutter.

CONSTANZE: Was ist bei deiner Geburt passiert?

ROSE: Ich weiß nicht.

CONSTANZE: Deine Mutter hat dich großgezogen?

ROSE: Ja.

CONSTANZE: Da kann man vielleicht jetzt nichts machen.

MUTTER: Als die beiden Kinder gegangen sind, hat das bei mir eine Leere zurückgelassen. Vorher habe ich mich wohl gefühlt in ihrem Kreis.

Constanze stellt die Geschwister nochmals neben die Mutter, dieses Mal in der Reihenfolge ihres Alters.

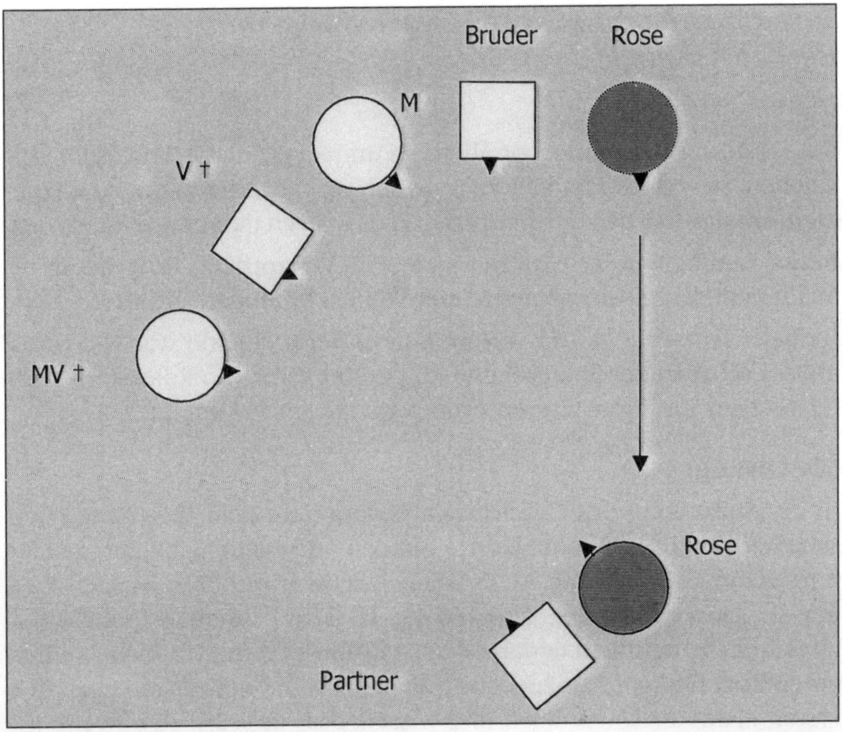

CONSTANZE *zu Rose*: So, das ist dein Platz, ich glaube, da bist du in Sicherheit. Vor allem wegen der Großmutter, sie ist eine gute Kraft für dich. Von hier aus kannst du zu deinem Lebensgefährten gehen.

ROSE *geht neben ihren Mann und seufzt:* Ah, das ist besser.

Von hier aus schaut sie sich nochmals ihre Herkunftsfamilie an. Dann setzen sich alle.

Zusammenfassung: Roses Gegenwarts- und Herkunftsfamilie

Die Verstrickung:

Rose hat Angstzustände, vor allem wenn sie alleine ist und beim Aufwachen. Sie verwendet viel Energie darauf, bei anderen gut anzukommen, um das Gefühl zu haben, dass sie existieren darf und geliebt wird.

In der Familie von Rose gibt es viele früh Verstorbene. Rose hat ihren Mann verloren, als ihr gemeinsamer Sohn acht Monate alt war.

Ihr Vater hat seine Mutter verloren, als er ein Kleinkind war. Die Großmutter starb an der Spanischen Grippe. Der Vater von Rose starb auch relativ früh. Zu ihrem älteren Bruder hat sie kaum Kontakt.

Die Lösung:

In der Aufstellung des *Gegenwartssystems* sieht man, dass Rose noch sehr stark an ihren ersten Mann gebunden und somit nicht ganz frei für ihre jetzige Partnerschaft ist. Es ist auch schwer für ihren jetzigen Partner, sie ganz zu nehmen. Durch lösende Sätze kann eine Dissoziation zwischen ihr und dem ersten Mann stattfinden. Er behält jedoch einen guten Platz und wird als zugehörig anerkannt. Der neue Mann muss den ersten Mann auch würdigen und wissen, dass er selbst der zweite ist. Der Vorgang erleichtert ihn und gibt dem neuen Paar mehr Stabilität.

In der Aufstellung des *Herkunftssystems* wird die besondere Beziehung zu ihrer Großmutter väterlicherseits deutlich. Sie ist mit ihr identifiziert. Nachdem sie ihre Liebe der Großmutter gegenüber fließen lassen kann und sie dadurch als Gegenüber erkennt, kann sie ihr einen Platz geben und sich gleichzeitig aus der Identifikation lösen. Unterstützend ist hierbei auch, dass der Vater seine Mutter sieht, seinen Schmerz ausdrückt und wieder seinen Platz als Vater einnehmen kann. Dadurch muss die Tochter nicht mehr stellvertretend für den Vater der Großmutter nachfolgen und an sie erinnern. So kann Rose dann auch wieder ihren Platz als Kind in der Familienordnung einnehmen und links neben Vater, Mutter und Bruder stehen. Nachdem sie den neuen Platz in der Herkunftsfamilie gespürt hat, stellt sie sich neben ihren Partner.

Vierzehn Monate später schreibt Rose:

> Jetzt ist endlich der Zeitpunkt gekommen, da ich die Synthese der Aufstellung fertigstellen kann, die ich mit deiner Hilfe im Dezember 1999 gemacht habe.

In diesem Jahr habe ich Weihnachten (zusammen mit meinem Partner) bei meinem Sohn in Paris verbracht. Am 26. Dezember gegen 12.20 Uhr rief ich von dort aus *mit dem Handy meines Partners* meinen Bruder an, um ihm frohe Feiertage zu wünschen. Im selben Moment klingelte *mein eigenes Handy*. Mein Partner, der bei mir war, hob ab. Gleichzeitig, also in derselben Sekunde, hatte *ich* meine Schwägerin und *mein Partner* hatte meinen Bruder am Telefon. Mein Bruder rief an, um mir ein frohes Fest zu wünschen. Wir hatten also im gleichen Moment dieselbe Initiative ergriffen, einander anzurufen. Das war schon seit Jahren nicht mehr der Fall gewesen. (Mein Bruder und ich hatten nie ein geschwisterliches Verhältnis.)
Während ich noch bei meinem Sohn in Paris war, gab mir seine Frau fünf Weihnachtskarten. Ganz unbewusst und wie automatisch gesteuert schrieb ich eine Karte an meine Schwiegereltern. (Mein Mann war 1972 bei einem Flugzeugunglück ums Leben gekommen, seitdem hatte sich die früher sehr innige Beziehung zu meinen Schwiegereltern im Sand verlaufen.) Als ich wieder zu mir nach Hause kam, fand ich im Briefkasten eine Karte von meinen Schwiegereltern, die mich sehr bewegte. Meine Schwiegermutter schrieb mir, dass ich ihr Sonnenschein am Ende des Jahres gewesen sei, und mein Schwiegervater, der sonst fast nie schreibt, schrieb, ich sei immer noch seine Tochter und er hänge sehr an mir.

Innerhalb von vierzehn Tagen – drei Wochen nach der Aufstellung – wurde ich von diesen Erlebnissen überwältigt, die ich mir nicht einmal im Traum ausgemalt hätte, so intensiv waren sie.

Die Beziehung zwischen mir, meinem Bruder und meinen Schwiegereltern ging auch weiter. Im Juni 2000 schickten sie mir eine Geburtstagskarte, das war schon seit 20 Jahren nicht mehr der Fall gewesen. Im September 2000 reisten mein Partner und ich aus beruflichen Gründen nach Bordeaux. Dort wohnten wir bei meinem Bruder (seit mindestens 15 Jahren hatte ich das nicht mehr erlebt). Wir haben uns wiedergefunden, das war wunderbar und ... ich verbrachte (ebenfalls dort) einen ganzen Tag mit den Schwiegereltern, es war so schön. Unsere Begegnung war voll reichem Austausch und Liebe. Als ich wieder zuhause war, riefen sie an und bedankten sich für den Besuch und sagten mir, wie glücklich sie waren.

In diesem Jahr traf ich auch öfter den jüngeren Bruder meines Mannes und seine Frau. Früher hatten wir einen guten Kontakt, sahen uns jedoch selten. Jetzt haben wir uns häufig getroffen und schöne

Momente miteinander verbracht. Ich bin diesbezüglich überglücklich und voller Dankbarkeit dem Leben gegenüber.

Was mich anbelangt, so spielten sich diese Veränderungen ab, ohne dass ich die geringste Furcht dabei empfand. Es war, als sei ich ferngesteuert geworden, als ob bei den ersten Wiederbegegnungen der alte Groll wie weggewischt war und wir uns alle jetzt der Zukunft und dem Wiederaufbau unserer Beziehungen zuwenden konnten. Heute möchte ich, was ich neu erworben habe, pflegen; ich achte sehr auf die Pflege dieser Beziehungen, die sich etabliert haben und jetzt weiterentwickeln.

Mein Schwiegervater ist in der Zwischenzeit verstorben. Ich war bei seiner Beerdigung in Bordeaux. Es gab einen innigen Kontakt zur Schwiegermutter, zu den Brüdern meines Mannes und zu meinem eigenen Bruder (bei dem ich wohnte). Ich danke zutiefst dem Leben, dass es mir erlaubt hat, diese Aufstellung rechtzeitig zu machen und jenen wunderbaren Tag im September 2000 mit meinen Schwiegereltern zu erleben. - Das war Zuneigung, Frieden, ein glücklicher Tag und ein versöhnendes Wiedersehen vor dem Tod meines Schwiegervaters. Danke für alles!

Rose

Léa und ihre Herkunftsfamilie: „Ich möchte eine Familie gründen."

LEA: Ich würde gern meine Herkunftsfamilie aufstellen. Es geht aber auch um mein eigenes Privat- und Familienleben. Ich schaffe es nicht, eine eigene Familie zu gründen.

CONSTANZE: Haben wir daran nicht schon einmal gearbeitet? *(Léa hatte einige Monate vorher ihr Gegenwartssystem aufgestellt.)*

LEA: Hm, hmm

CONSTANZE: Was ist seither geschehen?

LEA: Ich habe mich getrennt. *(Sie weint.)*

CONSTANZE: Wer von euch beiden ist gegangen?

LEA: Nicht ich.

CONSTANZE: Das ist nicht das erste Mal, dass es so läuft?

LEA: Nein.

CONSTANZE: Hast du etwas Bestimmtes gemacht ...?

LEA: Nun, ich habe Position bezogen.

CONSTANZE: Was war in deiner Herkunftsfamilie?

LEA: Meine Eltern ... Mein Vater hatte, schon als ich noch klein war, eine langjährige außereheliche Beziehung. Meine Mutter wollte sich nie von ihm trennen. Sie sind heute noch zusammen. Das ist aber nicht authentisch.

CONSTANZE: Gibt es Halbgeschwister aus dieser Verbindung?

LEA: Ich weiß nicht. Ich meine, man kann ja nie wissen.

CONSTANZE: Gibt es sonstige Ereignisse? Ist jemand früh gestorben, hatten Mutter oder Vater eine frühere Bindung?

LEA: Ja, meine Mutter. Da fällt mir wieder eine Geschichte ein. Seit zwei Jahren stolpere ich dauernd über diese Deportationsgeschichten. Der erste Verlobte meiner Mutter, ihre erste Liebe, war im Konzentrationslager. Sie haben Sachen von ihm bei den Eltern meiner Mutter gefunden. Die sind deshalb auch fast abgeholt worden. Sozusagen als Komplizen. Der Großvater war aber krank, sie hatten sieben Kinder und der Deutsche, der sie verhaften sollte, hat sie letztlich laufen lassen.

CONSTANZE: Das ist wichtig.

LEA: Ja, das verfolgt mich. Meine Mutter sagt, dass ihr Freund, als er nach vier Jahren zurückkam, total durchgedreht war. Er bedrohte sie, war eifersüchtig und sie hat die Beziehung dann beendet.
Später, ich weiß nicht, wie lange danach, das ist sehr wichtig für sie, hat sie dann meinen Vater getroffen. Mein Vater konnte sich aber nicht gleich für sie entscheiden. So hat sie sich dann mit einem anderen verlobt, im letzten Moment ist mein Vater dann wiedergekommen und sie haben geheiratet. Den anderen hatte sie nicht geliebt.

CONSTANZE: Okay. Suche nun jemanden aus, der deinen Vater darstellt, und Stellvertreter für den Verlobten und für den ersten Freund der Mutter. Drei Männer also, sowie eine Frau als Stellvertreterin für deine Mutter und eine Frau für dich.

LEA: Und meine Geschwister?

CONSTANZE: Das sehen wir später.

(Vgl. Abbildung Seite 111)

CONSTANZE: Wie geht es dem Vater?

VATER: Ich fühle mich wie eingepflanzt hier. Eingepflanzt! Um mich herum ist es, als habe es eine Explosion gegeben. Alles ist versprengt.

MUTTER: Ich sehe meine Tochter, fühle mich ein wenig wie eine Hure.

VERLOBTER: Nun, ich fühle mich etwas alleine hier! *(Lachen in der Gruppe.)*

ERSTER FREUND: Es zieht mir meinen Kopf unwiderstehlich nach außen.

L.: Ich fühle mich schwer, meine Beine sind steif. Bis zu den Hüften. Die Arme werden auch steif.

Constanze führt die Mutter vor den ersten Freund. Die Mutter bleibt unberührt, nimmt es auf die leichte Schulter. Er ist ihr egal. Sie scheint eher amüsiert.

CONSTANZE *zu Léa*: Das ist seltsam.

LEA: Ja, wenn sie von ihm spricht, dann ist sie eigentlich eher bewegt.

Constanze stellt die Mutter hinter ihren Freund, um zu testen, ob sie ihm nachfolgen will und ob das mehr Ernst hervorruft. Es ändert aber nichts.

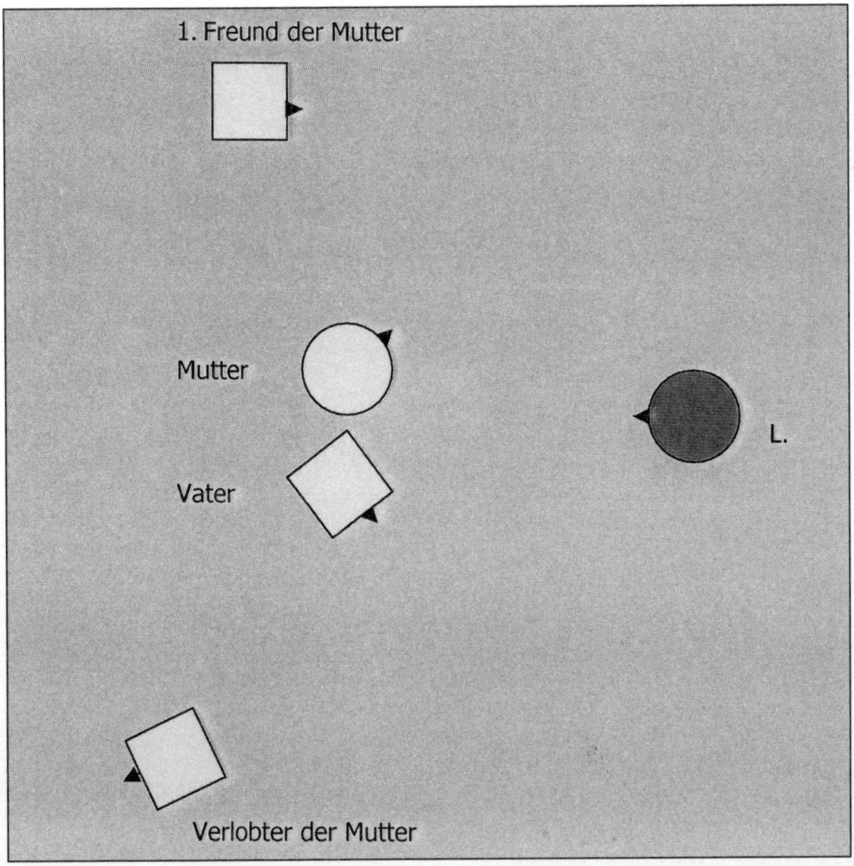

Sie stellt die Mutter wieder neben den Mann und dafür die Tochter (Léas Stellvertreterin) neben den Freund der Mutter. Beide sind nach außen gewandt. Die Tochter fühlt sich an diesem Platz wohler. C. stellt sie danach wieder an ihren ursprünglichen Platz.

CONSTANZE *zu Léas Stellvertreterin*: Sag zu diesem Mann: „Wenn *sie* (die Mutter) dich nicht sieht, *ich* sehe dich."

L.: „Wenn *sie* dich nicht sieht, *ich* sehe dich."

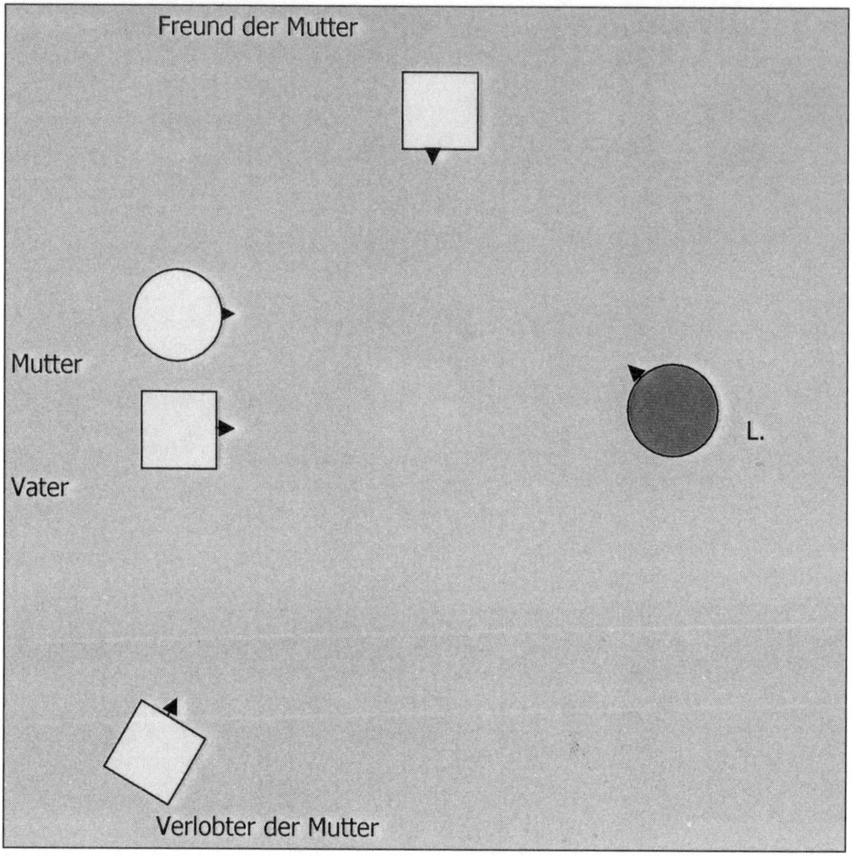

CONSTANZE *zum ersten Freund der Mutter*: Wie ist das für dich ?

FREUND: Ja, es geht. Jetzt kann ich sie anschauen. Ich werde nicht mehr wie vorher so nach außen gezogen.

CONSTANZE *zu L.*: Sag zur Mutter: „Mit ihm (dem Freund) habe ich nichts zu tun."

L.: Ich habe nichts mit ihm zu tun.

CONSTANZE: Sag das Gleiche zu deinem Vater.

L.: Ich habe nichts mit ihm zu tun.

CONSTANZE: „Du bist mein Vater."

L. *zum Vater*: Du bist mein Vater.

Constanze wählt unter den Zuschauern sieben Personen aus, die andere Opfer des Konzentrationslagers darstellen, und platziert sie hinter dem Freund der Mutter. Dann führt sie die Mutter erneut vor den Freund.

CONSTANZE *zu L.*: Sag nochmals zur Mutter: „Wenn du ihn nicht anschaust, ich schaue ihn an."

L.: Wenn du ihn nicht anschaust, ich schaue ihn an.

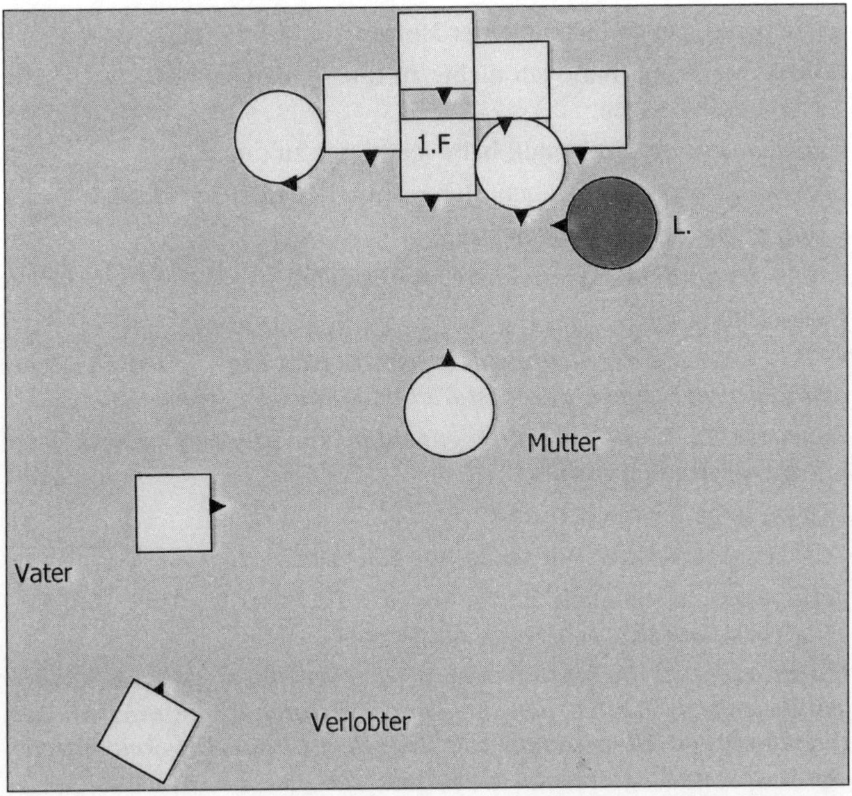

Die Mutter bleibt weiterhin seltsam unberührt. Sie zeigt kein Gefühl dem Freund und seinem Schicksal gegenüber. Sie scheint immer noch amüsiert zu sein.

Constanze stellt L. an den Platz der Mutter, vor den Freund und die anderen Deportierten. Léas Stellvertreterin und der Freund der Mutter lächeln sich sofort gegenseitig an, fast als seien sie verliebt.

CONSTANZE: Hier fließt etwas.

FREUND: Ja!

L.: Ich habe den Eindruck, dass er seine Rolle nicht erfüllt. Ich kann es aber nicht für ihn tun ...

CONSTANZE *zu Léa*: Ein Kind ist oft mit dem ersten Partner eines Elternteils identifiziert.
Zu Léas Stellvertreterin: Sag ihm: „Du bist die erste Liebe meiner Mutter."

L.: Du bist die erste Liebe meiner Mutter.

CONSTANZE: „Damit habe ich nichts zu tun" - man kann das auch sehr freundlich sagen.

L. *lächelt ihn an*: Und damit habe ich nichts zu tun.

CONSTANZE: Und sag ihm auch: „Ich respektiere dein Schicksal."

L.: Ich respektiere dein Schicksal.

CONSTANZE *zu dem Mann*: Geht es so für dich?

FREUND: Oh ja, gut.

Er dreht sich zu der Gruppe der Deportierten um, die wohlwollend schauen und lächeln, und bestätigt nochmals, so gehe es ihm gut.

CONSTANZE *zu L., die sich auch gut fühlt*: Nun sagst du zu ihm: „Jetzt ziehe ich mich zurück."

L.: Jetzt ziehe ich mich zurück.

CONSTANZE *zum Vater*: Wie ist das für den Vater?

VATER: Recht erstaunlich. *(Zeigt auf die Tochter.)* Ich habe den Eindruck, dass sie noch etwas verloren ist ...

Constanze stellt die Mutter nun vor den Verlobten - er war sozusagen ihr zweiter Partner, den sie aber erst kennen lernte, nachdem sie ihren späteren Mann schon kennen gelernt hatte. Die Stellvertreter der Mutter und des Verlobten schauen sich an.

MUTTER: Ich habe gemischte Gefühle. So halb bin ich böse auf mich selbst und so halb wird mir etwas klar.

CONSTANZE: Sag ihm: „Es tut mir Leid."

MUTTER: Gut, aber ich brauche noch ein bisschen ... *(Sie dreht und windet sich, will den Satz eigentlich nicht sagen.)*
Im Prinzip tut es mir Leid. *(Die Gruppe lacht.)*

CONSTANZE: Sag ihm: „Du bist mir völlig egal."

MUTTER: Aber nein …! Ich habe den Eindruck, je länger ich ihn anschaue, desto erwachsener werde ich.
Sie sagt spontan zu ihm: Ich habe mit dir gespielt.

Constanze stellt sie an den Platz neben ihrem Mann.

CONSTANZE *zu L.*: Sag auch zu diesem Verlobten deiner Mutter: „Mit dir habe ich nichts zu tun. Ich bin nur das Kind."

L.: Mit dir habe ich nichts zu tun. Ich bin nur das Kind.

CONSTANZE: „Ich kann das Unrecht, das geschehen ist, nicht reparieren."

L.: Ich kann das Unrecht, das geschehen ist, nicht reparieren.

CONSTANZE: „Ich ziehe mich zurück."

L.: *zum Verlobten*: Ich ziehe mich zurück.

MUTTER: Das wird immer weniger lustig, seit sie das gesagt hat.

CONSTANZE *zu L.*: Sag zur Mutter: „Du bist die Große, ich bin die Kleine."

L.: Du bist die Große, ich bin die Kleine.
Und dann spontan in Bezug auf die Mutter: Die kann jederzeit durchdrehen!

CONSTANZE *zu Léa*: Was sagst du dazu?

LEA: Ja, das ist die ganze Zeit so.

CONSTANZE: Was ist mit ihren Eltern geschehen?

LEA: Sie hat ihren Vater verloren, als sie sechzehn Jahre alt war. Ihre Mutter blieb alleine zurück, mit sieben Kindern. Zwei ihrer Brüder sind gestorben.

Constanze stellt die Eltern der Mutter hinter die Mutter.

(Vgl. Abbildung auf Seite 116)

CONSTANZE *zu L.*: Sag zur Mutter: „Ich lasse dich bei deinen Eltern."

L.: Ich lasse dich bei deinen Eltern.

CONSTANZE: „Ich bin nur die Tochter."

L.: Ich bin nur die Tochter.

MUTTER: Jetzt amüsiere ich mich überhaupt nicht mehr. Je mehr sie ihren Platz einnimmt, desto ernster wird es.

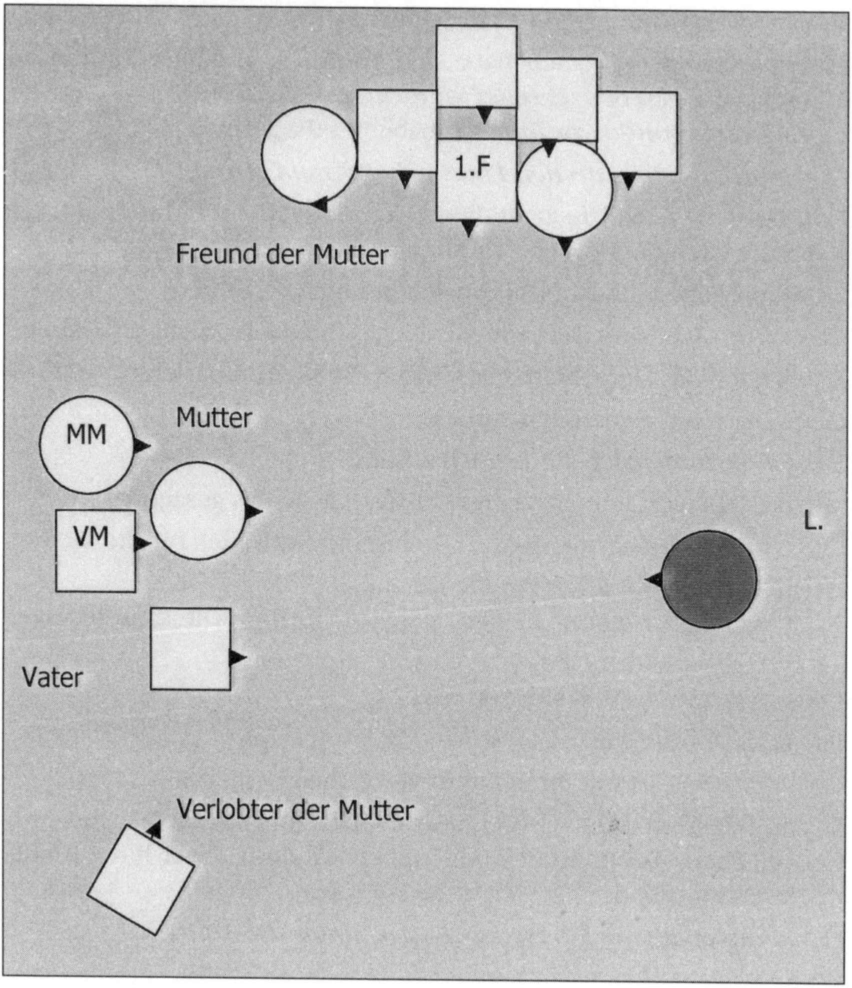

Constanze: Ja, natürlich.

L. *sagt noch zur Mutter*: Ich lasse dir, was dir gehört.

Constanze: Wir schauen mal, ob wir eine Unterstützung für die Mutter finden.

Sie nimmt zwei Männer als Stellvertreter für die vertorbenen Brüder der Mutter und stellt sie neben sie.

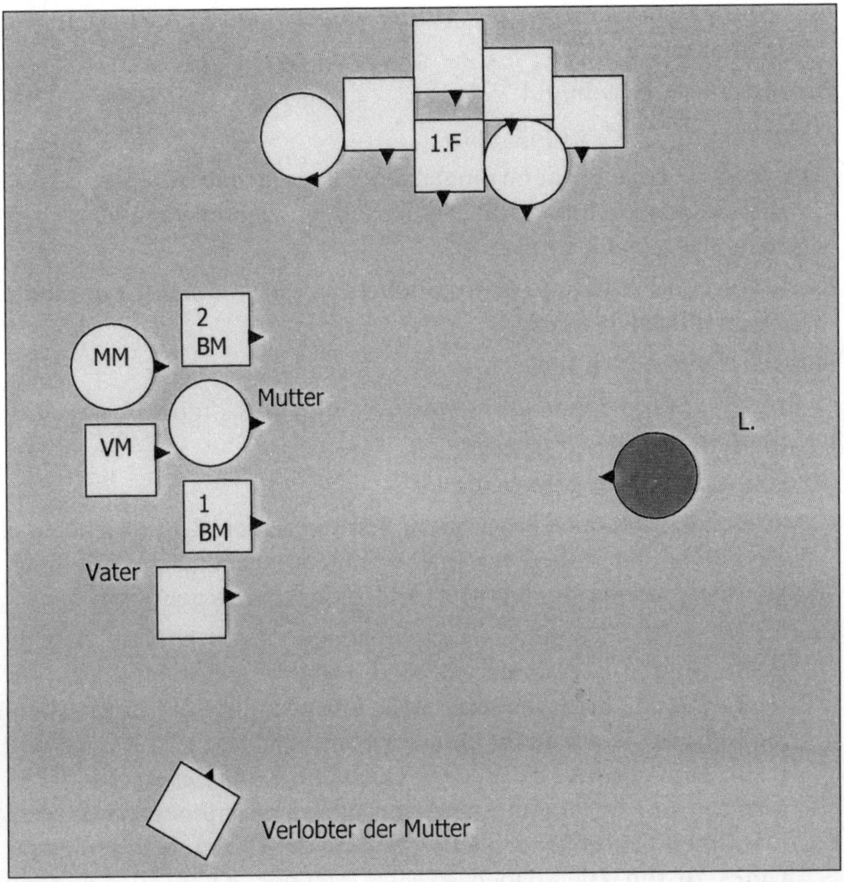

CONSTANZE *zu L.*: Du kannst zur Mutter sagen: „Jetzt sehe ich dich mit einer Familie."

L.: Jetzt sehe ich dich mit einer Familie.

CONSTANZE: „Und ich lasse dir das alles."

L.: Und ich lasse dir das alles.

MUTTER: Jetzt fühle ich mich gut. *(Sie lächelt und schaut ihre Brüder an, die ihr zunicken.)*

CONSTANZE *zu Léa*: Hier gibt es nicht viel Platz für deinen Vater neben ihr. Du hast vorher gesagt, dass dein Vater lange Zeit eine außereheliche Beziehung hatte. Das ist nicht verwunderlich, wenn man hier hinschaut. Er hat gar keine Chance bei der Frau.

Zum ersten Verlobten der Mutter und zu den Deportierten: Wie geht es euch?

DEPORTIERTE: Ja, es geht gut.

(Dem Freund geht es auch gut.)

CONSTANZE *zu L.:* Schau noch einmal die Mutter an und bitte sie, dass sie dich segnet. Im Sinne von „Sei freundlich zu mir, wenn ich mit einem Mann glücklich werde."

L.: „Bitte segne mich und sei freundlich zu mir, wenn ich mit einem Mann glücklich werde."

MUTTER: Das kann ich tun.

Constanze dreht Léas Stellvertreterin nach rechts, damit sie der Mutter nicht mehr direkt gegenüber steht.

CONSTANZE *zu L.:* Wie geht es dir da?

L.: Mittelmäßig. Ich habe etwas mehr Selbstvertauen; die Tatsache, dass die alle bei ihr stehen, hat mir Vertrauen gegeben, ich fühle mich allerdings immer noch etwas verletzlich. Aber es geht.

CONSTANZE *zu Léa*: Können wir das so lassen ? Es ist wichtig, dass du deine Mutter zusammen mit den anderen siehst. Und dass du weißt, dass du nichts an ihrer Stelle lösen kannst. Hast du gesehen: Sie weiß das. Wenn du ihr immer mehr ihr Schicksal lässt, nach und nach, dann gewinnt sie an Gewicht. Wenn Kinder etwas für die Eltern tun, um sie zu entlasten, dann nehmen sie ihnen etwas weg, was ihnen gehört. Trotz aller Liebe und dem Wunsch, ihnen etwas Gutes zu tun. Hier haben so viele Männer gehen oder sterben müssen, dass es fast so etwas wie ein ungeschriebenes Gesetz gibt, dass die Frauen ihre Männer nicht behalten dürfen.

Zusammenfassung: Léa und ihre Herkunftsfamilie

Die Verstrickung:

Léa will eine Familie gründen. Sie ist geschieden. Ihr letzter Partner hat sich erst kürzlich von ihr getrennt.

Léas Mutter hatte früher zwei Verlobte. Der erste Verlobte war deportiert worden. Er kam nach vier Jahren aus dem KZ zurück. Léas Mutter beendete die Beziehung zu ihm. Sie verliebte sich in ihren heutigen Mann, der sich aber nicht sofort für sie entschied. So verlobte sie sich mit einem anderen Mann, den sie nicht mochte, und löste diese Verlobung, als ihr jetziger Mann sich dann doch entschloss, sie zu nehmen. Der Vater starb, als sie erst sechzehn Jahre alt war. Zwei ihrer Brüder starben ebenfalls jung. Heute geht es ihr nicht gut, Léa kümmert sich um sie.

In der Aufstellung zeigt sich, dass die Mutter keinerlei Verantwortung mehr für die Beziehung zu ihren Männern übernimmt. Sie hat etwas Verrücktes. Ihr Mann hat in dieser Konstellation überhaupt keine Chance.

Die Lösung:

Der Ernst kommt erst, als Léas Stellvertreterin nach und nach Position bezieht, indem sie den früheren Verlobten sagt, dass sie nichts mit ihnen zu tun habe, dass sie sie nichts angingen und dass es Sache der Mutter sei, sich mit ihnen auseinander zu setzen. Die Mutter kann es aber nicht lösen. Erst starb der Vater, dann wurde der Mann, den sie liebte, deportiert. Zwei ihrer Brüder starben und später, als sie ihren jetzigen Mann traf, wollte der sie erst nicht. Es ist, als dürften die Männer, die man liebt, nicht bleiben. Erst als der früh verstorbene Vater der Mutter sowie zwei ihrer Brüder, die sie verloren hat, neben sie gestellt werden, scheint sie zur Besinnung zu kommen und stabil zu werden.

Léa sieht, dass sie die Mutter in ihre Herkunftsfamilie, in die sie verstrickt ist, ziehen lassen muss. Sie erkennt, dass sie ihrer Mutter die ungelösten Bindungen zu den verschiedenen Männern überlassen muss und nichts übernehmen kann. Die Mutter und die Tochter werden stärker, wenn Léa der Mutter ihr Schicksal lässt. Die Mutter kann am Schluss wohlwollend auf die Tochter schauen, als diese ihr sagt: „Bitte schau freundlich auf mich, wenn ich mit einem Mann glücklich werde.“

Marie und ihre Gegenwartsfamilie: „Jetzt nehme ich dich als mein Kind."

Marie: Ich möchte mein Gegenwartssystem aufstellen, weil ich irgendwie in meinem Leben nicht ganz zurechtkomme. Zunächst, ich bin zweimal geschieden und lebe jetzt gerade allein. Ich habe zwar immer wieder Beziehungen, es ist aber, als ob nie etwas Rechtes zustande kommt, aus irgendeinem Grund. Der Typ ist vielleicht verheiratet oder anderweitig gebunden. Nun ja. Ich habe eine Tochter, die ist vierzehneinhalb Jahre alt und hat bis vor zwei Jahren bei mir gelebt. Vor zwei Jahren hat sie sich entschlossen, bei ihrem Vater zu leben, der in den Vogesen wohnt, also recht weit weg ist. Jetzt will sie wieder zurück und ich verstehe das nicht so recht, ich weiß nicht.

Constanze: Hast du zurzeit eine Beziehung?

Marie: Öh ... *(Sie lacht.)*

Constanze: Ist das eine feste Bindung?

Marie: Ja, für mich ja, gleichzeitig ist das doch nicht so ganz klar.

Constanze: Also, dann nehmen wir drei Männer. Den ersten Ehemann, den zweiten Ehemann und die derzeitige Beziehung. Was willst du für dich, was ist dein Anliegen?

Marie: Es ist klar, was ich für mich will: eine stabile Partnerschaft, die funktioniert. Finanziell auch Stabilität, das ist, als ob die beiden Sachen zusammengehörten, das klappt irgendwie nie. Ich habe das Gefühl, ich hab das nicht verdient. Siehst du, das rührt mich schon ... *(Sie hat Tränen in den Augen.)*

Constanze *(sanft)*: Wähle Stellvertreter für dich und die drei Männer.

Marie wählt sie aus und stellt sie auf.

Constanze: Nimm auch jemand für deine Tochter und stell sie dazu.

(Vgl. Abbildung Seite 121)

Constanze fragt nacheinander die Stellvertreter, wie es ihnen an ihrem Platz geht.

Erster Mann: Ich wäre lieber zwischen meiner Tochter und ihrer Mutter.

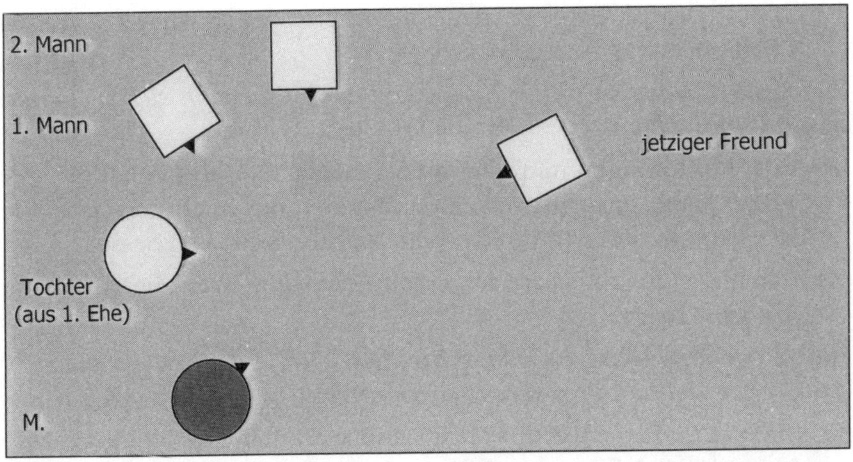

ZWEITER MANN: Ich bin ganz im Gleichgewicht. Ich habe ganz große Hände.

FREUND: Gut, ich habe überhaupt keine Lust, nach rechts zu schauen (dahin, wo die anderen Männer stehen), die Personen mir gegenüber (M. und die Tochter) sind mir aber sympathisch.

CONSTANZE: Das hat man schon gut an deinem Gesicht ablesen können.

M.: Ich fühle mich linkisch. Ich stehe diesem Mann gegenüber, meinem Freund. Das ist gut. Ich schaue auch nach links, das ist so mittelmäßig. Aber es geht mir ganz gut.

CONSTANZE: Sie hat den Freund vorher auch angestrahlt.

MARIE *ergreift das Wort*: Ich muss dazu sagen, ... nun gut, das fällt mir etwas schwer, ich bin da nicht gerade stolz drauf: Da gibt's noch einen Mann, mit dem … Also, ich habe da total unverantwortlich gehandelt und ich verurteile mich dafür ... *(Sie fängt an zu weinen.)* … Mit dem hatte ich ein Kind und das habe ich abgetrieben. Wir hatten gar keine Beziehung miteinander, aber das ist trotzdem passiert.

CONSTANZE: Das ist wichtig. Wenn es ein Kind gibt – auch wenn ihr euch kaum gekannt habt und das ohne Liebe passiert ist –, dann gehört dieser Mann trotzdem zu deinem System. Weil ihr ein gemeinsames Kind habt.

Constanze holt einen Stellvertreter für diesen Mann (= früherer Partner) und stellt ihn links neben den jetzigen Freund von Marie.

M.: Der stört mich.

CONSTANZE: Das ist klar. *(Sie zeigt auf den ersten Mann:)* Da gibt es auch noch was zu regeln.

Der erste Mann gibt seiner Bewegung nach und stellt sich zwischen M. und die Tochter.

TOCHTER: Vorher liefen mir dauernd Schauer über den Rücken; als der letzte Mann dazugekommen ist, hat sich das noch verstärkt. Seit der Vater da steht, fühle ich auch Wärme, das ist viel besser.

ZWEITER MANN: Ich amüsiere mich, mir geht's gut. In Bezug auf M. bin ich ganz neutral.

Marie bestätigt, dass diese Reaktion der Wirklichkeit entspricht.
Constanze stellt den früheren Partner neben M.

CONSTANZE *zu Marie*: War das abgetriebene Kind deiner Meinung nach eher ein Mädchen oder ein Junge?

MARIE: Oh, ein Junge, bestimmt.

Constanze wählt einen Mann als Stellvertreter für das abgetriebene Kind aus und bittet ihn, sich vor die Eltern zu setzen.

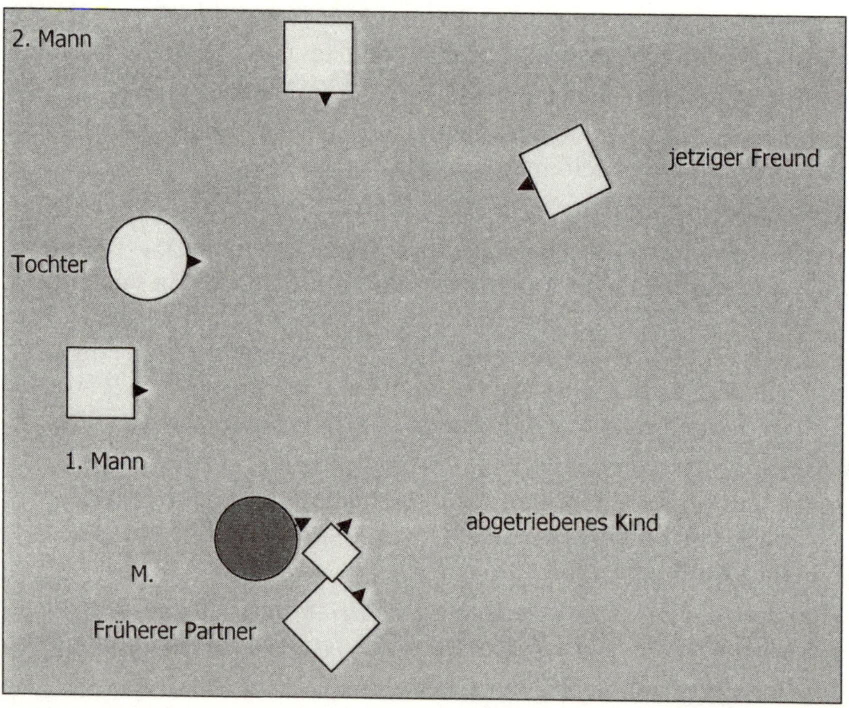

M. hält die Luft an. Constanze sagt den „stellvertretenden Eltern", sie sollten ihre Hand auf den Kopf des Kindes legen.

KIND: Am Anfang habe ich ihren Blick gespürt. Jetzt, da sie ihre Hand auf meinen Kopf gelegt haben, fühlt sich das an wie eine Last.

Constanze sagt zum Kind, es solle sich bei den Eltern anlehnen.

MARIE: Der Vater hat nie erfahren, dass er Vater ist.

FRÜHERER PARTNER: Am Anfang habe ich mich überflüssig gefühlt. Das ist immer noch ein bisschen so. Ich habe sogar den Eindruck, ich störe. Ich fühle mich nicht wohl in meiner Haut und will eher zurückweichen.

M.: Am Anfang hatte ich das Gefühl ..., ich wollte das Kind nicht. Seit ich meine Hand dahin gelegt habe, fühle ich mich wohl mit ihm. Erst war da eine gewisse Kälte in meinen Händen, das ist dann langsam besser geworden und war ganz weg, als er sich bei mir anlehnte. Total weg.

KIND: Ja, ich spüre das auch.

M.: Erst war meine Hand ganz schwer und heiß und diese da *(ihre freie Hand)* ist es immer noch.

CONSTANZE *zu M.*: Sag ihm: „Mein liebes Kind."

M.: Mein liebes Kind.

CONSTANZE: „Jetzt nehme ich dich als mein Kind."

M.: Jetzt nehme ich dich als mein Kind.

CONSTANZE: „Ich gebe dir einen Platz."

M.: Ich gebe dir einen Platz.

CONSTANZE: Wie ist das für das Kind?

KIND: Ich fühle mich schon wohler. Ich kriege mehr Kraft. Mehr Glauben.

MARIE *meldet sich zu Wort*: Eigentlich weiß ich nicht mal genau, ob das Kind von meinem ersten Mann oder von ihm ist. Ich bin mir zwar sicher, dass es von dem anderen ist. Aber ganz klar ist das nicht.

CONSTANZE *zum ersten Mann*: Sagt dir das irgendwas oder nicht?

ERSTER MANN: Ich habe nicht das Gefühl, dass dieses Kind von mir ist.

CONSTANZE: Was hier noch fehlt ist, dass dieses Kind einen Platz bekommt. Was du machen kannst, Marie, ist, diesem Kind innerlich einen guten Platz einzuräumen und ihm eine Zeit lang die schönen Dinge des Lebens zu zeigen. Nach einem Jahr ungefähr lässt du es dann ziehen.

MARIE: Ich habe schon versucht, an es zu denken und mit ihm zu sprechen ..., aber immer mit diesem Schuldgefühl.

CONSTANZE: Zeig ihm die schönen Seiten des Lebens.

CONSTANZE *zum jetzigen Freund Maries*: Wie war das alles für dich?

FREUND: Es ist viel passiert. Am Anfang konnte ich nicht nach links schauen, nur nach rechts. Dann, als das Kind was sagte, da war mein Blick völlig von ihm und der Mutter angezogen. Dann kam eher Neugier. Ich wollte wissen, wie es zu all dem gekommen ist und was da für ein Unterschied ist zwischen dem zweiten Mann, der ganz abseits steht, und dem ersten, der nahe bei der Tochter ist. Jetzt habe ich den Eindruck, alles strukturiert sich.

CONSTANZE *zu M.*: Nur noch eins. Schau deinen früheren Partner an und sag ihm: „Das ist unsere Sache."

M.: Das ist unsere Sache.

CONSTANZE: Sag es ohne Vorwurf, ganz schlicht.

M.: Das ist unsere Sache.

FRÜHERER PARTNER: Das ist besser so, viel besser. Ich hatte den Eindruck, meine Hand etwas vom Kind zurückhalten zu müssen, aber jetzt liegt sie da ganz natürlich.

CONSTANZE *zu Marie*: Der Vater hat auch das *Recht* zu wissen, dass er ein Kind hat. Selbst wenn das damals nicht so ganz klar war. Denk für dich mal darüber nach.

Das Kind fühlt sich inzwischen gut.
Constanze stellt das Bild um.

(Vgl. Abbildung Seite 125)

CONSTANZE *zum Freund*: Ist das ein guter Platz für dich?

FREUND *(rückt ein bisschen näher zu M. hin)*: Ich weiß nicht. Selbst wenn ich näher bei ihr stehe, dann sehe ich immer noch die Männer links von mir. Auch wenn ich nicht hinschaue, sehe ich sie trotzdem.

CONSTANZE: Schau den zweiten Mann an und sag zu ihm: „Du bist der zweite, ich bin der vierte."

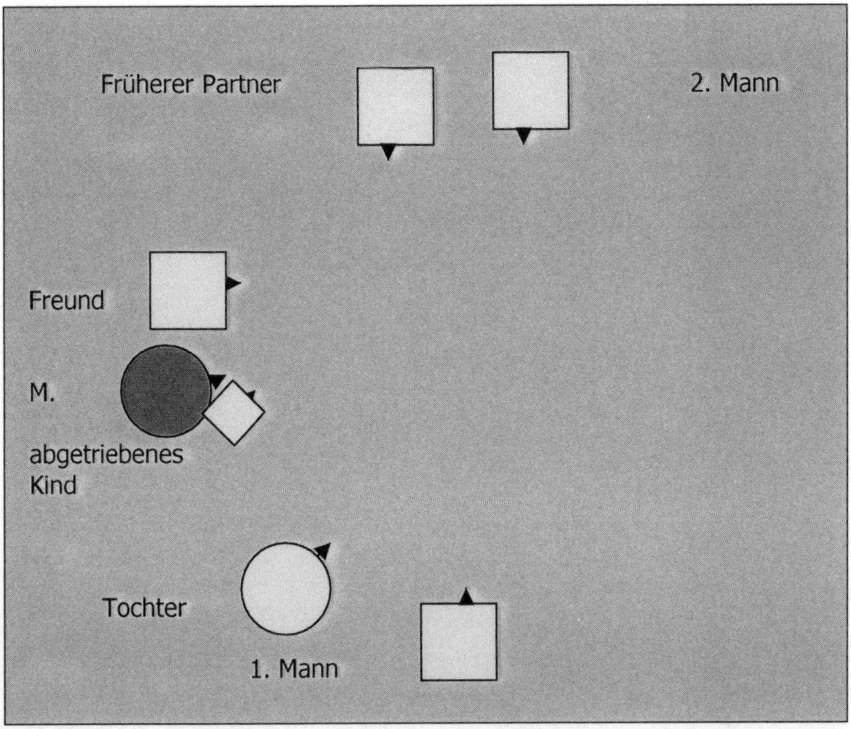

FREUND: Du bist der zweite, ich bin der vierte.

ERSTER MANN: *Ich* fühle mich weniger gut.

CONSTANZE *zum Freund*: Sag zu ihm: „Du bist der erste, ich bin der vierte."

FREUND: Du bist der erste, ich bin der vierte.

CONSTANZE: „Und jetzt nehme ich meinen Platz ein."

FREUND: Und jetzt nehme ich meinen Platz ein.

CONSTANZE: „Neben Marie."

FREUND: Neben Marie.

M.: Ich fühle mich ein bisschen durcheinander. Der stört mich da links. Ich hätte ihn lieber *vor* mir. Mit dem Kind fühle ich mich wohl so. Ich habe Mühe, meinen Freund anzuschauen.

Der Freund stellt sich rechts neben M. und der Mann, mit dem sie das zweite Kind hat, geht etwas zurück.

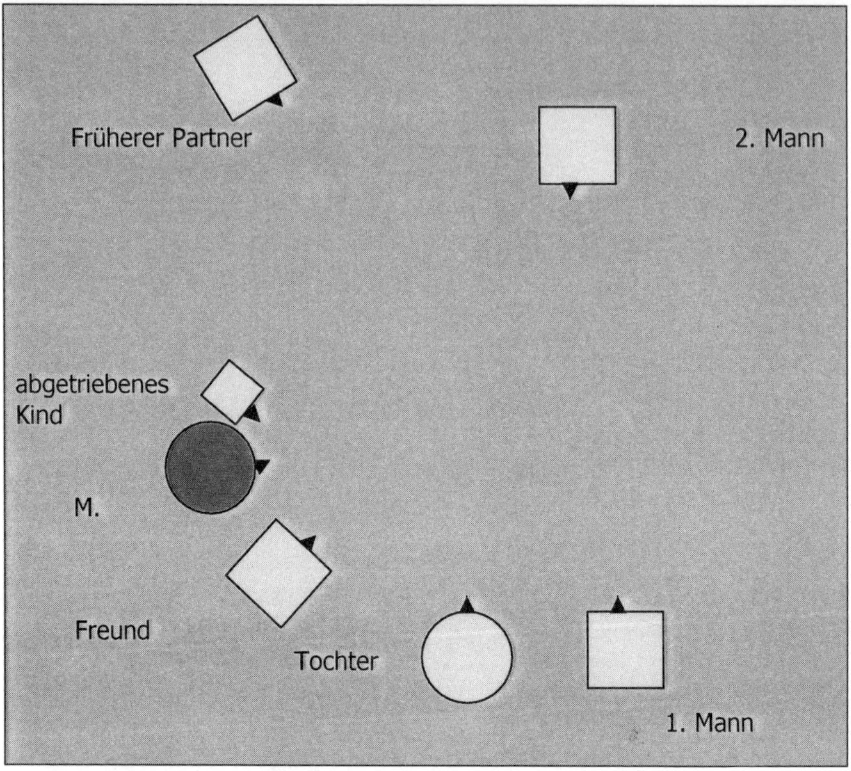

ZWEITER MANN: Ich finde, dass Marie strahlt.

M.: Stimmt, ich fühle mich gut, sehr gut.

CONSTANZE *zu M.*: Sag zu deinem zweiten Mann: „Danke für alles, was zwischen uns war."

M.: „Danke für alles, was zwischen uns war.

CONSTANZE: „Jetzt ist es vorbei."

M.: Jetzt ist es vorbei.

CONSTANZE *zu Marie*: Ich glaube, das ist geklärt.

MARIE *nickt*: Ja, absolut.

CONSTANZE *zu Maries Stellvertreterin*: Sag zum ersten Mann: „Danke, dass du dich um unsere Tochter kümmerst."

M.: Danke, dass du dich um unsere Tochter kümmerst.

CONSTANZE: Und zu deiner Tochter: „Wir bleiben immer deine Eltern."

M.: Wir beide bleiben immer deine Eltern.

CONSTANZE *zur Tochter*: Geht es da? Bist du da an einem guten Platz?

TOCHTER: Ja, alles in Ordnung.

Der erste Mann steht auch gut an seinem Platz. M. rückt näher zu ihrem Freund. Constanze stellt das Kind Marie gegenüber.

CONSTANZE: Sag nochmal zum Kind: „Jetzt gebe ich dir einen guten Platz in meinem Herzen."

M.: Jetzt gebe ich dir einen guten Platz in meinem Herzen.

CONSTANZE: „Und wenn es Zeit ist, dann lasse ich dich ziehen."

M.: Und wenn es Zeit ist, dann lasse ich dich ziehen.

KIND: Kein Problem.

M. fühlt sich wohl neben ihrem Freund.
Die Tochter will näher zur Mutter und wechselt den Platz.

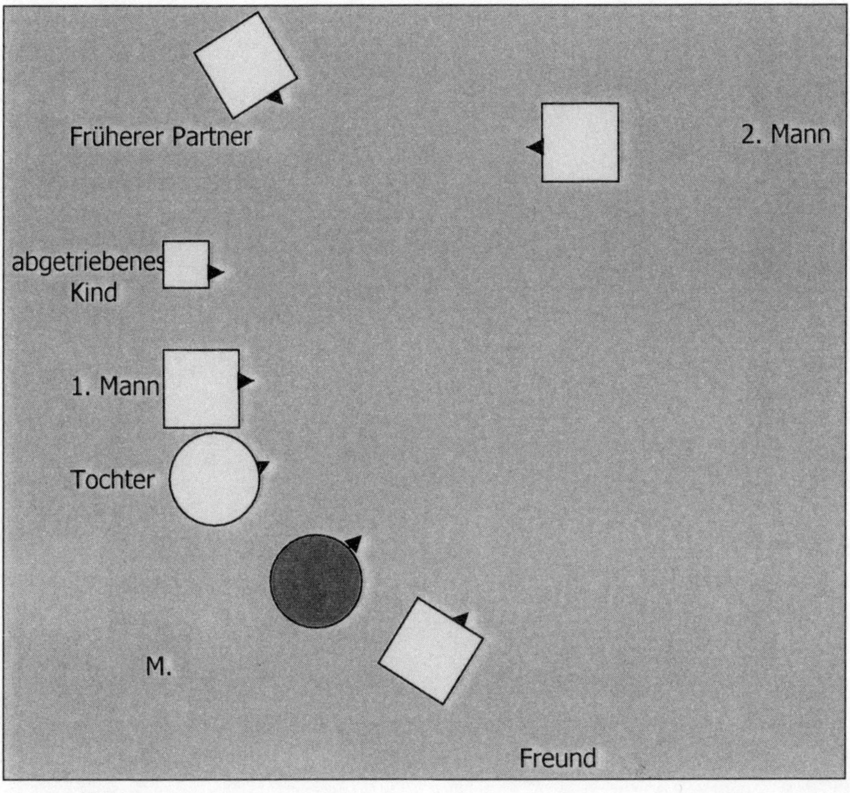

CONSTANZE: Das ist das Lösungsbild.

Zu Marie: Weißt du, für eine Abtreibung hat man in der Regel einen guten Grund. Trotz allem bestraft man sich danach oft dafür.

MARIE: Oh ja, das ist ganz klar.

CONSTANZE: Das spielt sich in der Seele ab.

MARIE: Das verstehe ich gut.

CONSTANZE: Eine Art sich zu bestrafen besteht darin, dass man sich keine funktionierende Partnerschaft mehr erlaubt. Ich glaube, hier liegt der Schlüssel zu deinem Problem.
Vielen Dank euch allen. Geht aus euren Rollen raus.

Zusammenfassung: Marie und ihre Gegenwartsfamilie

Die Verstrickung:

Marie war zweimal verheiratet und hat eine Tochter aus erster Ehe.

Nach dieser Ehe hatte sie ein kurzes Verhältnis mit einem Mann, aus dem ein Kind entstand, das sie dann abtrieb. Diesbezüglich hat sie große Schuldgefühle. Der Mann weiß nichts von dem Kind. Zurzeit der Aufstellung gibt es einen Mann in ihrem Leben, es ist aber unklar, was auf Dauer aus dieser Beziehung wird. Marie wünscht sich eine funktionierende Partnerschaft, hat aber das Gefühl, dass sie kein Recht auf eine stabile Existenz hat.

Die Lösung:

In der Aufstellung stellt Marie die Bindung zu dem abgetriebenen Kind wieder her. Sie sagt zu ihm: „Jetzt nehme ich dich als mein Kind. Ich gebe dir einen Platz. Wenn es Zeit ist, lasse ich dich ziehen."

Sie klärt die Verbindungen zu den verschiedenen Männern. Sie achtet ihren ersten Mann und dankt ihm dafür, dass er für ihre gemeinsame Tochter sorgt. Sie nimmt den Mann, mit dem sie das Kind, das abgetrieben wurde, gezeugt hat, in den Blick, indem sie sagt: „Das ist unsere Sache." Mit dem zweiten Ehemann scheint alles geklärt zu sein. Der jetzige Partner erkennt an, dass er der vierte ist.

Achtzehn Monate nach der Aufstellung ihrer Herkunftsfamilie (siehe Seite 51) und sieben Monate nach der zweiten Aufstellung (aktuelle Familie, Seite 120) schreibt Marie folgenden Brief:

> Ich habe nach meiner ersten Aufstellung sofort Veränderungen bemerkt. Ich fühlte mich leicht, das ist schwer zu erklären, es war aber ganz eindeutig für mich. Mein Gesicht ist runder geworden, als hätte ich mehr Raum eingenommen. Die Leute um mich herum haben mir bestätigt, dass ich ein volleres, entspannteres Gesicht habe. Das Gefühl der Leichtigkeit hielt nach jeder der beiden Aufstellungen über mehrere Wochen an, das war jedes Mal eine große Erleichterung. So als wäre ein große Traurigkeit von mir abgefallen.
> Mit der Zeit merkte ich, dass ich mich in Bezug auf Erfolg weniger schuldig fühlte. Klappte etwas einmal nicht, dann war das keine Katastrophe und ich hatte das Gefühl, dass ich selbst entscheiden konnte, wie ich das erleben wollte. Es ist mir bewusst geworden, dass ich auch anders mit dem abgetriebenen Kind umgehen konnte; seit du mir das gesagt hast, teile ich mit ihm regelmäßig die schönen

und guten Momente meines Leben. Das macht mir Freude und tut gut. Ich fühle mich ihm gegenüber jetzt frei. Das Schuldgefühl hat sich in Verantwortung verwandelt. Dieses Kind hat jetzt für immer einen Platz in meinem Herzen. Ich verbinde es aber nicht mehr mit Tränen und Schuld, für die ich mich bestrafen muss, sondern mit Mitgefühl und Hoffnung.

Ich habe meiner Tochter davon erzählt. Sie ist fünfzehn Jahre alt. Sie wusste von der Abtreibung, da wir in einer Kinesiologiesitzung eine Dynamik „Lieber ich als du" fanden. Sie hatte sich schuldig gefühlt und sagte, es könne nicht angehen, dass sie leben dürfe, da doch dieses Kind nicht leben dürfe. Das waren eigentlich meine Gefühle. Wir konnten beide von da an freier mit diesem Kind umgehen. Sie wollte unbedingt eine Collage machen, in der sie alles ausdrücken konnte, was sie diesem Kind sagen wollte. Sie hat dieses Bild in ihrem Zimmer gut sichtbar aufgehängt. Nach einigen Tagen stand es vernachlässigt in einer Ecke, um dann letztlich ganz zu verschwinden. Sie hat aber in ihrem Portemonnaie bei den anderen Fotos noch das Bild eines kleinen Jungen; sie sagt, er unterstütze sie ihn ihrem Leben.

Wir beide haben auch etwas miteinander abschließen können. Wir konnten Unerledigtes wie Traurigkeit und Wut ausdrücken und versöhnlich hinter uns lassen.

Es gab auch Veränderungen in meiner Herkunftsfamilie. Ich hatte das Gefühl, dass eine alte Geschichte mit meinem Onkel zu Ende ging und eine neue mit meinem Vater beginnen konnte. Authentischer und liebevoller diesmal. Seitdem drückt mein Vater mir gegenüber mehr Vertrauen aus. Das war früher nie der Fall. Er spricht von seinen Gefühlen, seinem Leben, bittet mich um Unterstützung und unterstützt seinerseits seine Kinder ganz konkret. Er hat mich zwei Mal um eine Kinesiologiesitzung gebeten. Früher empfand er diese Arbeit als „Firlefanz". Jetzt kann er ganz leicht mit seinen Kindern sprechen, als habe auch er sich von einer Angst befreit. Wir haben von seinem Bruder gesprochen, von dessen Leben, Unfall und Tod und wie seine Eltern damals reagiert haben. Ich habe heute eine wunderbare Beziehung zu meinem Vater.

Meine Mutter ist heute weniger besorgt um ihre Kinder. Unsere Beziehung ist fröhlicher und auch authentischer geworden. Meine Eltern sprühen vor Leben mit ihren 75 Jahren. Sie haben Freude am Leben und viele Projekte für die Zukunft! Obwohl meine Mutter noch vor einem Jahr starke Gedächtnisverluste hatte und immer bitterer wurde. Ich hatte mir schon Sorgen gemacht, wie das wohl weitergehen sollte. Heute sprechen wir darüber. Sie haben ihre Wünsche formuliert, wie sie sich das für sich und für uns vorstellen. Wir haben alte Sachen noch mal aufgerollt und geklärt und konnten dann ganz liebevoll miteinander umgehen.

Wenn ich jetzt bei meinen Eltern bin, habe ich nicht mehr das Gefühl, mich in einer bestimmten Weise verhalten zu müssen. Ich kann ganz direkt sein, besser nehmen, was sie mir alles gegeben haben, und ihnen dafür dankbar sein.

Meine Tochter wohnt seit zwei Jahren bei ihrem Vater, 500 Kilometer von mir entfernt. Sie hat dieses Jahr aus freien Stücken beschlossen, dort zu bleiben. Sie hat ihr Leben in die Hand genommen und benimmt sich uns gegenüber verantwortlich und frei. Vor einigen Monaten war sie noch viel unsicherer. In einer Kinesiologiesitzung, um die sie mich gebeten hatte, konnte sie innerlich ihrem Vater gegenüber etwas ausdrücken. Daraufhin hat sich ihre etwas konfliktgeladene Beziehung zu ihm sehr beruhigt, sie hat sich verstanden gefühlt und hat sich entschlossen, bei ihrem Vater zu bleiben.
Ich bin sehr froh darüber, auch wenn sie mir fehlt. Ich freue mich aber, wenn ich sehe, wie ausgeglichen und glücklich sie ist. Ich kann sie in ihrer Wahl unterstützen, da ich eine Lösung gesehen habe, mit der alle meine „Männer", meine Tochter und ich in Frieden waren. Das hat mir erlaubt, die Veränderungen ruhig geschehen zu lassen, mit der inneren Sicherheit, dass sich alles zum Guten wenden würde und dass es allen gerecht wird.

Ich bin sehr stolz auf die schöne Beziehung, die ich heute zu meiner Tochter und zu meinen Eltern habe. Ich kann in die Zukunft gehen und sehe meine Vergangenheit mit anderen Augen. Jetzt, da ich meine Vergangenheit friedlich ruhen lassen kann, könnte ich auch umziehen, in die Nähe meiner Eltern und meiner Tochter.

Meine Schwester hat auch ihre Aufstellung gemacht und persönlich davon profitiert. Mein älterer Bruder sagte vor ein paar Monaten, es sei ganz eigenartig, all das, was bei ihm schief gelaufen sei, scheine sich gerade zum Guten zu entwickeln, er war sehr erstaunt! Er wird bald wieder heiraten und scheint sich sehr darauf zu freuen.

Mein „kleiner" Bruder, für den die Trennung von seiner Lebensgefährtin sehr schmerzhaft war, hat – nachdem ich mein Herkunftssystem aufgestellt hatte - eine Frau kennen gelernt, mit der er sich sehr gut versteht. Sie erwarten ein Kind und er ist sehr glücklich. Was meine Paarbeziehung anbetrifft, habe ich gemerkt, dass ich meinen Wunsch geliebt und unterstützt zu werden besser ausdrücken kann. Ich möchte aber keine Beziehung mehr „tragen". Zurzeit lebe ich alleine, fühle mich aber vollständig und bin offen für das, was kommt.

Das Familienstellen hat mir erlaubt, mich von einigen „Bindungen", deren Existenz ich geahnt habe, zu befreien. Es hat mir auch erlaubt die alten Beziehungen, die ich mit verschiedenen Männern hatte, zu bestätigen und zu klären. Ich habe gemerkt, dass die Kinesiologie und das Familienstellen einander wunderbar ergänzen.

Die Kraft und Wirksamkeit der Aufstellungsarbeit hat mich erstaunt. Auch die Tatsache, dass die Stellvertreter so klar, stark und richtig die Emotionen der realen Personen widerspiegeln und dass es eine Entwicklung hin zur Lösung gibt, so dass jeder einen guten Platz findet.

Marie

3. Adoption

Eine Adoption ist in der Regel in mehrfacher Hinsicht eine schwierige Sache. Adoptierte wissen manchmal lange nichts über ihre Herkunft. Kommt sie erst spät ans Licht, wird das Vertrauen in die Adoptiveltern oft grundlegend und dauerhaft erschüttert. Die Kinder bekommen Identitätsprobleme. Oft suchen sie dann nach den leiblichen Eltern. Für Adoptiveltern sind diese Besonderheiten in der Beziehung zu dem adoptierten Kind nicht immer leicht zu bewältigen. Konflikte können entstehen. Kinderlose Paare, die jahrelang hauptsächlich darauf fixiert waren, Kinder zu bekommen - koste es, was es wolle -, sind nun vielleicht enttäuscht: Das adoptierte Kind entspricht nicht ihren Erwartungen. Krisen in der Pubertät, Weglaufen, Drogenkonsum oder Überangepasstheit sind keine Seltenheit.

Bei einer Adoption gibt es immer drei beteiligte Parteien: die leiblichen Eltern, das zur Adoption freigegebene Kind und die Adoptiveltern. Ein adoptiertes Kind hat systemisch gesehen zwei Familiensysteme: sein Herkunftssystem und das neue Familiensystem der Adoptivfamilie. Sein Ursprungsystem und die Geschichte seiner Herkunft wirken sich immer auf das Kind aus, selbst wenn es gleich nach seiner Geburt adoptiert wurde und nichts über seine leiblichen Eltern weiß.

Wird ein Kind von einer fremden Familie adoptiert, so wechselt es aus seinem Herkunftssystem in ein neues Familiensystem. Das kann sehr gut gehen, aber auch schief laufen. Entstehen nach einer Adoption Probleme, so gibt es dafür systemisch gesehen sehr verschiedene mögliche Gründe.

Wenn Konflikte in der Adoptivfamilie auftauchen, dann werden oft die leiblichen Eltern des Kindes nicht gewürdigt. Man hat sie vergessen oder verdrängt. Sie sind im Herzen der Adoptiveltern ausgeklammert. Das sieht man sehr oft in Aufstellungen. Stellen Adoptiveltern auf, so sind sie oft sehr erstaunt, wenn sie auch die leiblichen Eltern ihres Kindes mit aufstellen sollen. Sie hätten nie gedacht, dass diese mit zu dem neuen System gehören.

Werden die leiblichen Eltern des Kindes von den Adoptiveltern innerlich verdrängt, dann stellen sich die Adoptiveltern sozusagen direkt an den Platz der leiblichen Eltern und versagen ihnen somit ihre Existenz.

Auf diese subtile und meist unbewusste Weise signalisieren sie dem adoptierten Kind, dass sie die einzigen und besseren Eltern seien. Das Kind solidarisiert sich dann oft mit den abgewerteten leiblichen Eltern und wird den Adoptiveltern böse.

Wurde ein Kind ohne Not weggegeben, so ist es zurecht auf die leiblichen Eltern böse. Stellen sich die Adoptiveltern an den Platz der leiblichen Eltern, dann bekommen sie die Reaktionen des Kindes auf sein Verlassenwerden zu spüren. Nehmen sie jedoch ihren (bescheideneren) Platz als *Stellvertreter* der leiblichen Eltern ein, so gibt es keine Vermischung und keinen Konflikt.

Ist der hauptsächliche Beweggrund für eine Adoption, dass die Adoptiveltern um jeden Preis ein Kind *haben* wollen, dann erlebt ihre Seele dies - trotz aller vorgeschobenen Vernunftgründe - wie einen Raub: Man holt sich ein Kind und nimmt es aus seinem Ursprungssystem heraus. In diesem Fall geschieht es häufig, dass die Adoptiveltern sich für eine solche Adoption unbewusst bestrafen und etwas dem Kind Gleichwertiges opfern. Das kann ein eigenes Kind sein, das abgetrieben wird, oder die Partnerbeziehung zerbricht oder im schlimmsten Fall nimmt sich manchmal ein eigenes Kind das Leben.

Umgekehrt ist es aber auch wichtig, dass die leiblichen Eltern die Adoptiveltern würdigen. Bei ihnen kann ihr Kind in Sicherheit aufwachsen und sie sorgen für ihr Überleben. Während der Aufstellung kann man oft erleben, wie sehr ein Adoptivkind erleichtert ist, wenn seine leiblichen Eltern den Einsatz der Adoptiveltern würdigen. Dies wird in der so genannten Realität vielleicht nie möglich sein. Das Bild und der Vollzug dieser Achtung während einer Aufstellung können für die Familie jedoch sehr wichtig sein.

Wenn ein Kind beide Eltern verloren hat und Waise ist, dann ist es meist am wenigsten traumatisch für das Kind, wenn es innerhalb seiner Familie und seines Kulturkreises weiterleben kann. Hier sorgen dann etwa die Großeltern oder Tanten und Onkel für dieses Kind und ziehen es auf. Sie werden in der Regel vom Kind geachtet und es kann von ihnen nehmen, was es bekommt.

Adoptierte haben alle ein gemeinsames Trauma: die Trennung von der Mutter bzw. von beiden Eltern, wenn der Vater bekannt ist. Sie sind prozentual häufiger in Behandlung als andere Menschen und haben oft Schwierigkeiten mit der eigenen Identitätsfindung sowie tief sitzende

Verlassenheitsgefühle oder die Angst denErwartungen anderer nicht zu entsprechen.[1]

Viele Adoptierte wünschen sich, eines Tages ihre leiblichen Eltern ausfindig zu machen, und begeben sich auf die Suche mit der Sehnsucht, dass durch das Auffinden der Eltern das Weggeben in irgendeiner Weise aufgehoben werden könne. Wenn sie ihre leiblichen Eltern dann aber finden, wird ihnen klar, dass sie letztendlich auf sie verzichten müssen und nicht mehr zu ihnen zurückkönnen. Diese Suche und dieser Drang distanzieren das Kind oft innerlich von seinen Adoptiveltern.[2]

In der Regel ist es trotz alledem eine Bereicherung, die leiblichen Eltern gesehen zu haben, und eine Erleichterung, nun mit der Wahrheit in Kontakt zu sein, auch wenn diese Wahrheit schmerzhaft oder schrecklich ist. Sie ist besser als Nichtwissen und Furcht oder Scham in Bezug auf etwas Unbekanntes. Vieles klärt sich dann auf, auch eigene Charakterzüge oder Verhaltensweisen. Es können auch Kontakte zu anderen Verwandten aus der Herkunftsfamilie entstehen, zum Beispiel zu Geschwistern oder Halbgeschwistern.

Jeder hat das Recht darauf, seine Herkunft zu kennen. Die Seele hat das Bedürfnis danach. Ein adoptiertes Kind kann sich jedoch nur dann an die Erkundung seiner Herkunft machen, wenn es die Unterstützung seiner Adoptiveltern hat. Sonst traut es sich nicht. Sonst geschieht dies vielleicht niemals oder erst, nachdem die Adoptiveltern gestorben sind.

Die besonderen Dynamiken und Verstrickungen, die in Adoptivfamilien auftauchen, beschränken sich natürlich nicht auf die oben aufgezeigten Möglichkeiten, die als Basisprobleme jedoch häufig auftreten. Jede Familie ist anders und jede Lösung sieht anders aus.

---

1 Siehe dazu ausführlicher den Artikel von Anna Lee Schulz, „Identitätsprobleme erwachsener Adoptierter", in: Weber, *Praxis des Familienstellens,* S. 313–319.

2 Hellinger (1998 a)

Frédéric und seine Gegenwartsfamilie: Adoption durch den Onkel

FREDERIC: Mein Wunsch ist es, eine stabile Partnerschaft zu haben. Ich schaffe es nicht, eine stabile Bindung einzugehen. Ich bin vom Bruder meines Vaters adoptiert worden, bin also in derselben Familie geblieben. Am Anfang haben mich meine Großmutter und meine Tante aufgezogen. Eines Tages hat meine Großmutter sich den Arm gebrochen. Die Adoptivfamilie ist irgendwie immer um mich herumgeschlichen - sie konnten keine eigenen Kinder haben - und hat auf ein Ereignis dieser Art „gewartet", um mich zu sich zu holen.

Die haben mich dann, als ich neun Monate alt war, zu sich genommen. Ich wurde mit sechs Jahren von meinem Onkel adoptiert.

CONSTANZE: Lebst du mit jemandem zusammen?

FREDERIC: Nein. Aber ich wünsche mir eine feste Beziehung.

CONSTANZE: Haben deine „neuen" Eltern noch andere Kinder adoptiert?

FREDERIC: Sie konnte keine Kinder bekommen. Sie hatte Epilepsie. Als ich fünf Jahre alt war, haben sie versucht Kinder in meinem Alter zu finden. Sie sind auf eine Familie mit drei Kindern gestoßen. Das älteste Kind, ein fünfzehnjähriges Mädchen, hat bei uns gewohnt. Wir hatten einen Altersunterschied von neuneinhalb Jahren. Sie hatte zwei Brüder, die kamen nur am Wochenende zu uns, weil Onkel und Tante nicht alle drei auf einmal nehmen konnten. Zehn Jahre nach mir haben sie dann noch ein eigenes Kind bekommen.

CONSTANZE: Und deine leiblichen Eltern?

FREDERIC: Meine leiblichen Eltern ..., also, für mich gab es immer - man hat mir das so gesagt - zwei Elternpaare. Das war für mich ziemlich normal. Die Familie löste sich aber ganz schnell auf, nachdem meine Großmutter, die immer alles zusammengehalten hatte, gestorben war. Ich war elf, als sie starb. Und er, er hat nie versucht, den Kontakt zu mir aufrechtzuerhalten. Ich sehe meine Eltern nicht mehr. Sie sind seit zwei Jahren geschieden. Meine Mutter habe ich seit sieben Jahren nicht mehr gesehen und meinen Vater ..., das müssen jetzt drei oder vier Jahre sein.

Meine leibliche Mutter ist blind. Weil sie und mein Vater sich nicht um mich kümmern konnten, hat meine Großmutter mich da rausgenommen. Als sie kam, war ich nahe daran, zu sterben.

CONSTANZE: Okay, das ist wichtig, dieses Letzte, was du gesagt hast! – Wähle nun Stellvertreter aus für …Augenblick mal – du hast keine Geschwister?

FREDERIC: Doch, mein Vater hat aus einer ersten Beziehung zwei Söhne, ich weiß nicht, ob er da verheiratet war.

CONSTANZE: Gut. Weshalb bist du fast gestorben ?

FREDERIC: Ich hatte eine schlimme Kolik. Als meine Großmutter sah, in welchem Zustand ich war – ich war in einer Mansarde, das war furchtbar, alles dreckig und vergammelt –, hat sie mich da schnellstens rausgeholt.

CONSTANZE: Wähle Stellvertreter für dich, deine Eltern, deine Adoptiveltern und die Großmutter.

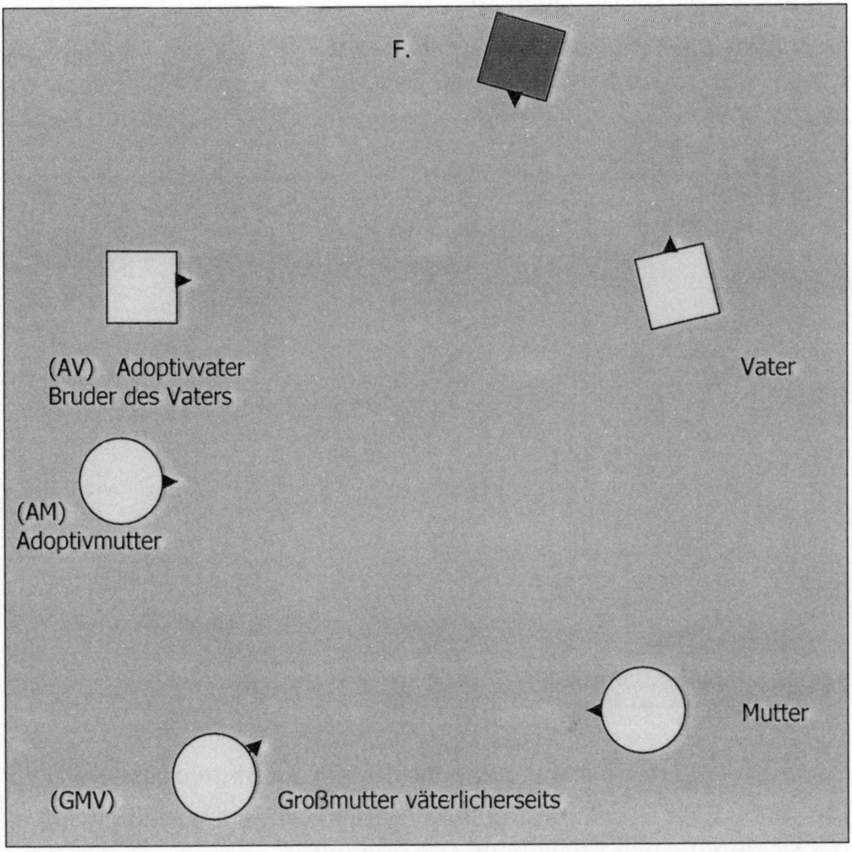

CONSTANZE: Was ist mit der Mutter?

MUTTER: Ich weiß nicht, ich weiß nicht, wie es mir geht ... Um mich herum ist nichts ..., ich fühle mich weit weg ...

VATER: Das ist eine eigenartige Situation. Denn ich sehe nicht meine Frau, aber meinen Sohn. Und ich frage mich, ob er der Sohn der Großmutter oder des Adoptivvaters ist. Ich habe keine Ahnung.

GROSSMUTTER: Mein Herz klopft stark.

F.: Das ist belastend!

CONSTANZE: Wir bringen mal etwas Ordnung da hinein.

Sie stellt den Vater neben die Mutter.
Die Mutter schaut zu Boden.

MUTTER: Ich möchte mich am liebsten hinhocken oder zusammenkauern. Aber ich fühle mich etwas stabiler.

Constanze holt Frédérics Stellvertreter und führt ihn vor die Eltern. Er kommt nur zögernd mit und sagt, es falle ihm schwer dorthin zu gehen. Er bleibt eine Weile vor den Eltern stehen und es geht ihm besser.

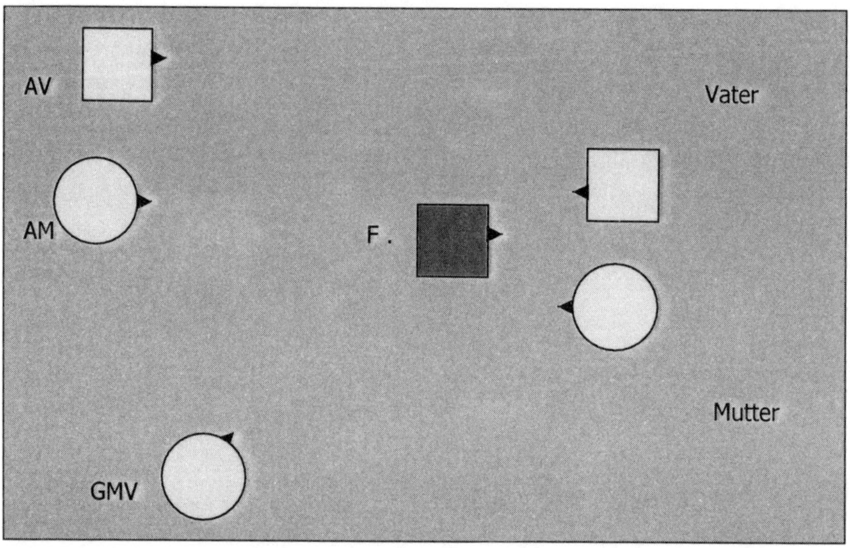

CONSTANZE *zu Frédéric*: Was ist in der Familie der Mutter passiert?

FREDERIC: Ich weiß, dass sie von ihrer Mutter verlassen wurde, nachdem sie durch einen Unfall blind geworden war.

CONSTANZE *zu Frédérics Stellvertreter*: Kannst du dich vor ihr verneigen?

F. verneigt sich tief und lange vor der Mutter. Die Mutter beginnt vorwärts und rückwärts zu schwanken. Erst nach einer Weile kann sie den Blick vom Boden lösen und den Sohn anschauen. Sie lässt – noch etwas gepresst – kleine Jauchzer hören, als ob sie es noch gar nicht glauben könnte einen Sohn zu haben. Dann seufzt sie tief.

MUTTER: Das ist super …, ich sehe zum ersten Mal meinen Sohn … *(Sie lacht.)* … Das ist genial …

Mutter und Sohn umarmen einander. Die Mutter sprüht vor Freude. Sie legt den Arm um den Sohn, der sich links neben sie stellt.

F.: Ich habe sehr große Achtung vor ihr.

MUTTER: Ich habe den Eindruck, ich würde ihn sehen! *(Sie lacht erleichtert.)*

VATER *(lächelt)*: Ich bin ziemlich froh ..., dass das so gut ging. Ich wäre da auch gern dabei, hmm ... *(Lachen in der Gruppe der Zuschauer)*

Constanze führt F. vor die Großmutter (GM). Er schaut sie an.

GM: Mir ist kalt. Vorher, als er da drüben stand, hatte ich das Gefühl, ich hätte ihn verloren.

CONSTANZE *zu F.*: Sie hat dir das Leben gerettet. Sag ihr „Danke".

F.: Das geht nicht. Ich habe nicht den Eindruck, dass sie mich gerettet hat.

CONSTANZE: Eher an sich gerissen?

F.: Ja.

CONSTANZE: Das sind zwei verschiedene Sachen. Danke ihr trotzdem dafür, dass sie dir das Leben gerettet hat.

F. *zur GM*: Danke, dass du mir das Leben gerettet hast.

GM: Ich fühle mich gut mit ihm …

FREDERIC *ergreift das Wort und erklärt*: Sie ist nicht böse. Ich habe aber den Eindruck, dass sie – indem sie etwas Gutes tun wollte – eher etwas Schlimmes getan hat. Was meine Eltern anlangt.

Die Großmutter nickt.

CONSTANZE *zu F.*: Sag ihr: „Du hast dein Bestes getan und ich danke dir dafür."

F. *(aufrichtig)*: Du hast dein Bestes getan und ich danke dir dafür.

GM: Ich fühle mich gut so. Ich fühle mich als Großmutter.

AV: Ich fühle mich sehr abgegrenzt. Als wäre ich von all dem nicht betroffen.

AM: Vorher habe ich mich sehr schlecht gefühlt mit all diesen Leuten. Jetzt geht es gut.

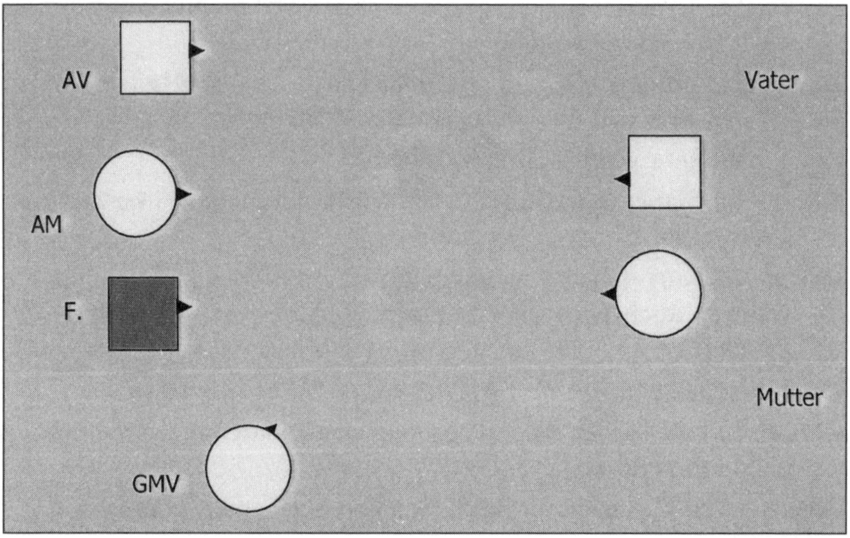

Constanze *zur Adoptivmutter (Tante von Frédéric)*: Schau die Mutter an. Wenn sie nicht wären, hättet ihr Frédéric nicht als Pflegekind haben können. Sag ihr also auch Danke.

AM *lächelt die Mutter an*: Danke.

Constanze: Sag zu ihr: „Du bist die Mutter."

AM: Du bist die Mutter.

Mutter: Das stimmt.

Constanze *zum Stellvertreter des Adoptivvaters*: Sag zum Vater: „Du bist der Vater."

AV: Du bist der Vater.

Constanze: „Ich bin nur dein Bruder."

AV: Ich bin nur dein Bruder.

VATER: Das gibt mir ein wenig den Eindruck, dass ich existiere!

CONSTANZE: Ja, das ist wichtig.

MUTTER: Mir nicht, ich bin froh, dass sie da waren, weil ... ich schaffte das damals nicht.

CONSTANZE: Sag ihnen das, es ist wichtig, dass sie es hören.

MUTTER *zu den Adoptiveltern*: Danke, dass ihr für meinen Sohn da wart, weil ... ich konnte mich nicht um ihn kümmern.

CONSTANZE: Das ist eine wichtige Anerkennung für sie!
Zu Frédéric: Hätte dein *Vater* sich um dich kümmern können?

FREDERIC: Nein.

CONSTANZE *zum Vater*: Bedanke auch du dich bei den Pflegeeltern.

VATER: Danke, dass ihr euch um meinen Sohn gekümmert habt. Ich konnte nicht für ihn da sein.

CONSTANZE *zu F.*: Wie ist das für dich?

F.: Sie haben getan, was sie konnten. Zur Mutter hin ist die größte Bindung. Zu den Stiefeltern hin ist es kalt.

CONSTANZE: Sag zu deinen Eltern, dass sie immer deine Eltern bleiben werden.

F. *zur Mutter*: Du bleibst immer meine Mutter.
Zum Vater: Du bleibst immer mein Vater.

CONSTANZE *zu F.*: Wir probieren etwas. *(Sie holt eine Frau in die Aufstellung hinein:)* Das ist die Zukunft ... *(Lachen.)* Man kann es ja mal probieren, oder ...?

(Vgl. Abbildung Seite 142)

CONSTANZE *zu F.*: Wie ist es da für dich?

F. *lacht*: Ich fühle mich nicht so wohl ...

CONSTANZE: Dreht euch um. Ist das besser?

F.: Ja, das ist besser.

CONSTANZE: Besser oder ... ?

F. *(schaut seine neue Partnerin an und sagt etwas gedehnt)*: Na ja. *(Lachen in der Gruppe.)* Ja, ja, so kann ich mir das eher vorstellen.

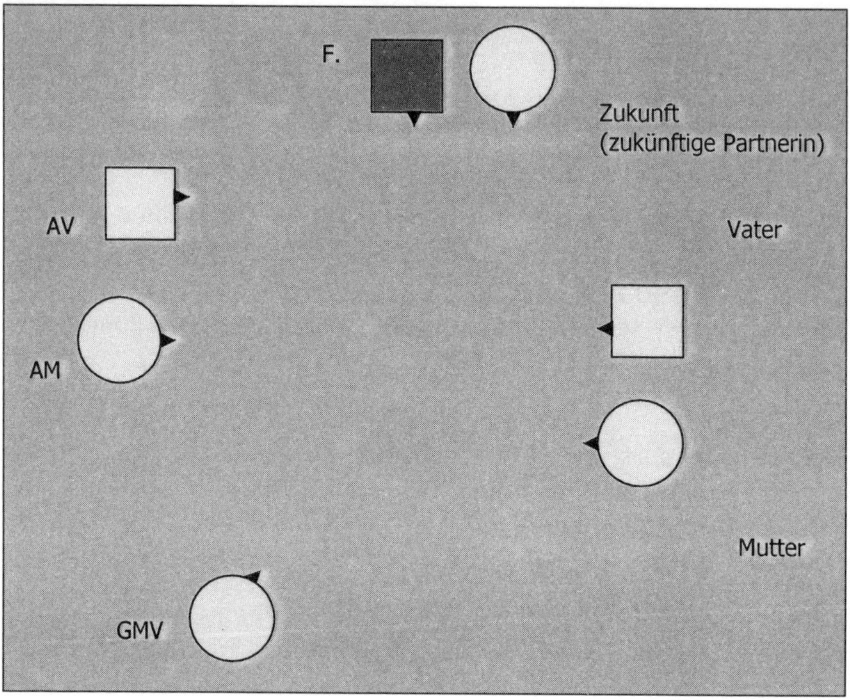

CONSTANZE *zu F.*: Schau die Mutter an und sag ihr: „Bitte sei freundlich, wenn ich glücklich bin."

F.: Bitte sei freundlich, wenn ich glücklich bin.

CONSTANZE: „Auch zu zweit. „

F.:Auch zu zweit.

CONSTANZE: Sag dasselbe zu deinem Vater.

F.: Bitte sei freundlich, wenn ich glücklich bin.

F. und seine zukünftige Gefährtin drehen sich wieder nach außen. Frédéric nimmt seinen Platz in der Aufstellung ein und sein Stellvertreter setzt sich.

CONSTANZE: Dreht euch noch einmal kurz um, damit ihr alle sehen könnt. Siehst du, wie wohlwollend sie alle dir gegenüber sind?

Frédéric schaut sich um und ist tief bewegt.

CONSTANZE: Sag zu den Eltern: „Euch zu Ehren mache ich etwas Gutes aus meinem Leben."

FREDERIC *strahlt*: Euch zu Ehren mache ich etwas Gutes aus meinem Leben. Jawohl, weil ich ihnen mein Leben verdanke!

CONSTANZE: Genau. Sag deinen Adoptiveltern ganz einfach Danke.

FREDERIC: Danke.

CONSTANZE: Und zur Großmutter auch.

FREDERIC: Danke.

CONSTANZE: Jetzt könnt ihr euch umdrehen und der Zukunft zuwenden.

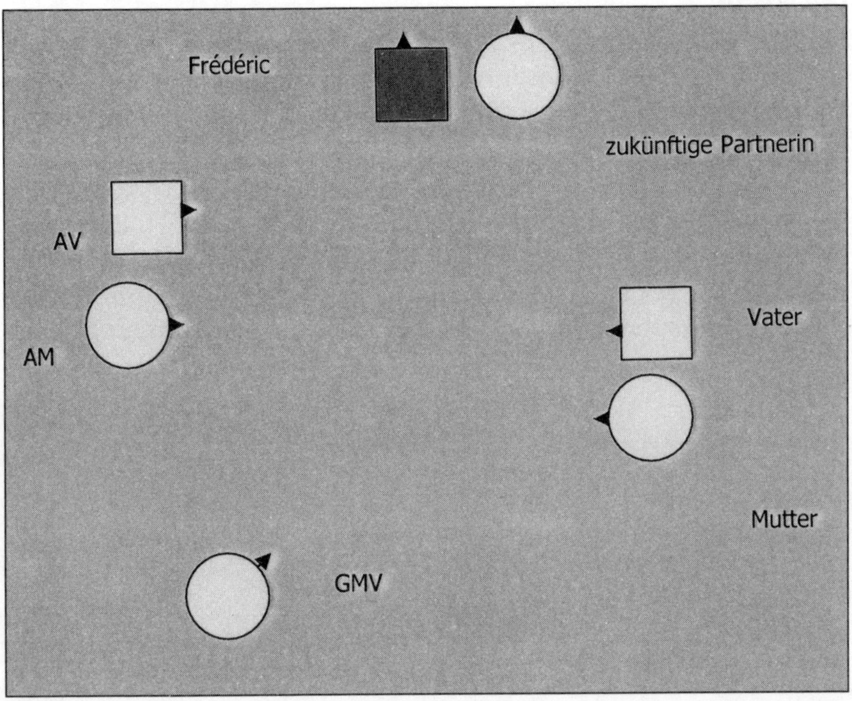

FREUNDIN: Mir geht es gut, es ist mir warm.

CONSTANZE: So sieht die Lösung aus, mit oder ohne ... *(Lachen)*

FREDERIC: Eher mit!

CONSTANZE *lacht auch*: Das sind ja gute Aussichten ... Ich danke euch allen.

Zusammenfassung: Frédéric und seine Gegenwartsfamilie

Die Verstrickung:

Die Eltern können Frédéric nicht aufziehen. Seine Mutter ist seit einem Unfall blind. Die Oma rettet den Säugling vor dem sicheren Tod. Sie kümmert sich zunächst um ihn. Mit sechs Jahren wird Frédéric vom Bruder seines Vaters und dessen Frau adoptiert. Frédéric wünscht sich heute eine stabile Partnerschaft.

Die Lösung:

Frédéric verbeugt sich vor seiner Mutter. Die Mutter scheint dadurch zum ersten Mal ihr Kind wahrzunehmen. Sie umarmen sich innig. Das hat zur Folge, dass der Vater nun besser neben seiner Frau stehen kann.

Frédéric dankt der Großmutter dafür, dass sie ihm das Leben gerettet hat. Die Adoptiveltern würdigen die leiblichen Eltern. Das erleichtert den Onkel. Die leiblichen Eltern danken den Adoptiveltern dafür, dass sie ihr Kind großgezogen haben und es bei ihnen in Sicherheit war. Nachdem das geklärt ist, kann Frédéric dem Ursprungssystem den Rücken kehren und mit dem Segen aller in seine eigene Zukunft gehen.

Esther und ihre Herkunftsfamilie: Die Mutter wurde vergewaltigt.

Diese Aufstellung wird nur zusammengefasst dargestellt, da sie nicht auf Video aufgezeichnet wurde. Was hier vor allem wichtig erscheint, ist der nachfolgende Brief, der die Wirkungen einer Aufstellung gut beschreibt.

Esther wurde als Baby von einer Familie adoptiert. Sie erfuhr aber von dieser Tatsache erst, als sie um die zwanzig Jahre alt war. Es heißt, ihre leibliche Mutter sei von einem fremden Mann vergewaltigt worden. Daraufhin wurde Esther geboren. Ihre Existenz wurde der Familie verschwiegen und sie wurde so bald wie möglich weggegeben. Ihre leibliche Mutter heiratete später einen anderen Mann, der früh starb. Die Mutter ging erneut eine Bindung ein, aus der Esther einen Halbbruder hat, der von ihr jedoch nichts weiß.

Bei der Aufstellung wurde an den Plätzen und Reaktionen der Stellvertreter deutlich, dass die leibliche Mutter voll Schmerz und unfähig war, ihre Tochter zu anzusehen. Das Kind konnte nicht mehr zu ihr zurück. Esther musste die Mutter aus ihrem Herzen gleichsam entlassen. Der leibliche Vater stand ganz außen, isoliert und weggeschoben. Er empfand aber erstaunlicherweise eine große Nähe und Zuneigung zu seinem Kind, von dem er wahrscheinlich nichts wusste. Das Kind war bei der Adoptivfamilie in Sicherheit.

Einige Monate nach der Aufstellung schrieb Esther den folgenden Brief:

> Liebe Constanze, als ich mich entschied meine Herkunftsamilie aufzustellen, hatte ich zum Ziel meinen Platz zu finden.
>
> Zunächst habe ich gesehen, was für eine enormen Schmerz meine biologische Mutter ausdrückte. Hatte das mit meiner Geburt zu tun oder mit der Vergewaltigung? Ich sah und akzeptierte dann, dass ich mich bei meinen Adoptiveltern gut fühlen konnte und meiner Mutter sagen konnte, dass ich ihr Schicksal achte und sie jetzt ihr Leben leben lasse. Das war sehr schmerzhaft für mich.
>
> Es war für mich wesentlich zu verstehen, dass diese Geschichte mit der Vergewaltigung eine Sache war, die meine Eltern betraf, und dass dieser Mann für mich mein Vater ist und ich ihn nehmen kann, so wie er ist, trotz dem, was geschah. Diese Aufstellung hat es mir

ermöglicht ihn zu ehren und ihm seinen Platz als Vater zu geben. Das hatte ich bis dahin verweigert.

Dadurch hat auch mein Adoptivvater einen Platz bekommen. Ich habe mit großer Freude Fotos von ihm gefunden und ihn als Kind und jungen Mann gesehen und entdeckt. Ich konnte diese Freude auch mit einigen meiner Kinder teilen und ihnen ihren Opa zeigen. Wie du siehst, war diese Aufstellung sehr wichtig für mich! Sie hat mir ermöglicht, meinen Vater anzunehmen, ihn als solchen anzuerkennen, und das hat die Liebe, die ich in mir hatte, an die Oberfläche kommen lassen. Ich konnte meine biologischen Eltern ehren und gleichzeitig akzeptieren, dass mein Platz bei meinen Adoptiveltern war und dass ich dort glücklich war. Zuhause habe ich dann mit ganz viel Liebe die Gegenstände, die ich aus ihrem Haus bekommen hatte, ordnen und sie mir erneut aneignen können. Jetzt leben sie in meinem Haus weiter und ich fühle mich wohl dabei.

Das Zuschauen bei anderen Aufstellungen hat mir gezeigt, wie wichtig es ist, dass alle Familienmitglieder einen guten Platz haben. Auch tot geborene Kinder oder solche, die die Familie verlassen haben. Diese Erfahrung ermöglichte es mir, meinen Kindern von ihrem Bruder zu erzählen, der bei der Geburt gestorben war, und ihm als dem Ältesten seinen Platz zurückzugeben – einige hatten ihn völlig verdrängt. So konnte ich auch eine Adoptivschwester meiner Kinder, die wegen gewaltiger Konflikte unsere Familie verlassen hatte, innerlich wieder integrieren. Seit sie wieder ihren Platz hat, muss der Jüngste sie nicht mehr vertreten. Er beginnt friedlicher zu werden und fühlt sich nicht mehr verpflichtet, so wie seine Schwester zu handeln [...].
Esther

Liebe und Sexualität

Bert Hellinger beschreibt die Sexualität als *den* fundamentalen „Akt" des menschlichen Seins überhaupt.[3] Wir sind letztlich – wenn oft auch nur unbewusst – ganz nah mit dem Leben, mit neuem Leben als Möglichkeit und mit dem Tod konfrontiert. Und das ist unabhängig davon gültig, ob die Sexualität mit oder ohne Liebe vollzogen wird. Sexualität und Tod bedingen sich gegenseitig. Gäbe es keinen Tod, wäre die Sexualität zur Erhaltung der Gattung nicht notwendig. Durch den Tod wird sie zur Grundlage des Lebens. Und „sie enthüllt die eigene Vergänglichkeit. Ein Paar, das Kinder zeugt, weiß, dass die Kinder in der Regel ihre Eltern überleben. Indem sie ein Kind zeugen, machen sie ihm auch Platz."[4]

Hinzu kommt, dass die Sexualität immer ein Risiko birgt. Mit einem Kind entsteht neues Leben. Sowohl dieses Leben als auch das der Mutter sind aber während der Schwangerschaft und durch die Geburt gefährdet. Heute hat man diese Gefahr medizinisch größtenteils unter Kontrolle; das ändert an dem potenziellen Risiko für Eltern und Kind jedoch nichts.

Wenn eine Zeugung ohne Liebe stattfindet – bei einer Vergewaltigung zum Beispiel –, dann verliert die Sexualität deshalb nichts von dieser Dimension und Größe. Nicht die Sexualität ist „schlimm". Was schlimm ist, das sind vielmehr die Umstände, unter denen sie in diesem Fall vollzogen wird. Mit oder ohne Liebe – wenn dabei ein Kind entsteht, ist das Ergebnis des sexuellen Vollzugs dasselbe. So steht die Sexualität durch das Leben, welches sie hervorbringen kann, *vor* der Liebe, die für sich allein genommen nicht diese existenzielle Kraft birgt.

Entsteht nun ein Kind, so sind die Bindungen, die daraus resultieren, nicht mehr rückgängig zu machen. Selbst wenn die Frau das Kind abtreibt oder es weggibt, entledigt sie sich nicht ihrer Mutterschaft. Sie kann damit auch nicht die Tatsache auslöschen, dass der Vergewaltiger der Vater dieses Kindes ist. Trägt die Frau das Kind aus und zieht sie es groß, dann wird sie verständlicherweise den Vater ausblenden.

Im Kind sind beide Eltern vereint, unabhängig von ihren Charaktereigenschaften oder Handlungen. Wenn die Mutter das Kind anschaut und

---

3 Hellinger, Ten Hövel (1996), S. 145–149

4 ebenda

den Vater des Kindes dabei ausblendet, dann lehnt sie damit auch das Kind teilweise ab. Sie könnte innerlich dem Vater sagen: „Du hast mir Unrecht getan und es war sehr schlimm. Du bist aber der Vater unseres gemeinsamen Kindes. Ich nehme und achte dich als den Vater unseres Kindes." Dann schaut die Mutter auf das Ergebnis, das Kind, und dissoziiert es von den Umständen. Sie achtet das Schicksal, das ihr widerfahren ist. Dadurch bekommt sie eine besondere Würde und Kraft.

Diese Haltung befreit dann auch das Kind, es kann seinen Vater in sich aufnehmen und fühlt sich ganz. Wird ein Elternteil in einem Kind nicht geachtet, so erträgt das Kind den Ausschluss dieses Elternteils nicht. Aus Loyalität zu ihm wird es dann so werden wie dieser Elternteil und ihn nachahmen.

Gelingt es nicht, dass die Mutter den Vater als solchen akzeptiert, oder wird das Kind weggegeben, dann kann das Kind diesen Prozess als Erwachsener nachholen. Es kann sich den Eltern stellen (in der Vorstellung oder in der Gruppenarbeit), sie anschauen und sie unabhängig von ihren Eigenschaften, Taten und ihrem Charakter als Eltern nehmen. Es kann achten, dass sie sein Leben hervorgebracht haben, und sie somit ehren und ihnen ihre Würde zurückgeben. Dies enthebt die Eltern jedoch nicht ihrer Schuld.

4. Wenn eine Frau bei der Geburt ihres Kindes stirbt

Es ist heute glücklicherweise eher selten, dass eine Frau bei der Geburt ihres Kindes stirbt. Früher jedoch, noch in der Generation unserer Großeltern oder Urgroßeltern, war dies kein Ausnahmefall. In Familienaufstellungen kann man beobachten, welche Nachwirkung(en) es für das gesamte System haben kann, wenn eine Frau im Kindbett gestorben ist. Die Wucht dieses Ereignisses ist so groß, dass es oft noch Auswirkungen auf die Generation der Urenkel hat. Man kann erfahren, dass sich in diesen Familien männliche Familienmitglieder auffallend häufig das Leben nehmen. Oder dass Frauen eine regelrechte Phobie davor haben, ein Kind auf die Welt zu bringen.

Nimmt man die Frau, die bei der Geburt ihres Kindes gestorben ist, in die Familenaufstellung hinein, so erzeugt ihre Anwesenheit viel Furcht bei den anderen. Sie ist in der Regel ausgeklammert. Man spricht nicht von ihr, man weiß es oft nur vage ... Dieses Schicksal ist so schwer, dass es große Angst im System erzeugt. Wird diese Frau jedoch integriert, überwinden die Nachkommen ihre Angst und schauen sie an, dann geht es ihnen gut und von der Frau geht eine heilsame und stärkende Kraft aus.

Wenn das Kind die Geburt überlebt, seine Mutter jedoch die Folgen dieser Geburt nicht übersteht, dann hat dieses Kind oft Schwierigkeiten, sein Leben voll anzunehmen. Es hat den Eindruck, es lebe auf Kosten der Mutter, die gestorben ist. Oft haben diese Kinder ein schweres Leben. Sie schränken sich ein, manchmal werden sie krank oder bringen sich um.

Wenn dieses Kind nun für den Tod seiner Mutter sühnt und innerlich sagt: „Lieber sterbe ich als du" oder „Ich folge dir nach in den Tod", dann ist das sozusagen doppelt schlimm für die Mutter. Sie hat bei der Geburt alles gegeben, auch ihr Leben, damit wenigstens das Kind leben darf. Wenn das Kind dieses Geschenk nicht annehmen kann, dann wären ihr Tod und ihr Leiden umsonst. Anstatt dass aus dem Drama etwas Gutes hervorgeht, erzeugt es noch mehr Leid und vielleicht noch einen Toten mehr.

Solch ein Kind hat ein schweres Schicksal und ein große Bürde zu tragen. Im Idealfall kann es sich innerlich vor die Mutter stellen, sich von ihr dissoziieren und ihr sagen: „Liebe Mama, du hast teuer dafür bezahlt, dass ich am Leben sein darf. Das soll nicht umsonst gewesen sein. Ich werde etwas Gutes aus meinem Leben machen. Dir zu Ehren und zum Andenken." Dann wird sich die Bindung zur Mutter wandeln. Aus einer symbiotischen, leidvollen Bindung wird eine bewusste Bindung. Das Kind hat die Mutter vor Augen und bekommt eine ganz andere Kraft, um in seinem Leben zu handeln.

Bert Hellinger hat beobachtet, dass oft eine seltsame Phantasie in diesen Familiensystemen herumgeistert, die verheerende Auswirkungen haben kann: die Phantasie, dass der Mann für den Tod der Frau verantwortlich sei, da sein sexuelles Verlangen dazu geführt habe, dass die Frau gestorben sei. Man kann in manchen Systemen beobachten, dass Männer verschiedener Generationen für diesen Tod sühnen, indem sie ein schweres Schicksal haben oder sich umbringen.

Diese Phantasie entwürdigt die Frau und das Paar. Sie haben in der Regel beide dem Risiko der Geburt zugestimmt und die Frau hat das Kind ausgetragen. In der Aufstellung sieht man auch, dass die Frau dem Mann nie böse ist. Sie ist eher denen böse, die sie ausklammern und dann verzweifelt kompensieren, indem sie es sich schlecht gehen lassen. Die Lösung ist immer die Würdigung dieser Frau und ihres Schicksals, sie muss bewusst in den Blick kommen und angeschaut werden.

Véronique und ihre Herkunftsfamilie: „Gebären heißt sterben."

Dies ist das Beispiel einer jungen Frau, die eine ihr selbst unerklärliche Angst vor dem Gebären hatte. In einer kinesiologischen Einzelsitzung mit Einbeziehung der systemischen Perspektive hat sie eine Erfahrung gemacht, die sie selbst in einem Brief zusammenfasst:

> Wenn ich mich richtig erinnere, hatte ich immer schon Schwierigkeiten mit der Mutterrolle. Bereits als ich acht oder neun Jahre alt war, beschloss ich, später („wenn ich groß bin") selbst keine Kinder zu gebären, sondern Kinder zu adoptieren. Die Waisenhäuser sind voll von verlassenen Kindern und ich fand es besser, mich um diese Kinder, die schon da sind, zu kümmern, als selbst Kinder in die Welt zu setzen.
>
> Das war lange Zeit meine Entscheidung. So lange, bis ich vor einigen Jahren den Mann meines Lebens kennen lernte. Für ihn als Italiener war es die selbstverständlichste Sache der Welt, eigene Kinder zu haben ... Da geriet meine alte Überzeugung allmählich ins Wanken. Als ich mich mit dem Gedanken befasste, eines Tages selbst Mutter zu sein, wurde mir bald klar, dass sich hinter dem edlen Wunsch nach Adoption die totale Unfähigkeit verbarg, mir vorzustellen selbst ein Kind zu gebären. So etwas Selbstverständliches wie das Gebären eines Kindes erschien mir als eine übermenschliche Leistung! Allein der Gedanke daran erfüllte mich mit unglaublicher Angst. Ich steckte mitten in einer regelrechten Phobie.
>
> Ich begann damit, Rückführungen zu machen, und konnte mein Leben im Mutterleib sowie meine Geburt nacherleben. Meine Mutter hatte mir immer gesagt, dass meine Geburt für sie eine sehr schmerzhafte und nicht enden wollende Erfahrung gewesen sei. Ich brauchte 24 Stunden, um auf die Welt zu kommen! Als ich meine Geburt wiedererlebte, wusste ich, was das für ein Albtraum gewesen war. Auch für mich. Ich kam auf die Welt mit der Angst vor dem, was mich da draußen wohl erwarten würde.
>
> Als ich das meiner Mutter erzählte, sagte sie mir, dass ihre eigene Geburt auch schwierig gewesen sei. Eine Tante hatte einmal verlauten lassen, es gebe den Verdacht, dass ihre Mutter (also die Mutter meiner Mutter) sie damals, als sie auf die Welt kam, habe ersticken oder strangulieren wollen. [...]

Ich wurde daraufhin eine Zeit lang von einem Therapeuten, der auch Kinesiologe war, auf diesem Weg begleitet und konnte einige Etappen hinter mich bringen. Ich spürte trotz allem in der Tiefe noch eine Angst sitzen, die einfach nicht fassbar war. [...] Ich wollte mir dieses Thema Kinderkriegen nun mal systemisch anschauen.

Während einer Sitzung mit Constanze tauchte sehr schnell etwas Wichtiges auf: Meine Urgroßmutter war bei der Geburt ihres Kindes, also meiner Großmutter, gestorben! Ich hatte das längst gewusst, aber völlig verdrängt. Das war Teil der Familiengeheimnisse, die ich als Kind bei einem Erwachsenengespräch unerlaubterweise aufgeschnappt hatte. Dieser Horror vor dem Gebären machte nun plötzlich Sinn. Ich glaubte seit Jahren, dass *Gebären* gleich *Sterben* sei. Meine Phobie war nichts weniger als eine Todesangst. Kein Wunder, dass das in mir jeden Wunsch nach eigenen Kindern ausradierte ...!

Die Entdeckung dieser Angst, die ich von meinen Vorfahren übernommen hatte, erlaubte mir zunächst die Bewusstmachung dieses Zusammenhangs und daraufhin eine Abgrenzung von dieser Angst: Das Schicksal der Urgroßmutter gehört nur ihr allein, ihre Geschichte ist nicht meine Geschichte, es gibt überhaupt keinen Grund sie zu wiederholen, als sei es unausweichlich.

Constanze bat mich daraufhin, der Urgroßmutter, die ich nie gekannt hatte, die Ehre zu geben, da ich dank ihr am Leben sei. Sie ermöglichte mir so, einen Moment reiner Freude zu erleben. Ich habe das aus tiefstem Herzen getan und habe der Urgroßmutter versprochen, dass ich, ihr zur Ehre, etwas Gutes aus meinem Leben mache. Zum Beispiel ... Kinder zur Welt bringen!

Isabelle und ihre Herkunftsfamilie: „Ich tanze meine Freude."

Die Klientin erzählt, dass sie aus einer Familie mit fünf Kindern stamme. Ein Bruder ihrer Mutter habe sich das Leben genommen. Eine Großtante sei schon als junge Frau gestorben. – Ich gebe hier eine Zusammenfassung ihrer Aufstellung:

Während der Aufstellung spürt die Stellvertreterin der Mutter der Klientin den großen Schmerz bezüglich ihres Bruders, der sich das Leben genommen hat. Sie weint bitterlich. Nach einer Weile ehrt sie diesen Bruder, indem sie ihm sagt, dass sie seine Entscheidung respektiert. Danach fühlt sie sich ruhig und friedlich und im Einklang mit ihrem Schicksal.

Es wird deutlich, dass auch die verstorbene Tante der Mutter nicht gewürdigt wurde und man sie vergessen hat. Isabells Stellvertreterin, die sehr berührt ist, als die Großtante in die Aufstellung mit hineingenommen wird, stellt sich vor sie hin und schaut ihr lange in die Augen. Diese Kontaktaufnahme hat zur Folge, dass die Stellvertreterin der Großtante sich entspannt und sich geachtet und gesehen fühlt. Isabells Stellvertreterin ist daraufhin so erleichtert, dass sie vor lauter Freude spontan mit ihr zu tanzen beginnt.

Nach diesem Ausbruch fröhlichen Übermuts werden die Stellvertreter in der Reihenfolge ihres Alters von rechts nach links gestellt. So stehen die Eltern, dann das älteste Kind und danach die Geschwister in einem Halbkreis, in der üblichen Ordnung. Seltsamerweise fühlt sich keines der Kinder an seinem Platz wohl, und dies obwohl es vorher bereits zu zwei Lösungen gekommen war.

Etwas verwundert wende ich mich an Isabell, um zu fragen, ob da nicht noch etwas Einschneidendes in dieser Familie passiert ist, was bis jetzt nicht in Betracht gezogen wurde. Es fällt ihr zunächst nichts ein. Doch dann erinnert sie sich plötzlich daran, dass ihre Urgroßmutter im Kindbett gestorben ist! Ich wähle eine Stellvertreterin für diese Frau und stelle sie so auf, dass alle sie sehen können. Die Kinder sind erschüttert und bekommen Angst. Sie müssen ihren ganzen Mut zusammennehmen, um sie anzuschauen. Sie verneigen sich nacheinander vor der Urgroßmutter und ihrem Schicksal.

Stellvertreter des Urgroßvaters sowie seiner *zweiten* Frau, die die Kinder der verstorbenen ersten Frau aufgezogen hatte, werden nun auch aufgestellt. Die zweite Frau versichert der ersten Frau, die im Kindbett starb, dass sie sich gut um ihre Kinder kümmern wird. Die Urgroßmutter dankt ihr dafür. So erkennt die zweite Frau die erste an und wird ihrerseits für ihre Leistung und ihren Einsatz für die Kinder der ersten Frau gewürdigt. Nach diesem Ritual ist das System sofort ausgeglichen und harmonisch. Alle, auch die Kinder, fühlen sich nun wohl.

Bei dieser Aufstellung war unter anderem die Reaktion der Kinder bemerkenswert. Alles schien gelöst zu sein, es war gute Arbeit geschehen und doch war zunächst keines der Kinder an seinem Platz in Frieden! Seltsam. Sobald aber die Großmutter in den Blick kam und in die Gemeinschaft aufgenommen wurde, änderte sich die Stimmung und eine Lösung wurde möglich.

Wenn die Stellvertreter trotz scheinbar wiederhergestellter Ordnung und mehrerer Lösungsschritte immer noch unruhig sind, ist das in der Regel ein untrüglicher Hinweis darauf, dass es noch etwas Wichtiges im System gegeben haben muss, das bis dahin in der Aufstellung nicht berücksichtigt wurde. In diesem Fall war es die Großmutter, die im Kindbett starb. Hier sieht man erneut, wie groß die Angst vor solch einem Schicksal ist und wie gut Verdrängungsmechanismen funktionieren. Es gab ein dramatisches Ereignis, man hat auch die Information, sie will einem aber einfach nicht einfallen.

Bei manchen Aufstellungen verfügen die Klienten nicht über alle erforderlichen Informationen. Man sieht in der Aufstellung genau, dass noch etwas fehlt und dass eine vollständige Lösung noch nicht möglich ist. Dabei muss man es dann belassen. Sonst würde man sich in Spekulationen versteigen, die niemandem helfen. Es ist dann besser, die Aufstellung abzubrechen. Was bis dahin in der Aufstellung ans Licht kam und vollzogen wurde, genügt oft als Wachstumsimpuls für die Klienten. Ihr inneres Bild hat sich verändert, meist kommt es dann zuhause „zufällig" zu einem Gespräch und das Familiengeheimnis wird aufgedeckt, alles klärt sich und die Person kann handeln. In manchen Fällen ist es aber auch besser, keine Nachforschungen anzustellen, sondern die Dinge in der Vergangenheit ruhen zu lassen und sich bewusst der Zukunft zuzuwenden.

Barbara und ihre Herkunftsfamilie: „Seid freundlich zu mir, wenn ich meinen Platz als Frau einnehme."

BARBARA: Ich komme, weil ich einiges klären will, was mit meiner Familie zu tun hat. Insbesondere mit meiner Mutter, sie ist eine starke Autoritätsperson. Wir sind fünf Geschwister: vier Mädchen und ein Junge, und alle Mädchen haben was aus dem System übernommen. Ich bin die Älteste von den Mädchen. Nur der Bruder ist noch älter als ich. *Einen* kleinen Bruder haben wir verloren. Er war das fünfte Kind. Und ich glaube, dass das einiges in unserer Familie bestimmt hat.

Aber ich spüre auf jeden Fall, dass wir Mädchen etwas aus dem System übernommen haben, und ich fühle, dass ich es trage.

CONSTANZE: Die Autorität?

BARBARA: Ja, ich habe das Gefühl, in einem matriarchalischen System zu sein, das meiner Natur gar nicht entspricht. Ich habe den Eindruck, dass ich nicht das lebe, was ich eigentlich leben möchte.

CONSTANZE: Warst du emotional eher deinem Vater oder deiner Mutter näher?

BARBARA *(leise)*: Meinem Vater. Aber mein Vater war nie da. Da ist was in seiner Herkunftsfamilie. Er hat *seinen* Vater verloren, als er noch ein Kind war. Und meine Großmutter, die hatte den Großvater auf ein Versprechen hin geheiratet, das sie ihrer Schwester gab. Das heißt, mein Großvater war zuerst mit der Schwester meiner Großmutter verheiratet, die im Kindbett starb; die Schwester hat meiner Großmutter damals das Versprechen abgenommen, dass sie ihren Mann heiraten werde.

CONSTANZE: Das ist ganz wichtig. Ich wollte dir noch was zu vorher sagen. Ich sage das mal für alle: Für Frauen ist es gut, wenn sie sich innerlich neben die *Mutter* stellen. Der Vater wird für Töchter im Kindesalter, wenn sie so zwischen vier und zwölf Jahren alt sind, besonders interessant und oft stellen sie sich dann emotional an *seine* Seite. Es ist aber gut, wenn sie danach wieder zur Mutter zurückkommen. Da können sie lernen, eine Frau zu werden. Da können sie die weibliche Kraft spüren.

Bei übergroßer Nähe zum Vater werden die Töchter oft zu sehr erfolgreichen Frauen. Frauen, die hart arbeiten. Eine Tochter, die sich eher neben den *Vater* stellt, ist später eher eine *Liebhaberin* als eine Frau.

Für einen Jungen gilt das entsprechend. Am Anfang ist er natürlich der Mutter sehr nahe, wie jedes kleine Kind. Aber wenn er größer wird, dann muss er sich irgendwann einmal bewusst neben den Vater stellen. Dort wird er zum Mann. Die männliche Kraft kommt vom Vater. Bei der Mutter ist es vielleicht schön, aber ein Sohn, der sich an die Mutter hält, wird später eher ein Verführer oder Liebhaber als ein Mann. Er ist in seiner Männerrolle weniger vertrauenswürdig. Wir schauen uns das jetzt mal bei Barbara an.

(Zu Barbara:) Wähle Stellvertreter für dich, für deine Geschwister und für deine Eltern.

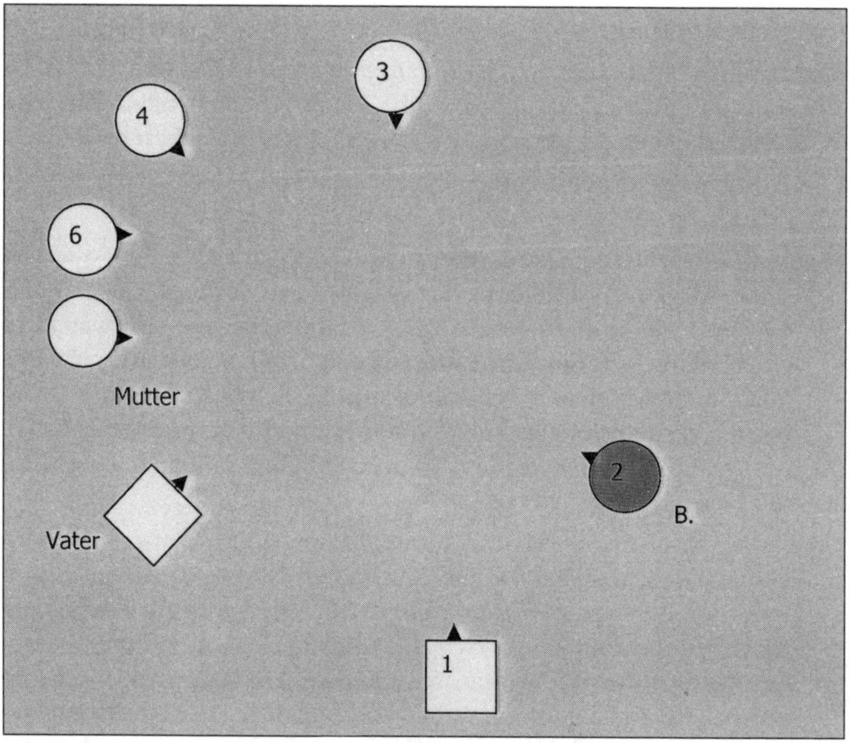

B.: Ich glaube, ich hatte noch nie Lust da zu sein. Ich will am liebsten gehen. Nach hinten.

(Sie gibt ihrer Pendelbewegung nach hinten nach und geht einige Schritte rückwärts.) Das ist schon besser.

Der große Bruder rückt näher zum Vater.

VATER: Ich bin nicht an meinem Platz. Ich bin draußen.

B.: Ouuu…, das macht mich wütend, was er da sagt, ich bringe sie um *(= die Mutter)*, bloß mit meinem Blick.
(Sie dreht sich leicht zur Seite, um der Mutter nicht mehr direkt gegenüberzustehen.) Außerdem schaut der (= Vater) böse zu mir her, das fühlt sich nicht gut an, ich drehe mich lieber rum! *(Sie dreht ihnen den Rücken zu.)*

CONSTANZE *zu Barbara, die zuschaut*: Hat deine Mutter den Vater verachtet?

BARBARA: Sie hat ihn irgendwie erstickt. Aber ich glaube, der hatte nicht so richtig seinen Platz eingenommen.

CONSTANZE: Wie geht es der Mutter hier?

MUTTER: Seit sie sich umgedreht hat, geht es ein bisschen besser. Es ist mir lieber, wenn sie sich umdreht.

CONSTANZE *zu Barbara*: Gibt es eine Frau in deinem System, der man Unrecht getan hat, in der Großelterngeneration?

BARBARA: Meine Großmutter väterlicherseits. Sie hat den Großvater geheiratet, weil sie das ihrer Schwester, die im Kindbett gestorben ist, versprechen musste. Sie hat deshalb nicht ihren Verlobten heiraten können.

CONSTANZE: Das ist es. Die Wut, die deine Stellvertreterin ausdrückt, gehört nicht zu dir. Und diese Wut ist im Grunde auch nicht gegen den Vater gerichtet. Ich habe eine andere Parallele gesucht: Welche Frau war auf wen wütend ? Hier hat das zwei Generationen übersprungen. Sagt dir das was?

Barbara nickt.

BARBARAS STELLVERTRETERIN (B.): Oh ja, das ist absolut klar.

Constanze stellt zwei Frauen auf, die die Großmutter väterlicherseits (GMV) und deren Schwester, die im Kindbett starb, repräsentieren.

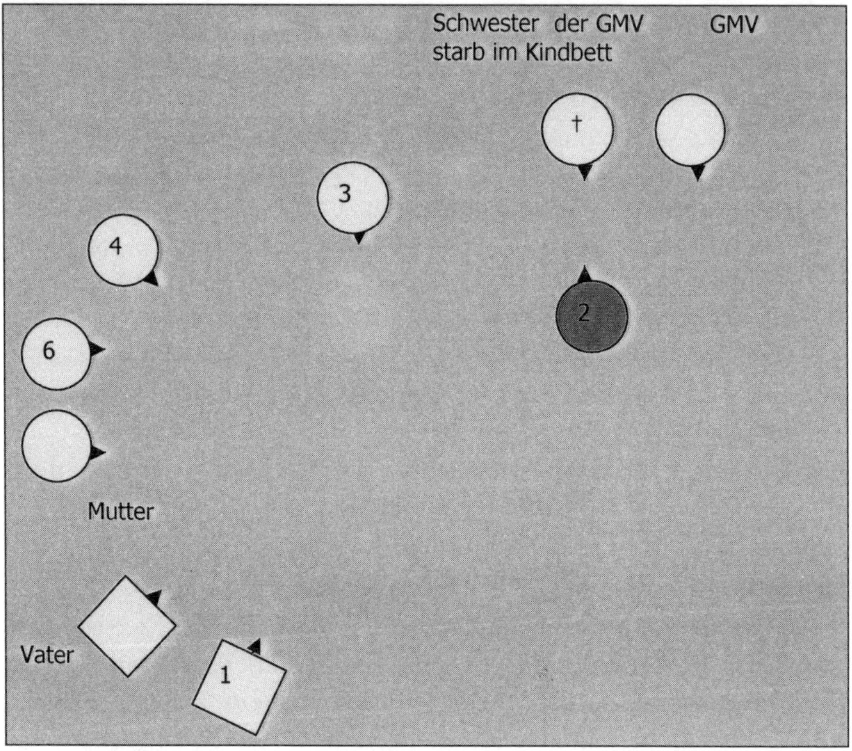

Constanze führt Barbaras Stellvertreterin vor die Großtante.

B. *kommt nur zögernd mit. Dann dreht sie sich um und sagt*: Oh, nein, nein!

Constanze *führt sie erneut und mit mehr Bestimmtheit vor die Großtante*: Ich weiß, dass das Angst macht. Sag ihr: „Jetzt sehe ich dich."

B.: Jetzt sehe ich dich. (Sie weicht etwas zurück.)

Constanze: Sag ihr: „Du machst mir große Angst."

B.: Oh ja, du machst mir große Angst! *(Sie geht noch einen Schritt zurück, ihr wird ganz heiß.)*

Constanze: Sag ihr: „Ich achte dich."

B.: Ich achte dich.

Constanze: „Du hast ein schweres Schicksal gehabt."

B.: Du hast ein schweres Schicksal gehabt.

CONSTANZE: „Wenn du nicht Platz gemacht hättest, wären wir nicht da."

B.: Wenn du nicht Platz gemacht hättest, wären wir nicht da.

CONSTANZE: „Ich achte dein Schicksal."

B.: Ich achte dein Schicksal.

CONSTANZE: „Und jetzt gebe ich dir einen Platz in meinem Herzen."

B.: Und jetzt gebe ich dir einen Platz in meinem Herzen.

CONSTANZE: „Du gehörst zu uns."

B.: Du gehörst zu uns.

CONSTANZE: Jetzt verneige dich ganz tief vor ihr, mit all diesen Sätzen in deinem Herzen.

Barbaras Stellvertreterin verneigt sich vor der Schwester der Großmutter.

CONSTANZE: Wie ist das für die Großtante?

SCHWESTER/GROSSTANTE: Das hat mir sehr gut getan.

CONSTANZE *zu Barbara*: Sie wurde vergessen! Hat das Kind dieser Frau überlebt?

BARBARA: Nein.

CONSTANZE: Hatte sie andere Kinder?

BARBARA: Nein.

Die Stellvertreterin Barbaras sagt, dass es ihr besser gehe in Bezug auf die Großtante, aber sie könne die Großmutter noch nicht gut anschauen.

CONSTANZE *zur Großtante*: Schau deine Schwester an und sage ihr: „Es tut mir Leid." *(Die Schwester/Großtante hatte die Großmutter verpflichtet, ihren - das heißt Großtantes - Mann zu heiraten, obwohl sie (Großmutter) mit einem anderen Mann verlobt war.)*

SCHWESTER *zur Großmutter*: Es tut mir Leid.

Die Stellvertreterin der Großmutter schlägt sich die Hände vor das Gesicht und beginnt zu schluchzen.

CONSTANZE: Die Großmutter wurde nicht gewürdigt für das, was sie gemacht hat.

(Nach einer Weile sagt sie zur Schwester der Großmutter, SGM:) Sag ihr „Danke".

SGM: Danke.

CONSTANZE *zur Großmutter*: Ist das in Ordnung für dich, wenn sie das sagt? Kannst du das nehmen?

GROSSMUTTER *mit klarer Stimme* : Ja.

CONSTANZE: Da hat die Würdigung gefehlt.

(Zu Barbaras Stellvertreterin:) Sag ihr: „Ich achte, was du für mich getan hast."

B. *zur Großmutter*: Ich achte, was du für mich getan hast.

CONSTANZE: „Ohne dich wären wir nicht da."

B.: Ohne dich wären wir nicht da. *(Die Großmutter lächelt sie an.)*

CONSTANZE: „Auch in meinem Herzen hast du einen guten Platz."

B.: Auch in meinem Herzen hast du einen guten Platz.

Die Großmutter schaut ihre Enkelin an und strahlt vor Glück. Constanze stellt B. links neben die Großmutter. Sie fühlt sich da sehr gut. Es ist ihr warm.

CONSTANZE *zu Barbara*: Deine Großmutter kann eine gute Kraft für dich sein.

Zu B.s Stellvertreterin: Sag zu den beiden Frauen: „Seid freundlich zu mir, wenn ich meinen Platz als Frau einnehme."

B.: Seid freundlich zu mir, wenn ich meinen Platz als Frau einnehme.

(Und spontan sagt sie:) Ich fühle wirklich Güte und Zärtlichkeit in ihrem Blick.

Constanze stellt das Bild um und befragt nacheinander die Stellvertreter nach ihrem Befinden.

(Vgl. Abbildung Seite 161)

DRITTES KIND: Das ändert alles. Bis jetzt habe ich mich nicht besonders beteiligt gefühlt. Ich wusste nicht recht, was ich hier soll, ich habe mich allein gefühlt. Erst als sie sagte: „Es tut mir Leid", da kamen Gefühle hoch. Und jetzt hat sich das aufgelöst und ist weg, ich fühle mich befreit.

VIERTES KIND: Ich war ganz bewegt. Jetzt geht es mir gut.

SECHSTES KIND: Vorher hatte ich den Hals zugeschnürt.

ERSTES KIND: Ich fühle mich jetzt wohl als Ältester, verantwortlich. Wichtiger als vorher.

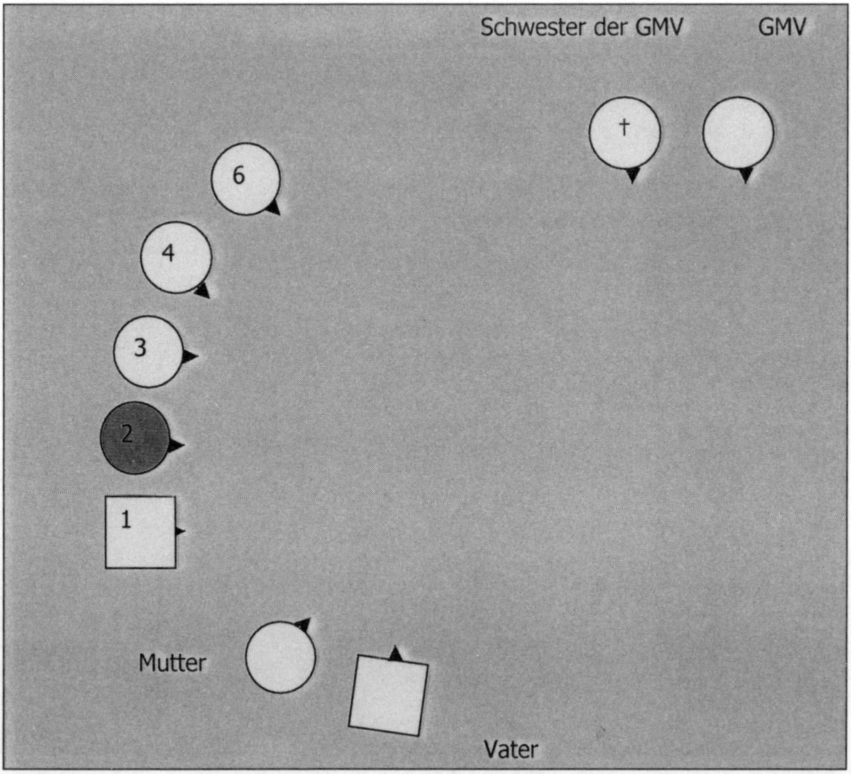

Zweites Kind (= B.): Mir geht's gar nicht gut.

Mutter: Als sie begann zu den Großmüttern zu sprechen, da hat sich mir der Hals und der Magen zugeschnürt. Nach und nach hat sich das gelöst und am Schluss war es weg.

Vater: Die Beziehungen zu den Großmüttern sind jetzt sicherer, für mich war das sehr erleichternd. Ich fühle mich auch zu den Kindern hingezogen.

Constanze vervollständigt die Aufstellung mit dem Großvater väterlicherseits (GVV), den sie links neben die Großmutter (GMV) stellt.

B.: Es geht etwas besser, seit er da ist. Aber irgendetwas erstickt mich, ich weiß nicht was, ich glaube, das kommt von der Mutter. Ich weiß nicht, was da läuft.

Constanze holt noch einen Stellvertreter für den toten Bruder (das fünfte Kind).

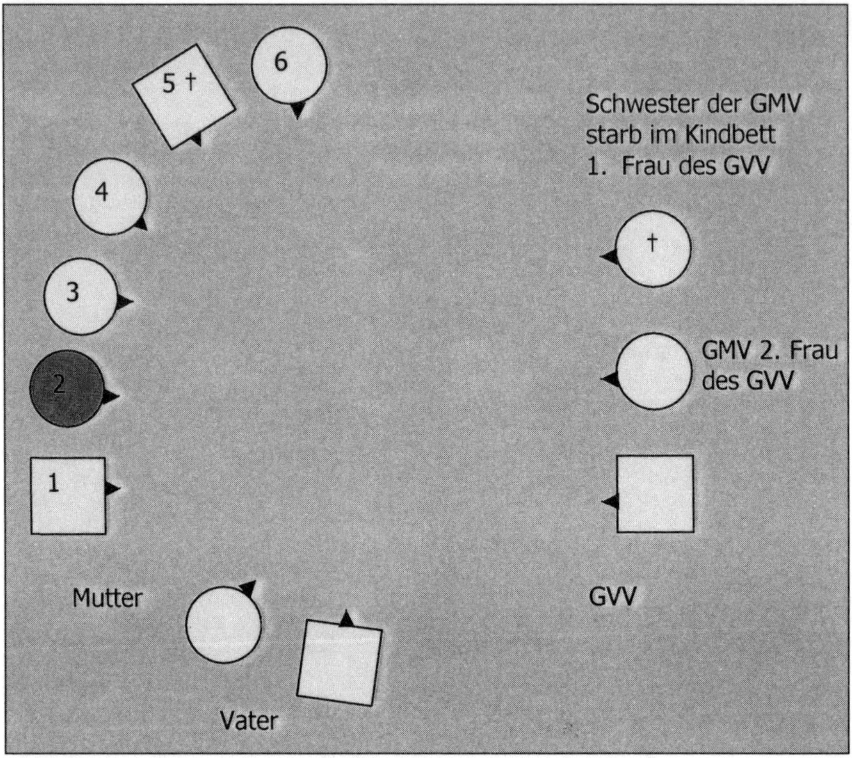

B. seufzt tief.

Constanze: Sag zu ihm: „Du bist mein kleiner Bruder."

B.: Du bist mein kleiner Bruder.

Constanze: „Ich bin deine große Schwester."

B.: Ich bin deine große Schwester.

Constanze: „Du bist tot, ich lebe noch ein bisschen, solange es mir gegeben ist."

B.: Du bist tot, ich lebe noch ein bisschen, solange es mir gegeben ist.

Constanze: „Und du darfst einen Platz bei uns haben."

B.: Und du darfst einen Platz bei uns haben.

B. schwankt, sie lehnt sich an den großen Bruder an.

Constanze *bittet sie, sich an die Mutter zu wenden und ihr zu sagen*: „Wenn du ihn nicht siehst, ich schaue ihn an (den toten Bruder)."

B.: Wenn du ihn nicht siehst, ich schaue ihn an.

(Spontan:) Genau, jetzt ist es mir klar, genau das wollte ich ihr sagen. Ganz sicher!!! *(Sie nickt noch einige Zeit bestätigend.)*

CONSTANZE: „Er gehört zu uns."

B.: Er gehört zu uns Geschwistern.

CONSTANZE: „Bei mir hat er einen Platz."

B.: Bei mir hat er einen Platz.

Die Mutter bleibt unbeweglich.

B.: Ich bin ihr böse deshalb, das ist ganz schlimm.

Constanze bittet nun den Stellvertreter des toten Bruders, sich vor die Eltern auf den Boden zu setzen. Er lehnt sich an die Eltern an. Die Eltern legen ihre Hand auf den Kopf des toten Kindes. Sie bleiben eine Zeit lang so.

MUTTER: Ich fühle mich ein wenig destrukturiert.

CONSTANZE: Sag zu ihm: „Mein liebes Kind."

MUTTER *(gefühllos)*: Mein liebes Kind.

Das kommt nicht an. Der Vater scheint auch nicht besonders betroffen zu sein.

CONSTANZE: Um dieses Kind ist nicht getrauert worden.

Dem Stellvertreter des toten Bruders ist zwar sehr heiß, er ist aber nicht berührt von den Sätzen der Eltern. B. ist wieder wütend.

GROSSER BRUDER *zum verstorbenen Bruder*: Du bist mein kleiner Bruder. Du hast einen Platz in meinem Herzen und du gehörst zu uns.

Alle Kinder sagen ihm diesen Satz. Das verstorbene Kind stellt sich an seinen Platz in der Geschwisterreihe.

5. KIND (BRUDER †): Ich fühle mich mehr an meinem Platz. Es ist stimmiger so.

CONSTANZE *lässt die Mutter zu dem toten Bruder sagen*: „Du bist tot."

Er will sich zurückziehen und findet seinen Platz, auf dem er sich wohl fühlt, neben den Toten.

Die Geschwister stellen sich spontan dichter zusammen und gehen gemeinsam einen Schritt zurück. Barbara stellt sich in die Aufstellung.

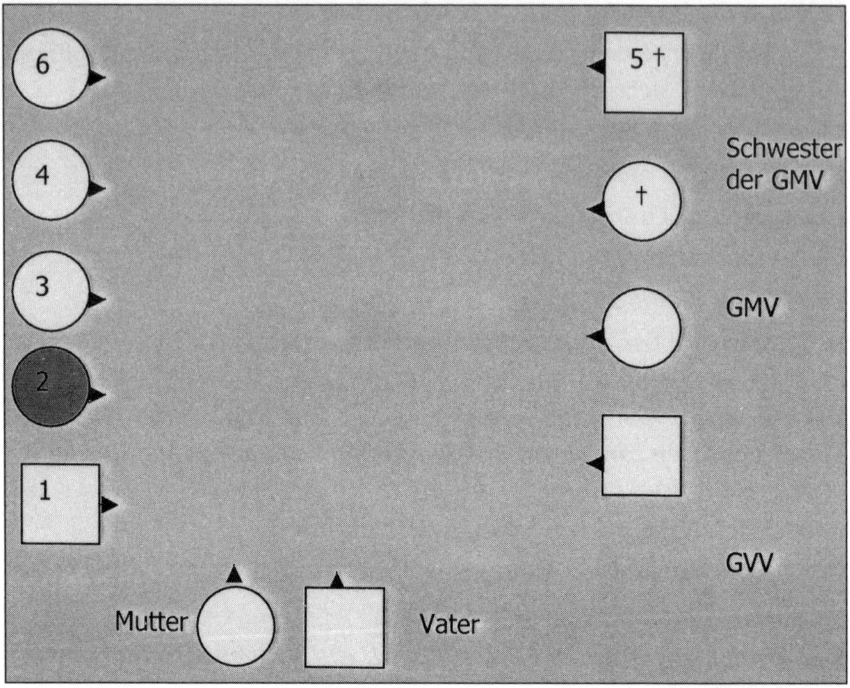

Constanze *zu Barbara*: Schau die Mutter an und sag ihr: „Ich werde autoritär sein, wenn es angemessen ist."

Barbara *lacht und verdreht die Augen. Dann sagt sie bestimmt:* Ich werde autoritär sein, wenn es angemessen ist.

Constanze: Schau die Großmutter und die Großtante an. Die gute Kraft für dich kommt von der Großmutter. Das ist die gute Autorität.

Barbara bleibt noch eine Weile in der Aufstellung stehen, um sich das Bild gut einzuprägen. Dann setzen sich alle.

Zusammenfassung: Barbara und ihre Herkunftsfamilie

Die Verstrickung:

Barbara ist das zweite von fünf noch lebenden Geschwistern. Ein sechstes Kind (ein Bruder) ist im Kindesalter gestorben.

Der Vater war wenig anwesend, die Mutter besaß die Autorität in der Familie. Barbara stört sich an dieser Autorität und sie glaubt, sie gegen ihren Willen übernommen zu haben. Der Großvater väterlicherseits starb früh. Barbaras Großmutter ist seine zweite Frau. Seine erste Frau starb im Kindbett. Sie nahm ihrer Schwester das Versprechen ab, ihren verwitweten Mann zu heiraten. Barbaras Großmutter war so gezwungen, die Verbindung zu ihrem Verlobten zu lösen und den verwitweten Mann ihrer Schwester zu heiraten.

Die Lösung:

In der Aufstellung ist Barbaras Stellvertreterin voller Wut. Es stellt sich heraus, dass sie die Wut ihrer Großmutter übernommen hat und mit ihr identifiziert ist. Die Wut der Großmutter auf ihre Schwester, die ihr damals durch das Versprechen einen bestimmtem Lebensweg aufzwang, projiziert Barbara auf ihre eigene Mutter. Den Vater erlebt sie gleichsam so, wie die Großmutter ihren neuen Mann erlebt hat. Auch er bezieht keine Position und ist nicht an seinem Platz.

Diese Rollenvermischung löst sich auf, als B. das Schicksal der Großtante würdigt und als die Großtante ihren Anteil am Schicksal ihrer Schwester auf sich nimmt, indem sie ihr aufrichtig sagt: „Es tut mir Leid." Ein weiterer wichtiger Schritt ist die Würdigung der Großmutter durch ihre Familie. Jetzt kann die Liebe wieder fließen und B.muss die Wut nicht weiter zum Ausdruck bringen. Dieser Vorgang erleichtert alle Geschwister. B. ist aber noch nicht beruhigt. Es stellt sich heraus, dass die Eltern dem toten Geschwister von B. keine Gefühlsregung entgegenbringen können. Dafür geben ihm alle Kinder einen Platz und der tote Bruder findet Frieden. Es gibt aber keine vollständige Lösung. Es fehlen noch Informationen, die die Herkunftsfamilie der Mutter betreffen. Hier wäre eine weitere Aufstellung zu einem späteren Zeitpunkt angebracht.

Ein Jahr nach der Aufstellung schreibt Barbara:

> Während der Aufstellung konnte ich meinen Vater nicht anschauen. Seine Mutter hatte Ihrer Schwester versprochen, deren Mann zu

heiraten, als klar war, dass die Schwester an den Folgen einer Geburt sterben würde. Die beiden Schwestern sind aufgestellt worden. Ich habe gesehen, dass meine Eltern nicht um meinen mit 13 Monaten verstorbenen Bruder trauern konnten. Es war nicht leicht, meinen Platz in der Geschwisterreihe zu finden. Am Ende der Aufstellung war ich auf meine Mutter böse.

In der Zeit nach der Aufstellung ging es mir gut. Es gab keine Veränderungen bezüglich meiner Gewohnheiten. Ich erinnere mich auch nicht an emotionale Veränderungen. Beruflich gab es ein paar Veränderungen. Ich habe immer mehr Klienten für Kinesiologiesitzungen. Ich behaupte mich in dem Sinne, dass ich es mir erlaube, trotz meiner fünf Kinder einen Beruf auszuüben.

In Bezug auf Veränderungen innerhalb der Familie habe ich den Eindruck, dass die Beziehung zu meinem Vater klarer geworden ist. Direkter, aufrichtiger, wahrer. Mein Vater traut sich endlich, sich zu behaupten und sich meiner Mutter entgegenzusetzen. Er hat an Persönlichkeit gewonnen, ist viel präsenter. Meine Schwester war bei der Aufstellung anwesend. Zuhause kam ihre fünfzehnjährige Tochter, die ihren richtigen Vater nie gekannt hat, danach in eine Identitätskrise. Meine Schwester hat verstanden, dass sie selbst nie um diesen Mann getrauert hat. Ihre Tochter war sehr deprimiert. Außer den Veränderungen bei meinem Vater und meiner Nichte habe ich bei meinen nächsten Angehörigen nichts weiter beobachtet.

Es gab wohl auch Veränderungen in meiner Partnerbeziehung. Wir haben über vieles gesprochen, auch über unseren jeweiligen Platz und unsere Rollen. Meine Beziehung zu Männern ist nicht ganz einfach, aber ich kann darüber jetzt sprechen. Unser großer Wunsch, zusammen glücklich zu sein, weicht einer tiefen Liebe, die immer mehr wächst. Das finde ich wunderbar!

Am meisten hat mich erstaunt zu sehen, dass nicht wirklich getrauert worden war; und die Tatsache, dass ein Mensch den Platz eines anderen einnehmen kann. Ich hätte gerne mehr an der Beziehung zu meiner Mutter gearbeitet, damit habe ich mich nicht so wohl gefühlt, da ist noch etwas nicht geregelt.

Zwei Jahre nach der beschriebenen Aufstellung stellte Barbara ihr Herkunftssystem nochmals auf. Es kam ans Licht, dass ihre Großmutter mütterlicherseits ihr letztes Kind auch verloren hatte. Die Stellvertreter der Großmutter und dieses Kindes sanken zu Boden, es ging beiden sehr schlecht. Die Stellvertreterin der Mutter verlor dabei auch jeden Halt. Bei solch dramatischen Reaktionen kann man vermuten, dass das Kind nicht auf natürliche Weise gestorben ist. Der Mutter ging es etwas besser, als sie dieses Kind ansah, sein Schicksal – was immer es war – würdigte und sich dann von ihrer Herkunftsfamilie abwandte und neben ihren Mann stellte. Es ging ihr noch besser, als ihr verstorbenes Kind sich vor sie und ihren Mann setzte. Jetzt waren beide Eltern sehr bewegt und konnten um dieses Kind trauern. Die harte, autoritäre Haltung, die der Mutter half, überhaupt aufrecht zu bleiben, schwand. Barbaras Stellvertreterin war erleichtert.

Doppelte Verschiebung

Wenn der Urgroßmutter beispielsweise durch ihren Mann Unrecht geschah und der Konflikt nie geklärt wurde, dann ist die Großmutter zurecht böse auf den Mann. An diese Stelle gehört die Wut und dort muss sie auch ausgedrückt werden. Manchmal jedoch verschiebt sich die Wut in spätere Generationen und eine Frau – die Tochter, die Enkelin oder, wenn die Schuld groß war, vielleicht sogar noch die Urenkelin – übernimmt diesen Hass und drückt ihn aus, ohne jedoch zu wissen, woher das Gefühl kommt. Bert Hellinger nennt das die Verschiebung im Subjekt. Das ist die erste Verschiebung. Die Frau, die die Wut übernommen hat, richtet diese Wut jedoch nicht gegen den, der sie hervorgerufen hat (in diesem Fall der Urgroßvater), sondern gegen ihren eigenen Mann. Das ist die zweite Verschiebung, die Verschiebung im Objekt. Solch eine doppelte Verschiebung ist häufig der tiefere Grund für das Scheitern einer Paarbeziehung.

5. Die unterbrochene Hinbewegung

Neben der systemischen, transgenerationellen Verstrickung beschreibt Bert Hellinger einen zweiten Faktor, der zu verschiedenen Störungen wie Empfindlichkeiten, Ängsten, Verlassenheitsgefühlen bis hin zur Neurose führen kann.[1] Wurde ein Kleinkind für längere Zeit von der Mutter oder dem Vater getrennt, sei es zum Beispiel durch einen Krankenhausaufenthalt, weil es zu früh geboren wurde und im Brutkasten lag, oder weil die Mutter zur Entbindung eines Geschwisters in die Klinik musste, dann entsteht dadurch ein Bruch in der Beziehung. Das Kind sucht die Mutter, seine Liebe fließt zu ihr. Da sie aber nicht da ist, kommt diese Liebe nicht an ihr Ziel. Die Hinbewegung des Kindes zur Mutter ist unterbrochen. Seine Liebe schlägt nach einiger Zeit um in einen unerträglichen Schmerz. Anstelle der Liebe fühlt das Kind erst Panik, dann Hilflosigkeit, die bald in Verzweiflung und Trauer umschlagen. Schließlich resigniert es.

Erwachsene, die als Kleinkind eine unterbrochene Hinbewegung erlebten, haben auch später Mühe, ihre Hinwendung zu den Eltern, zu einem Partner oder zu anderen Menschen zu vollziehen. Sie halten sich innerlich lieber fern von anderen, so können sie nicht ein weiteres Mal so schlimm verletzt und enttäuscht werden. „Klienten wollen dann möglichst wenig mit den ‚Urhebern' der Verletzung, also mit ihrer Mutter oder ihrem Vater zu tun haben, sprechen schlecht von ihnen, brechen gar den Kontakt ab oder empfinden keinerlei positive oder negative Gefühle den Eltern gegenüber [...]."[2]

Bert Hellinger sieht die Wut, die Verzweiflung und den Schmerz, die in solch einem Fall auftreten, als vordergründige Gefühle, die nur die Folge verletzter Liebe sind. Anstatt sich mit diesen sekundären Gefühlen zu befassen, begibt er sich also gleich an den Punkt, an dem alles angefangen hat, und führt den Klienten an die Stelle zurück, wo die Hinbewegung das erste Mal abgebrochen ist. Das mag schon sehr früh, bei der Geburt oder in den ersten Lebenswochen oder Monaten geschehen sein. Dort nimmt er diese Bewegung erneut auf, um sie letzendlich ans Ziel zu bringen.[3] Die Methode kann sehr unterschiedlich sein. Man

[1] Hellinger (1994), S. 502

[2] Franke (1996), S. 97

[3] Hellinger (1994), S. 502

kann es primär- oder hypnotherapeutisch machen oder die Hinbewegung innerhalb einer Aufstellung ans Ziel bringen. So entsteht ein neuer Zugang zu den Eltern wie auch zu anderen Menschen. Das neurotische Verhalten hört auf.

Ein weiterer bemerkenswerter Ansatz, der hilft, eine unterbrochene Hinbewegung zu heilen, ist die Festhaltetherapie nach Jirina Prekop.

> „Das Festhalten heißt: einen Menschen in seelischer Not so lange in dichter Umarmung beharrlich und liebend zu halten, bis es ihm besser geht. Unter diesem körperlichen Kontakt darf er seinen Schmerz, seine Angst, seine Wut und seine Trauer ausschreien und ausweinen und sich trotzdem – und gerade deswegen – geliebt fühlen."[4]

Auch hier geht es letztlich darum, dass die Liebe wieder ins Fließen kommt. So können Eltern unter Anleitung eines erfahrenen Festhaltetherapeuten ihr Kind, das durch missliche Umstände von ihnen getrennt war, so lange halten, bis eine neue Verbindung entsteht. Sie halten das Kind so lange, bis es seiner Verzweiflung und seiner Aversion Luft gemacht hat und dann versteht: „Die Mama hält mich ja trotzdem noch! Selbst wenn ich wütend und traurig bin, selbst wenn ich weg will von ihr, dann bleibt sie und beschützt mich." Auf diese Weise entsteht wieder eine gute Bindung, Geborgenheit und Vertrauen. Das Kind kann dadurch, dass es von den Eltern bedingungslos bejaht wird, sich selbst auch wieder bejahen.

Der Unterschied zu Bert Hellingers Ansatz besteht darin, dass hier keine Stellvertreter eingesetzt werden. Es wird immer mit dem Kind und seiner Mutter oder seinem Vater gearbeitet. Auch ein Erwachsener kann auf diese Weise einen Beziehungskonflikt lösen, der seine Wurzeln in der Kindheit hat, und so eine noch unvollendete Gestalt schließen.

---

4 Prekop (1989), S. 8

Inès und ihre Herkunftsfamilie: „Bitte, Mama!"

CONSTANZE: Also Inès, was hast du für ein Anliegen?

INES: Ich stamme aus einer großen Familie. Wir sind sechs Geschwister. Die Beziehungen zwischen uns sind recht konfus. Das Zweite ist: Meine Geburt war sehr problematisch. Ich hatte ein Schädeltrauma. Am Anfang, als ich nach einem längeren Krankenhausaufenthalt als Neugeborenes in meine Familie kam, gab es Beziehungsprobleme. Meine Schwester hat mir gesagt, dass sie mich damals nicht haben wollte.

Das Dritte ..., also, ich bin nach Deutschland gezogen. Mein Freund ist Deutscher. Ich wollte nicht wirklich in Frankreich bleiben, aber ich kann auch nicht recht in Deutschland bleiben. Ich fühle mich dauernd, als säße ich zwischen zwei Stühlen. Ich finde nicht zu mir selbst. *(Sie ist sehr bewegt.)*

CONSTANZE: Hast du das Gefühl, keinen Platz zu haben?

INES: Ich wiederhole mir immer wieder selbst, dass ich am richtigen Platz bin. *(Sie lacht.)* Rational stimmt das, ich sage es, aber mein Körper verleugnet es. Mit meinem Freund spreche ich darüber. Ich will, dass es uns beiden dabei gut geht. Ich komme nicht zur Ruhe. Ich weiß nicht, ob ich später in Frankreich oder in Deutschland leben werde. Ich stehe dazwischen.

CONSTANZE: War das immer schon so in deinem Leben, dass du das Gefühl hast, zwischen zwei Stühlen zu sitzen?

INES: Ja. Ich flüchte, ich habe Angst. Ich glaube, das hat etwas mit meiner Geburt zu tun. Es ist nicht klar, was da im Krankenhaus gelaufen ist. Ich wurde nach der Geburt operiert. Da ist irgendwas nicht klar, etwas, was mir meine Eltern nicht sagen können.

In der Regel habe ich keine Albträume. Bevor ich hierher kam, habe ich von einer Person geträumt, die hinter meinem Rücken stand. Das war ein Mann im weißen Kittel. Ich habe sein Gesicht nicht gesehen. Ich hatte große Angst und habe geschrien. Ich verteidige mich dauernd. Ich verteidige mich!

CONSTANZE: Wenn du auf jemanden zugehst, auf Leute in deiner Umgebung, wie weit gehst du dann?

INES: Da bleibt immer eine Distanz.

CONSTANZE *(schmunzelt)*: Das habe ich mir gedacht.

Inès lächelt.

CONSTANZE: Du hast gesagt, da gibt es Dinge, die deine Eltern dir nicht sagen können?

INES: Ich habe fünf Geschwister, die alle schon vor mir da waren, dann bin ich gekommen und meine Mutter hatte Schwierigkeiten bei meiner Geburt. Ich bin in Steißlage geboren, das war sehr kompliziert ...

CONSTANZE: Okay. Suche Stellvertreter für dich, für deine Mutter und deinen Vater aus.

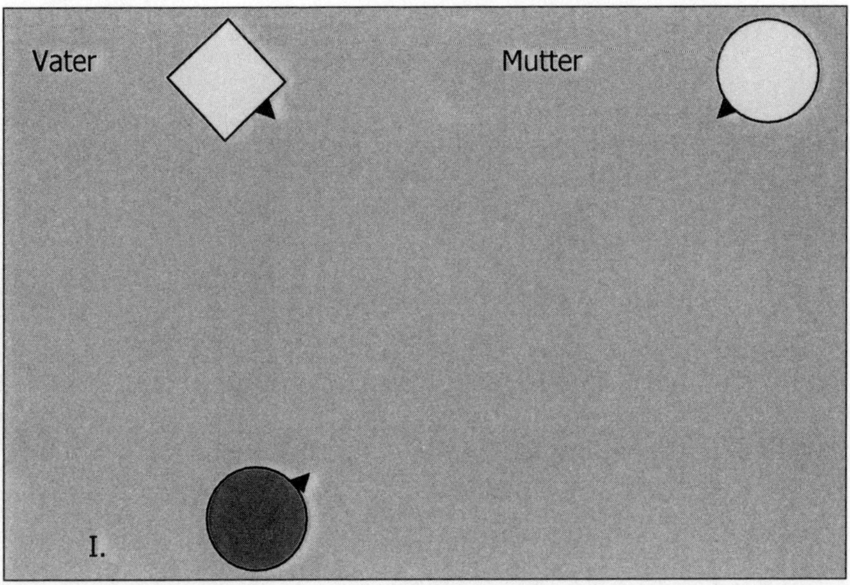

CONSTANZE *zu Inès*: Setz dich so, dass du gut sehen kannst, was geschieht.

STELLVERTRETERIN VON INES (I.): Ich fühle mich fremd. Ohne Verbindung. *(Pause)* Allein.

CONSTANZE: Allein?

I.: Aus den Augen, aus dem Sinn. Aber ... ich habe Lust, auf sie (die Mutter) zuzugehen.

(Sie zeigt auf den Vater:) Es ist, als existierte er nicht. Er ist außerhalb meines Gesichtsfeldes.

CONSTANZE *zu Inès*: Deine Eltern sind noch zusammen?

INES: Ja.

CONSTANZE: Wie geht's dem Vater?

INES: Auch schlecht. Ich bin allein. Ich sehe meine Frau nicht.

CONSTANZE *stellt die Mutter neben den Vater*: Wie ist das für die Tochter?

I.: Besser, ich bin aber immer noch alleine.

Nach einer Weile führt Constanze die Stellvertreterin von Ines vor die Mutter.

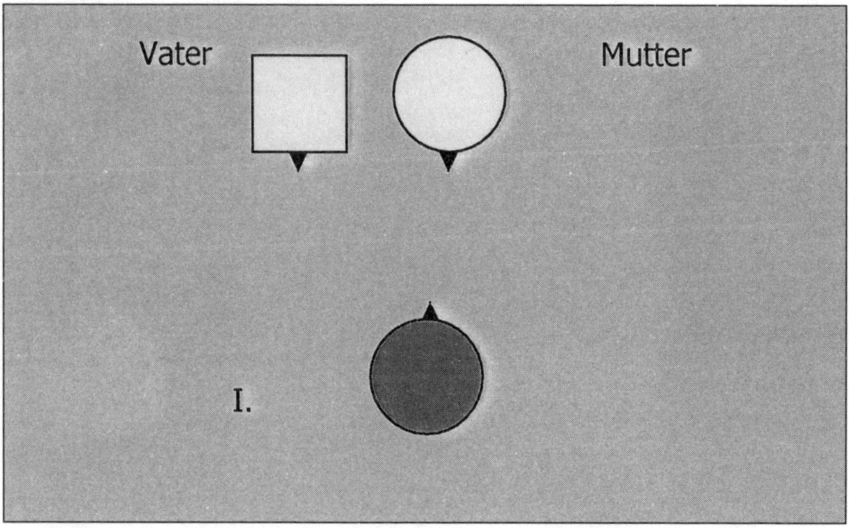

MUTTER: Ich habe schon Lust, sie in den Arm zu nehmen, aber da ist auch so was Statisches, das es mir unmöglich macht mich zu bewegen. Ich bin in meiner Bewegung behindert.

Die Tochter geht ein wenig auf die Mutter zu. Die Spannung zwischen den beiden steigt. Die Mutter kann sich nicht mehr zurückhalten. Sie will die Tochter in die Arme schließen.

Constanze holt Ines, die sich an ihren Platz in der Aufstellung stellt.

CONSTANZE *zu Inès*: Sag zur Mutter: „Bitte, Mama."

INES: Bitte, Mama.

CONSTANZE: Sag es, als wärst du ein kleines Kind.

Sie führt sie etwas näher zur Mutter hin.

INES: Bitte, Mama.

CONSTANZE: „Nimm mich."

INES: Nimm mich.

Die Mutter umarmt sie. Ines beginnt zu weinen. Der Vater will nicht dazukommen, er zieht es vor, die Szene freundlich und mit etwas Abstand zu betrachten.

Nach einer Weile befreit sich Ines aus der Umarmung.

CONSTANZE: Sag zur Mutter: „Du hast mir sehr gefehlt."

INES *(weinend):* Du hast mir sehr gefehlt.

Die Mutter hält sie wieder im Arm.

CONSTANZE: „Nimm mich jetzt."

INES: Nimm mich jetzt.

CONSTANZE *nach einer kleinen Pause zu Inès*: Nimm innerlich deinen Platz ein und sag der Mutter: „Jetzt nehme ich es von dir."

INES: Jetzt nehme ich es von dir. *(Sie schaut die Mutter an.)*

CONSTANZE: „Alles, was mir gefehlt hat."

INES: Alles, was mir gefehlt hat.

CONSTANZE: „Und ich nehme mein Leben, das ich von dir bekommen habe."

INES: Und ich nehme mein Leben, das ich von dir bekommen habe. *(Sie schaut zu Boden und schluchzt.)*

CONSTANZE: Du musst sie anschauen, sonst kannst du das nicht sagen: „Jetzt nehme ich auch mein Glück."

INES: Jetzt nehme ich auch mein Glück.

CONSTANZE: „Mein Platz ist an deiner Seite."

INES: Mein Platz ist an deiner Seite.

CONSTANZE: Stell dich neben sie, wir sehen mal, wie das ist.

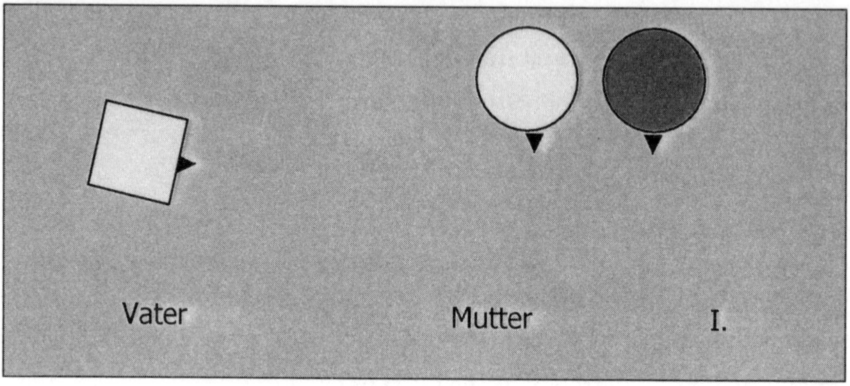

Die Mutter legt den Arm um die Tochter, die Tochter weint und schaut zu Boden. Der Vater will Abstand halten.

CONSTANZE *zu Inès*: Wie ist das?

INES: Gut.

MUTTER: Sie ist ganz steif.

INES: Ich kann mich nicht gehen lassen. Ich bin noch nicht an meinem Platz.

CONSTANZE: Stell dir vor, deine Geschwister gehören da natürlich auch noch dazu.

INES *(etwas erleichtert)*: Ja.

CONSTANZE: Schau die Mutter an und sag zu ihr: „Jetzt erlaube ich mir, meinen richtigen Platz als Jüngste in der Familie einzunehmen."

INES: Jetzt erlaube ich mir, meinen richtigen Platz als Jüngste in der Familie einzunehmen.

CONSTANZE: Lass ein bisschen los in den Knien. Ja, da kommt der Schmerz hoch. Lass kommen, was kommt. Du kannst ganz klein sein.

INÈS *entspannt sich, schmilzt und wird wie ein kleines Kind. Die Mutter hält sie fest im Arm. Inès lässt ihrem Schmerz freien Lauf.*

CONSTANZE: Atme tief. Nimm von der Mutter alles, was dir gefehlt hat. Nehmen kannst du mit jedem Einatem.

Sie wählt Frauen und Männer als Stellvertreter für die Geschwister von Inès aus. Sie stellen sich um sie herum und umarmen sie auch. Der Vater schaut liebevoll und teilnehmend zu.

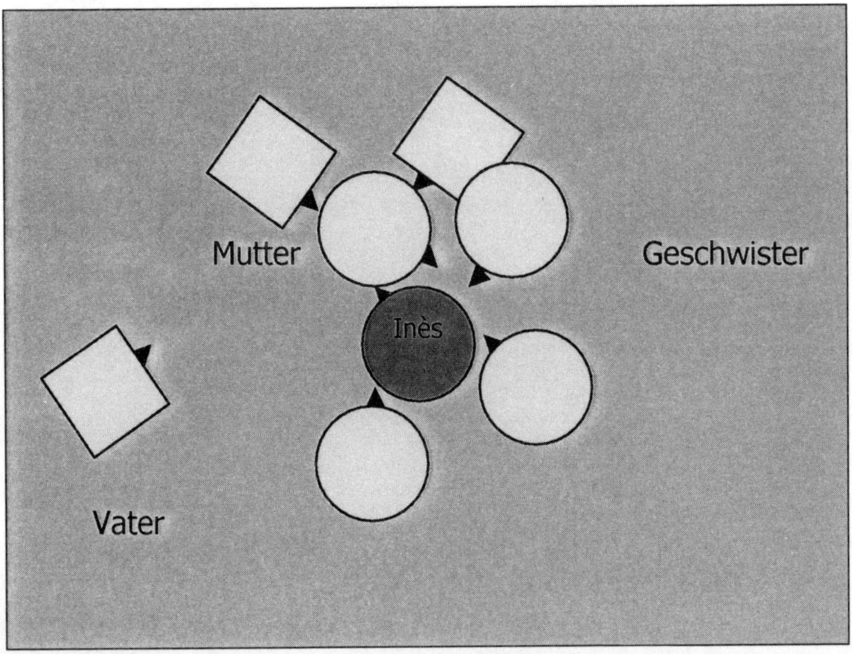

CONSTANZE *zu Inès*: Atme. Gut so, jetzt kommt es hoch.

Inès schluchzt laut. Dann beruhigt sie sich und atmet tief.

CONSTANZE *zu Inès*: Sag zu deiner Mutter: „Ich bin die Kleine, du bist die Große. Ich nehme, du gibst. Jetzt darfst du mich haben als deine Tochter."

INES: Ich bin die Kleine, du bist die Große. Ich nehme, du gibst. Jetzt darfst du mich haben als deine Tochter.

Die Geschwister lösen sich nacheinander langsam aus der Umarmung und bilden einen Kreis um ihre Schwester.

Constanze zu Inès: Herzlich willkommen auf der Erde!

Inès lächelt.

Die Geschwister sagen ihr dasselbe.

Inès ist sehr bewegt. Sie zittert noch und atmet tief.

CONSTANZE: Sag zur Mutter: „Ich bleibe."

INES: Ich bleibe.

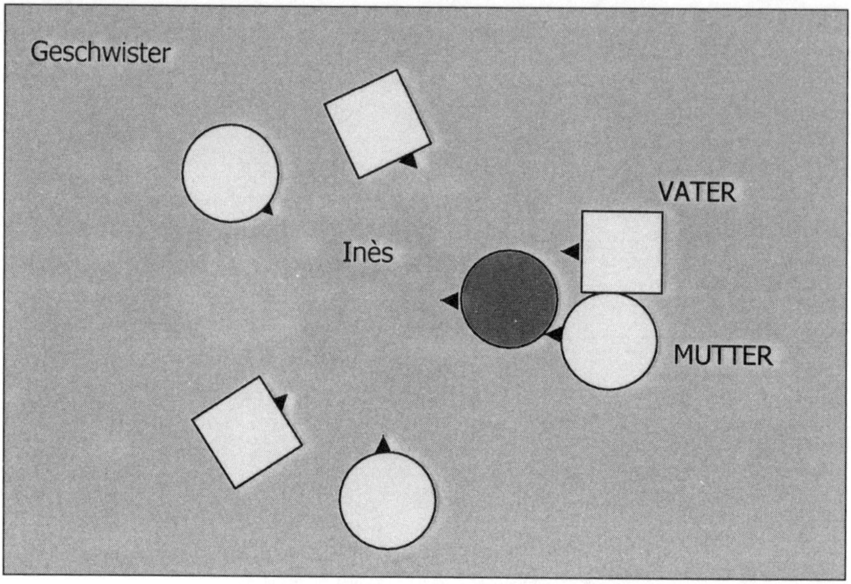

Constanze stellt Inès mit dem Rücken vor die Eltern. Inès lehnt sich an die Eltern an.

CONSTANZE *(zeigt in die Richtung, in die Inès schaut)*: Schau, die Zukunft ist da vorne.

INES *(taucht aus dem „Nebel" auf)*: Ich sehe so langsam wieder etwas.

CONSTANZE: Fühlst du die Eltern hinter dir?

INES: Ja, ich zittere.

CONSTANZE: Das macht nichts. Nimm sie in dich hinein. Sie sind wie eine gute Kraft hinter dir. Sag zu ihnen: „Mit euch im Rücken kann ich nach vorne in die Zukunft gehen."

INES *zur Mutter und dann zum Vater*: Mit dir im Rücken kann ich in die Zukunft gehen.

Sie ist erschöpft. Alle setzen sich.

INES *(lächelt)*: Es geht schon besser.

CONSTANZE: Gut gemacht. Das war schwer.

Inès scheint wieder in einem Nebel zu verschwinden.

CONSTANZE: Schau mich an. Ich erzähle dir noch etwas. *(Sie lächelt.)* ... Das ist ein bisschen provozierend. Es gibt Leute, die haben ein

Heimkino ... Dort lassen sie oft alte Filme laufen. So kann man nicht in die Zukunft gehen! *Du entscheidest,* wann du den Film laufen lässt und wann du es *nicht* tust. Kannst du dich an das Gefühl am Ende der Aufstellung erinnern?

INES: Ja, ich will nach vorne gehen.

CONSTANZE: Du tust das. Ich werde dir etwas erzählen. Kinder, die, als sie noch ganz klein waren, ins Krankenhaus mussten, zum Beispiel kurz nach der Geburt, die können noch nicht verstehen, dass man ihnen helfen will oder sie retten muss. Sie fühlen sich nur verlassen. *(Inès nickt.)* In diesem Alter versteht man noch nicht, was da läuft. Das hat oft etwas zur Folge, was man „unterbrochene Hinbewegung" nennt. Später taucht das wieder auf. Man wendet sich anderen zu, geht in ihre Richtung, aber man kommt nie recht an's Ziel, bis zu ihnen hin. Wir haben das hier nachgeholt. Diese Bewegung geht hin zur Mutter. Und das ist schwer, das ist ein ganz alter Schmerz. Du kannst dir diese Bewegung innerlich immer mal wieder vorstellen. Das heilt vielleicht erst mal ganz langsam, so wie eine Wunde nach und nach heilt. Das geht am besten, wenn man viel Geduld mit sich selbst hat und freundlich zu sich ist. Hast du vorher die Geschwister gesehen, die um dich herum waren? Die waren auch alle ganz liebevoll zu dir.

INES *(lächelt)*: Ja.

CONSTANZE: Wenn du das ein bisschen so wie sie machst und dir erlaubst dich selbst zu mögen, dann heilt das schneller. Und noch was. Jeder hier hat ein bestimmtes Schicksal. Dein Schicksal ist ein besonderes. Damit kann man zwei Dinge machen: Man kann sich dagegen auflehnen: Warum ich? Warum musste ich so eine Geburt haben? – Da wäre man dann im Clinch. Man kann dem aber auch zustimmen und sagen: So ist das, es ist vielleicht nicht einfach, aber ich nehme es so, wie es ist. Das hilft auch. Ist das in Ordnung so?

INES: Ja, es geht schon besser.

Zusammenfassung: Inès und ihre Herkunftsfamilie

Die Verstrickung:

Inès kam mit einem Schädeltrauma auf die Welt und wurde kurz nach der Geburt operiert. Es ist schwer für sie, ihr Leben zu dem Preis zu nehmen, den ihre Mutter dafür bezahlt hat; denn auch die Mutter hat bei der Geburt ihrer Tochter sehr gelitten. Inès hat den Eindruck, dass sie sich in ihrem Leben immer zwischen zwei Stühlen befindet und ihren Platz noch nicht gefunden hat. Inès ist das jüngste von sechs Geschwistern.

Die Lösung:

Am Anfang der Aufstellung fühlt sich Inès alleine und fremd, sie fühlt sich aber gleichzeitig zur Mutter hingezogen. Sie sagt zur Mutter: „Bitte Mama, halte mich.“ Die Mutter nimmt sie lange in die Arme. Danach sagt Inès zur Mutter: „Jetzt nehme ich mir alles, was mir so lange gefehlt hat. Ich nehme mein Leben von dir.“ Der Schmerz der frühen Trennung steigt hoch, als sie sagt: „Jetzt erlaube ich mir, meinen Platz als Jüngste in der Familie einzunehmen.“ Stellvertreter der Geschwister stellen sich dicht um sie und unterstützen sie. Am Schluss lehnt sich Inès an die Eltern an, schaut nach vorne und sagt: „Mit euch in meinem Rücken kann ich nach vorne in die Zukunft gehen.“

Ein Jahr später schreibt Inès:

> Ich habe meine Geburt wiedererlebt und vor allem habe ich erlebt, wie ich von meiner Ursprungsfamilie gut empfangen wurde.
>
> Es war am Anfang sehr schwer, wieder in die Realität zurückzukommen. Die täglichen Aufgaben wieder aufzunehmen. Ich war wie hypnotisiert und auch sehr müde. Ich glaube, dass es wichtig ist, sich an die positiven Bilder zu erinnern. Wie zum Beispiel an alle die Menschen, die mich umringt haben. Ich bedaure nur, dass ich mich nicht *mehr* gehen lassen konnte. Ich war immer in der Defensive und auf der Hut.
>
> Alles ist sehr schnell gegangen, ich hätte mehr Zeit gebraucht. Das war fast zu intensiv.
>
> Veränderungen gab es in meinem Verhalten, in meinem emotionaler Erleben, im Beruf und in der Paarbeziehung.

Ich habe wieder mehr Selbstbewusstsein bekommen. Emotional bin ich im Laufe der Monate immer unabhängiger geworden.

Es hat mich erstaunt, wie ich mit Leuten zusammen sein konnte, die ich vorher gar nicht kannte, und dass ich mich denen so anvertrauen konnte.

Ich habe mich Schritt für Schritt von einer Person (meinem Partner) gelöst und bin nach zwölf Jahren „Exil“ (Flucht) nach Frankreich zurückgekehrt.

Fabienne und ihre Herkunftsfamilie: „In mir weint es."

Fabienne ist 47 Jahre alt. Sie erzählt, dass sie sich in ihrer persönlichen Entwicklung gebremst fühle. Es scheint ihr, als ziehe ein unsichtbares Gummiband sie immer wieder in Richtung Tod. Sie ist Krankenschwester. Sie berichtet, dass sie auch außerhalb ihres Berufs viel mit Kranken zu tun habe. Es sei gerade so, als ob sie diese Menschen anziehe. Die Mutter bekam nach Fabiennes Geburt multiple Sklerose. Fabienne fühlt sich in Gefahr.

CONSTANZE: Hast du schon einmal einen Selbstmordversuch gemacht?

FABIENNE: Nein.

CONSTANZE: Hast du schon daran gedacht?

FABIENNE: Nein.

CONSTANZE: Wie viele Geschwister seid ihr in deiner Herkunftsfamilie?

FABIENNE: Vier. Nach dem ersten Kind kam ein zweites, das meine Mutter spät abgetrieben hat. Sie wäre an dem Eingriff beinahe gestorben. Sie war daraufhin lange im Krankenhaus. Nach diesem zweiten Kind kam ein weiteres und dann ich.

CONSTANZE: Wähle zwei Stellvertreterinnen, eine für dich und eine für deine Mutter.

(Vgl. Abbildung Seite 181)

Die Stellvertreterin der Mutter schwankt vor und zurück. Sie schaut zuerst auf die Tochter, dann senkt sie den Blick und dreht sich um.

CONSTANZE: Was ist in der Familie der Mutter passiert?

FABIENNE: Sie war Einzelkind.

CONSTANZE: Ist während des Krieges etwas passiert?

FABIENNE: Ja, mein Großvater war im Ersten Weltkrieg. Er war ziemlich depressiv. Meine Großmutter war eine „gewalttätige" Frau.

CONSTANZE: Wie geht es der Tochter jetzt?

F.: Ich stehe hier wie angewurzelt und ich habe keine Lust auf meine Mutter zuzugehen. Ich verstehe nicht, weshalb.

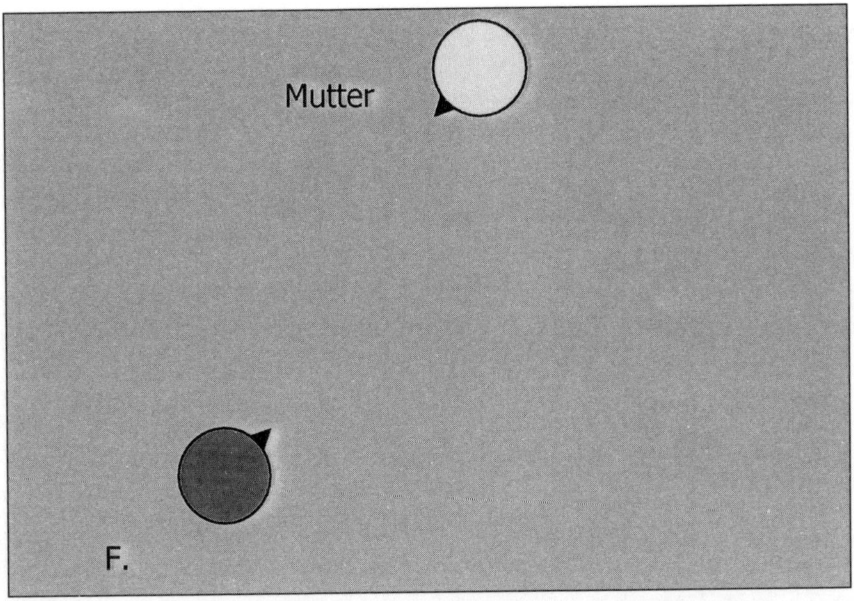

CONSTANZE *zu Fabienne:* Wurdest du von deiner Mutter getrennt, als du noch klein warst?

FABIENNE: Ich glaube ja, gleich nach der Geburt.

CONSTANZE: Wie geht es der Mutter jetzt?

MUTTER: Ich habe Bauchkrämpfe.

Constanze stellt einen Mann für den Vater auf und wählt eine Frau als Stellvertreterin für das abgetriebene Kind. Sie bittet diese Frau, sich vor die Eltern – mit dem Rücken zu ihnen – auf den Boden zu setzen.

(Vgl. Abbildung Seite 182)

Sobald das Kind da ist, hören die Bauchschmerzen der Mutter auf. Sie stützt sich auf ihren Mann und schaut das Kind an, das vor ihr auf dem Boden sitzt. Das Kind schaut zu seiner Schwester hin.

ABGETRIEBENES KIND *(weist auf F.)*: Ich hätte sie gerne bei uns.

F.: Ich würde mich freuen, wenn sie mich anschauen würden.

CONSTANZE *zu F.*: Sag den Eltern: „Ich lasse dieses Kind bei euch."

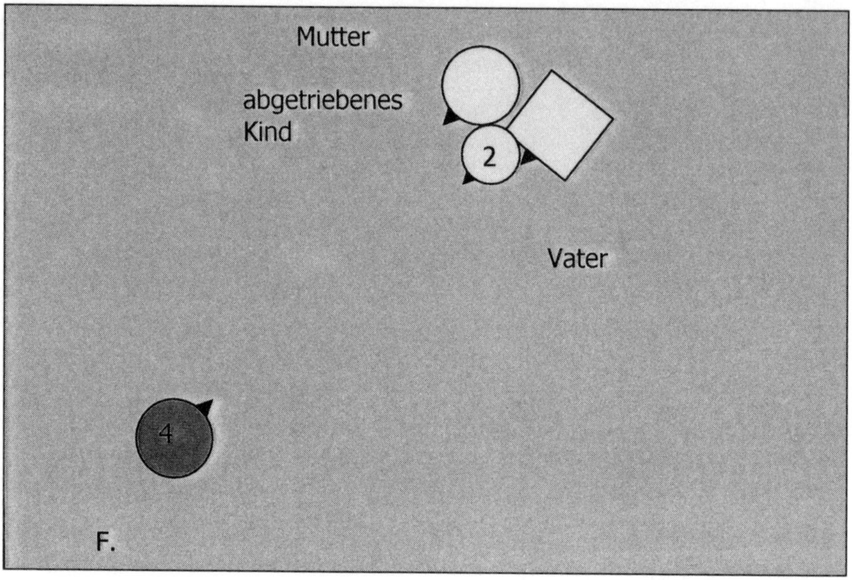

F.: Ich lasse dieses Kind bei euch.

CONSTANZE: „Ich lasse euch auch die Verantwortung."

F.: Ich lasse euch auch die Verantwortung.

CONSTANZE *zu F.*: Sag zu dem Kind: „Ich lasse dich bei den Eltern."

F.: Ich lasse dich bei den Eltern.

Jetzt erst kann die Mutter F. anschauen. Dabei laufen ihr Schauer über den Rücken. Das abgetriebene Kind kann seine Schwester loslassen. Es braucht die Schwester nicht mehr in seiner Nähe. Fabienne stellt sich selbst an ihren Platz.

(Vgl. Abbildung Seite 183 oben!)

CONSTANZE *zu Fabienne:* Wie fühlst du dich da?

FABIENNE: Ich weiß nicht, zu wem ich gehöre.

CONSTANZE: Hast du Kinder? Bist du verheiratet?

FABIENNE: Ich habe zwei Kinder und lebe in Scheidung.

Constanze stellt Stellvertreter der Kinder von Fabienne auf.

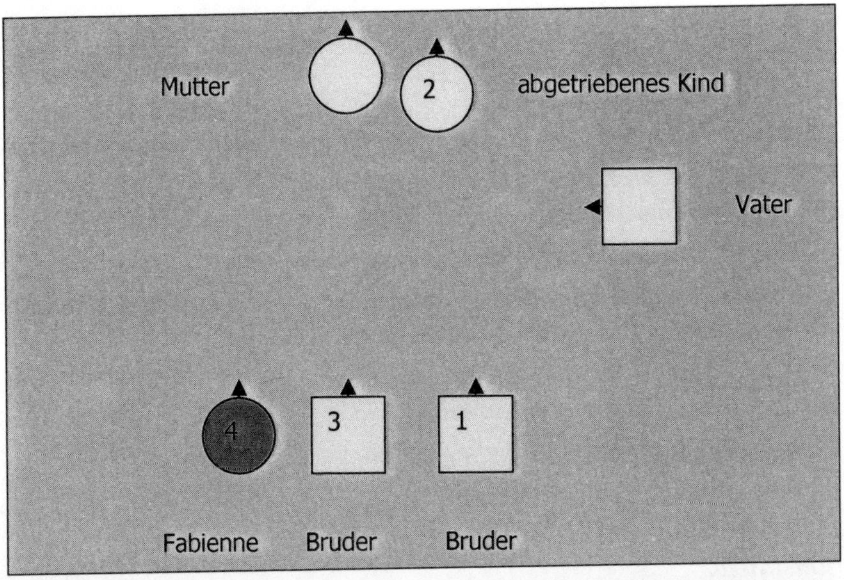

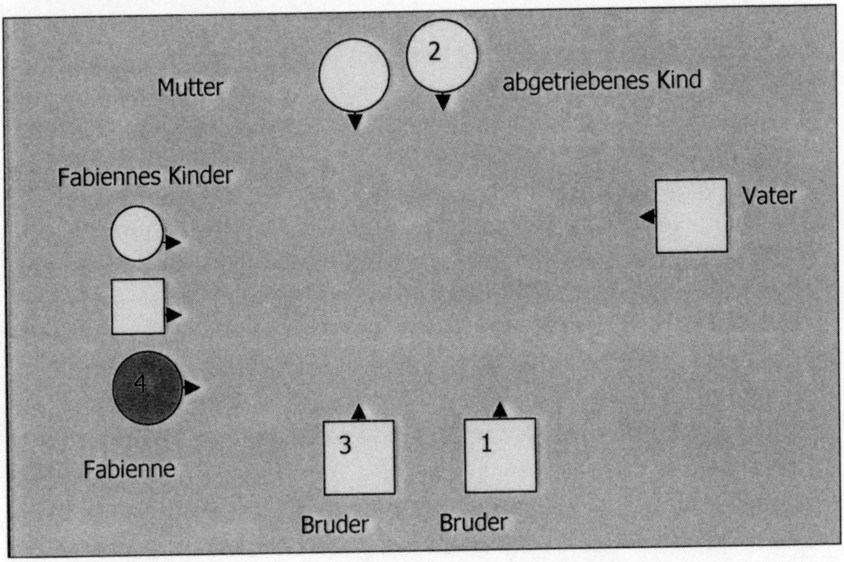

CONSTANZE *zu Fabienne*: Sag zur Mutter: „Schau, es ist gut weitergegangen."

FABIENNE: Schau, es ist gut weitergegangen.

Die Mutter hört ihr aufmerksam zu.

Constanze *nach einer Weile:* Jetzt sagst du zu ihr: „Bitte!“. So, wie es ein Kind sagen würde.

Fabienne: Bitte!

Die Mutter lächelt sie an. Beide gehen langsam aufeinander zu und umarmen sich schließlich.

Constanze: Genau das hat nicht stattgefunden, als du klein warst.

Sie umarmen sich lange und sind beide sehr bewegt.

Constanze *zu Fabienne*: Schau sie nochmals an und sag „Bitte“ ... und dann: „Siehst du, es ist gut weitergegangen.“

Jetzt klingt der Satz klarer und stimmiger. Nach einiger Zeit lösen sich die beiden aus der Umarmung.

Constanze: Jetzt hast du ihren Segen. Ich danke euch allen.

Fabienne: Danke.

Die Stellvertreter nehmen wieder Platz, Fabienne setzt sich neben Constanze.

Constanze: Ich erzähle euch jetzt etwas. Wenn ein kleines Kind für einige Zeit von seiner Mutter getrennt wird, vielleicht nur, weil die Mutter eine Woche lang weg muss oder weil das Kind zu einer Behandlung ins Krankenhaus kommt, wenn also solch eine Trennung stattfindet, dann kann es zu einer so genannten unterbrochenen Hinbewegung zur Mutter kommen. Die Liebe des Kindes geht zur Mutter – in diesem Fall kann sie aber nicht ans Ziel kommen, weil die Mutter abwesend ist. Das Kind verzweifelt und resigniert schließlich. Dann zieht es sich innerlich zurück. Später im Leben, wenn das Kind erwachsen geworden ist, wird dieser erwachsene Mensch auf andere Leute zugehen, wird sich aber nicht trauen, sich voll auf eine Beziehung einzulassen. Aus Angst, dass er zurückgewiesen wird oder seine Liebe nicht ans Ziel kommt. So wie damals.

Fabienne *erkennt sich in dem Gesagten wieder:* Ich habe immer so einen Schmerz hier ... *(Sie deutet auf ihre Brust.)* Im Leben ist es, als würde ich nach außen hin immer lächeln, innen drin jedoch weine ich dauernd.

Constanze setzt sich ihr gegenüber, legt ihr den Arm um die Schulter und Fabiennes Arme auf ihre Schultern.

Constanze: Atme tief. Atme dort, wo dieser Schmerz ist. Ja, so. Stärker noch …, und jetzt schneller …, noch schneller. Gut. Weiter …, und atme tief …

(Sie zieht Fabiennes Kopf sanft nach vorne.) Atme weiter, durch diesen Schmerz hindurch, atme mit offenem Mund …, genau …

Fabienne beginnt zu schluchzen, ein großer Schmerz steigt auf. Sie weint und gibt sich nach und nach diesem Schmerz hin. Constanze hält sie fest im Arm, während sie weint, wie ein kleines Kind. Nach einiger Zeit entspannt sie sich, die Tränen versiegen, sie atmet tief und ruhig. Constanze hält sie immer noch.

FABIENNE: Es geht besser. Es ist viel leichter geworden!

CONSTANZE: So bringt man eine unterbrochene Hinbewegung ans Ziel. Dann kann das Kind seine Mutter in sich haben. Gut so?

FABIENNE: Danke.

Zusammenfassung: Fabienne und ihre Herkunftsfamilie

Die Verstrickung:

Fabienne sagt, sie fühle sich vom Tod angezogen. Ihre Mutter bekam nach der Geburt der Tochter multiple Sklerose. Fabienne war als Säugling zeitweise von ihr getrennt. Sie ist das jüngste von vier Kindern. Das zweite Kind wurde zu einem späten Zeitpunkt der Schwangerschaft abgetrieben. Die Mutter starb beinahe bei diesem Eingriff.

Die Lösung:

Als die Tochter der Mutter in der Aufstellung gegenübersteht, fühlt sie sich zwar von ihr angezogen, kann aber nicht zu ihr hin. Es wird klar, dass die Mutter noch stark mit dem abgetriebenen Kind verbunden ist. Sobald die Eltern das abgetriebene Kind wahrnehmen und sich ihm stellen, geht es Fabiennes Stellvertreterin besser und sie kann sich von dem toten Geschwister lösen.

Um die Hinbewegung zur Mutter wieder aufzunehmen, sagt sie zu ihr wie ein Kind: „Bitte Mama." Daraufhin kommt ihr die Mutter entgegen und sie kann sich von ihr eine Weile halten lassen. Dabei sagt sie zu ihr, indem sie auf die Stellvertreter ihrer Kinder zeigt: „Siehst du, es ist gut weitergegangen."

Nach der Aufstellung ist Fabienne von der Erklärung der unterbrochenen Hinbewegung stark berührt. Der Schmerz über die frühe Trennung kommt zum Vorschein. Durch schnelles und tiefes Atmen kann sich dieser Schmerz lösen und die gestaute Liebe des Kindes beginnt in einer schützenden Umarmung wieder zur Mutter zu fließen.

Phänomenologische Psychotherapie

Bert Hellinger bezeichnet seine Art der Aufstellungsarbeit als phänomenologische Psychotherapie.[5] Wie die Phänomenologie als *eine* charakteristische, wissenschaftstheoretisch fundierte Vorgehensweise in der Philosophie (und anderen Geisteswissenschaften) geht auch Hellinger bei seinen Familienaufstellungen von den *Phänomenen*, von den Erscheinungsbildern aus, von dem, was uns in der aktuellen Situation der Aufstellung bildhaft vor Augen, in Erscheinung tritt. Die phänomenologische Vorgehensweise verlangt vom Therapeuten oder Aufstellungsleiter, dass er sich dem, was in der Aufstellung erscheint, absichtslos aussetzt. Indem er sich, frei von Vorstellungen, Konzepten oder Theorien, auf das Geschehen einlässt, ist es ihm möglich, Wesentliches wahrzunehmen, das man logisch sonst nicht erschließen kann.

> „Dieser Erkenntnisweg erfordert also ein Leerwerden sowohl in Bezug auf bisherige Vorstellungen als auch in Bezug auf die inneren Bewegungen, seien diese nun gefühlsmäßiger, willentlicher oder urteilender Art. Die Aufmerksamkeit ist dabei zugleich gerichtet und ungerichtet, gesammelt und leer.“[6]

Setzt man sich auf diese Weise der Wahrnehmung des Geschehens aus, dann schafft man einen Raum, in dem auch Verborgenes oder Schreckliches ans Licht kommen kann. Dieser Raum entsteht aber nur, wenn man sich dem Geschehen ohne Furcht vor dem, was sich zeigen könnte, aussetzt und sich innerlich zurücknimmt, ohne handeln zu wollen. Gelingt diese Haltung nicht, so bleibt die Aufstellung vordergründig und kraftlos.

> „Indem der Therapeut sich so zurücknimmt, taucht nicht nur für *ihn* etwas auf, sondern auch für die Beteiligten. Plötzlich wird in dem Raum hier etwas sichtbar oder es kommt etwas in Bewegung, das sich keiner ausdenken kann, das man nicht planen kann. Daraus ergeben sich dann Lösungen.“[7]

Hier handelt es sich um Schauen, nicht um analytisches Beobachten. „Dieser Vorgang ist demütig. Er ist das Gegenteil von Wissenschaft.

---

[5] Hellinger, Ten Hövel (1996), S. 41 ff.

[6] Hellinger (2000 b), S. 191

[7] Hellinger (2000 a), S. 117

Aber er ist äußerste Empirie, reine Erfahrung dessen, was sich zeigt."[8] Auf diese Weise hat Bert Hellinger verschiedenste Einsichten in die Gesetzmäßigkeiten des Funktionierens oder Scheiterns von Beziehungen gewonnen. Seine Ordnungen der Liebe, Phänomene wie das Bedürfnis nach Ausgleich oder die Funktion des Gewissens (als Instanz, die überprüft, ob das, was wir tun, unsere Zugehörigkeit zum System sichert oder gefährdet) gehören zu den empirischen Erkenntnissen, die aus seiner Aufstellungsarbeit hervorgegangen sind. Es handelt sich hier also nicht um Theorien oder Konzepte. Eine Dynamik wie zum Beispiel „Ich folge dir nach" ist ein Phänomen, das beschrieben werden kann und das man wiederholt beobachten kann. Es ist faszinierend, die Aussagen und Erkenntnisse Hellingers an der Wirklichkeit und im Alltag zu überprüfen und immer wieder festzustellen, wie genau sie zutreffen.

Bert Hellinger geht davon aus, dass diese phänomenologische Vorgehensweise und somit das Familienstellen letztlich nicht lehrbar ist. Diese Methode beruhe auf Übung und Erfahrung.

> „Sie ist an keine Schule gebunden und kann auch keine Schule begründen. Denn man übernimmt nicht etwas von einem anderen. Man lernt nur, sich auf die Phänomene auszurichten und sich ihnen, innerlich gereinigt von Zielen und von Furcht, auszusetzen."[9]

Es gibt also keine von Bert Hellinger begründete Schule, in der das Familienstellen gelehrt wird und Absolventen eine Zertifizierung, Lizenz oder Berechtigung erhalten, die Aufstellungsarbeit auszuüben, wie viele fälschlicherweise meinen. Er selbst sagt dazu:

> „Die Therapeuten, die sich auf diesen Weg machen wollen, fangen unten an, ganz gewöhnlich, so wie jede Kuh als Kalb beginnt."[10]

Bert Hellingers Standpunkt in Bezug auf das Aufstellen ist weitsichtig und großzügig, nicht monopolistisch und restriktiv, wie das sonst häufig der Fall ist. Er sieht sich nicht als Erfinder oder Urheber einer Methode, sondern als derjenige, der etwas entdeckt und beschrieben hat, das ohnehin schon vorhanden ist.

---

8 ebenda

9 Hellinger, Ten Hövel (1996), S. 38

10 Bert Hellinger zitiert in Ulsamer (1999), S. 233

„Es scheint mir verrückt, dass man sich eine Wirklichkeit, die man sieht, in die eigene Tasche stecken möchte. Das ist für mich völliger Unsinn. Wenn mich jemand fragt, ob er etwas verwenden darf, was ich gesagt oder getan habe, dann tut mir das weh. Als hätte ich ein Verfügungsrecht über Wirklichkeiten oder Einsichten. Die sind mir geschenkt worden und sind für jeden da! Ich bin angestoßen worden und gebe diese Anstöße weiter und freue mich, wenn andere sie auch wieder auf ihre Weise weitergeben."[11]

11 Interview: Wilfried Nelles im Gespräch mit Bert Hellinger (1997) in: Weber (1998 b), S. 521–522

Teil III

Familienstellen und Kinesiologie

Kinesiologie – was ist das?

Kinesiologie bedeutet in der Medizin zunächst Bewegungslehre und Untersuchung der Muskeln. Die „Angewandte Kinesiologie", wie sie hier gemeint ist, ist eine Methodik zum Sondieren und Ausgleichen (oder Korrigieren) des energetischen Zustandes des Organismus sowie zum Aktivieren seiner Funktionen. Sie macht sich ein einfaches, aber präzises körpereigenes Rückmeldesystem zunutze: Die Beobachtung, dass physische und psychische Vorgänge sich auch im Funktionszustand der *Muskeln* eines Menschen spiegeln, ermöglichte die Entwicklung eines Testverfahrens, das diese Muskelfunktion ohne Zuhilfenahme von Apparaten erfasst: des Muskeltestens. Dieses Testverfahren erlaubt, anhand der Schwankungen im Muskeltonus der getesteten Person festzustellen, ob ihr Organismus auf einen Reiz positiv, gelassen oder mit Stress reagiert. Der Test greift also auf ein Biofeedbacksystem zu, durch welches uns der Körper nonverbal darüber Aufschluss gibt, ob er im Zustand der Homöostase, also im Gleichgewicht ist oder ob ihn etwas aus der Bahn wirft.

Ein Muskel, der *Deltoideus* (Schultermuskel) zum Beispiel, wird in eine kontrahierte Position gebracht (Kontraktion = Zusammenziehung) und „sperrt" oder „hält" bei der Ausübung eines leichten Drucks auf den Arm. Der Arm bleibt mühelos in der Position, in der ihn der Muskel hält. Macht man denselben Test, während die Testperson mit einem Reiz (einer Emotion, dem Gedanken an eine schwierige Situation, einem Nahrungsmittel, dem Berühren eines Wirbelsegments etc.) konfrontiert wird, so kann man feststellen, dass der Muskel entweder in Homöostase bleibt und gleich reagiert wie beim neutralen Test oder eben nachgibt und *nicht* sperrt. Hält der Muskel nicht mühelos in der eingenommenen Position, dann hat man den Eindruck, er *schmelze* gleichsam unter dem sanften Druck, der auf den Arm ausgeübt wird. Der Arm kann erstaunlicherweise seine Position nicht beibehalten. Er bewegt sich in Richtung Extension (= Streckung).

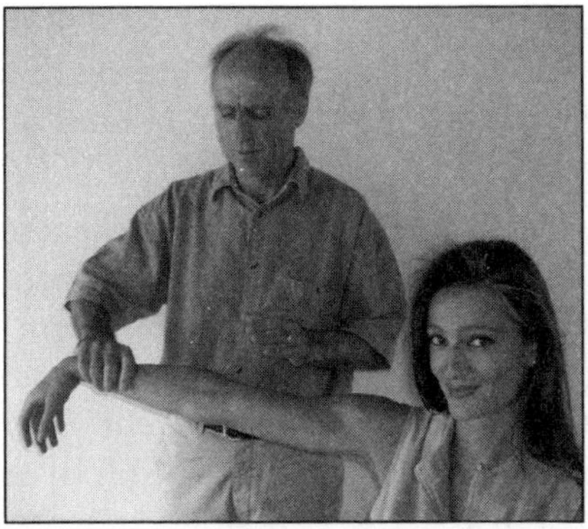

Der Muskel sperrt

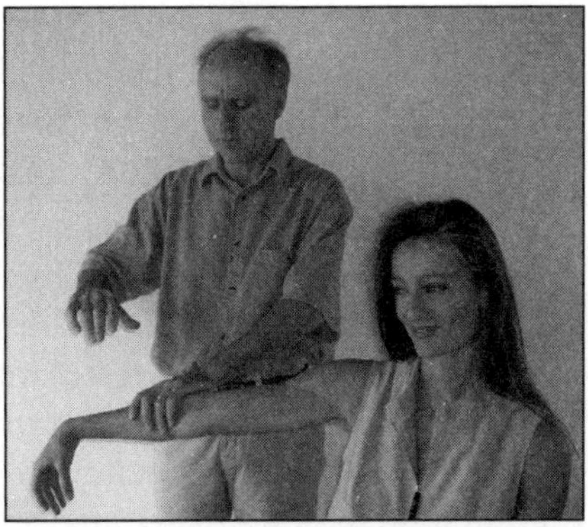

Der Muskel schaltet ab

Schaltet ein Muskel auf diese Weise ab, dann heißt das, dass der Reiz, mit dem der Organismus konfrontiert wurde, eine Stressreaktion hervorgerufen hat. Diesen Effekt kennen wir eigentlich alle, auch ohne je einen Muskeltest an uns erfahren zu haben. Bekommen wir eine schlimme Nachricht, so haben wir nicht selten das Gefühl, als sackten uns die Beine unter dem Körper weg. Der Muskeltonus ändert sich urplötzlich. Jeder Muskel unseres Körpers reagiert auch bei subtilen und unbewussten Dingen auf diese Weise, sobald der Organismus mit einem Stressor konfrontiert wird. Diese feinen neurologischen Veränderungen können wir nicht bewusst spüren, sie können aber durch den Muskeltest sichtbar und fühlbar gemacht werden.

Der Muskeltest stellt also ein neurologisches Feedbacksystem dar, das uns eine binäre, qualitative Aussage über den Zustand eines Menschen in verschiedenen Situationen liefern kann. Man sieht, ob der Organismus in Bezug auf einen spezifischen Kontext hin ausgeglichen ist (Muskel „hält" bei geringem Druck) oder ob dieser Kontext ihn aus dem Gleichgewicht, sprich: in einen Stresszustand bringt (der Muskel „schaltet" bei demselben Druck „ab", er ist „unterfazilitiert"). Man kann daraus aber keine direkten Schlüsse über das Ausmaß des jeweiligen Stresses ziehen, es handelt sich also nicht um einen quantitativen Test.

Wird in einer kinesiologischen Sitzung ein Ungleichgewicht festgestellt, so wird es in der Regel umgehend mit einer dafür angemessenen

Technik korrigiert. Nach der Korrektur kann man sofort mit dem Muskeltest nachprüfen, ob das System, das erneut mit dem Eingangsreiz konfrontiert wird, jetzt diesbezüglich im Gleichgewicht bleibt oder ob noch eine weitere Korrektur notwendig ist.

Der Vorteil dieses Verfahrens ist, dass man Dinge feststellen kann, die der getesteten Person nicht immer bewusst sind und die sie auch nicht unbedingt verbal formulieren könnte. Berührt die Person zum Beispiel einen Lendenwirbel und testet man sie währenddessen, so kann man feststellen, ob dieser Wirbel ein Ungleichgewicht verursacht oder nicht. Liegt eine funktionelle Störung vor, wird der Tester - sofern er die entsprechende Ausbildung und Fähigkeit hat - diese korrigieren. Danach kann er denselben Muskeltest wiederholen und der Testperson damit zeigen, dass ihr Körper an dieser Stelle nun wieder im Gleichgewicht ist. Der Klient wird sich zunächst der Störung bewusst, dann erfährt er eine Korrektur und gleich danach wird diese Korrektur durch den Test bestätigt. Für jeden Klienten wird so die Veränderung vom Ungleichgewicht zum Gleichgewicht unmittelbar nachvollziehbar. Bei anderern Ansätzen muss man oft erst Tage oder Wochen warten, um die Veränderungen an sich feststellen zu können.

Ein weiterer Vorteil der Methode ist, dass der Klient aktiv an der Sitzung teilnimmt und bewusst alle Veränderungen an sich nachvollziehen kann. Der Physiotherapeut ist sich vielleicht im Klaren über die Auswirkungen des verschobenen Wirbels. Mittels des Muskeltests kann er jedoch auch dem Klienten am eigenen Körper sofort nach der Normalisierung demonstrieren, dass die Korrektur eine positive Veränderung hervorruft. Der Muskeltest hat also auch eine nicht zu unterschätzende „didaktische" Funktion. Zeigt man zum Beispiel einem Kind, dass ein bestimmtes Nahrungs- oder Genussmittel, auf das es allergisch ist, alle Muskeln in seinem Körper „abschaltet", dann ist das viel eindringlicher und lehrreicher für das Kind als jede verbale Ermahnung, dieses Mittel eine Zeit lang vom Speiseplan zu streichen.

Die Kinesiologie im hier gemeinten Sinne wurde in den sechziger Jahren in den Vereinigten Staaten begründet, ausgehend von den bahnbrechenden Entdeckungen des Chiropraktikers Dr. George Goodheart. Sie hat sich seither in ihrer Anwendung mannigfaltig weiterentwickelt. In der Angewandten Kinesiologie versucht man das Individuum als Ganzes zu erfassen. Man sucht Ressourcen, die es ihm ermöglichen, ein von ihm selbst definiertes Ziel zu erreichen. Es kann ihm darum gehen, seine Gesundheit zu verbessern oder mit einer schweren Krankheit besser leben zu können. Der Klient strebt vielleicht danach, seine Leistungen (egal auf welchem Sektor) zu optimieren oder seine Lebensqualität zu steigern. Das Problem oder Symptom wird dabei bewusst in den Hintergrund der Betrachtung gerückt. Störungen und Blockaden, die mit dem Problem in Verbindung stehen, werden aufgedeckt und beseitigt. Diese Störungen können struktureller, psychisch-emotionaler oder chemischer Natur sein.

Folgende Bereiche werden in einer kinesiologischen Sitzung untersucht und nach Möglichkeit „balanciert" (ausgeglichen):

- Struktur (Knochen, Muskeln, Gelenke ...)
- persönliche Ökologie (alle äußeren Einflüsse, Lebenstil, Geobiologie, Ernährung und auch das Familiensystem ...)
- Emotionen (psychischer Stress ...)
- Energiesystem (Meridiane, Akupunkturpunkte etc.)

Die Korrekturen in den verschiedenen Bereichen werden als Erschließung von Ressourcen gesehen. Der Körper, die Psyche und das Energiesystem des Klienten werden in einen optimalen Zustand gebracht, der ihm das Bewältigen seines Problems und das Erreichen seines selbst gesteckten Ziels erleichtert und ermöglicht.

Die Sitzung ist durch den Muskeltest auf das Individuum, seine Schwierigkeiten und Bedürfnisse maßgerecht zugeschnitten. Man testet hier in Bezug auf das Ziel des Klienten, an welcher Stelle für diese Person die Stressfaktoren liegen. Diese Stressfaktoren werden zunächst vom Klienten bewusst wahrgenommen und daraufhin durch angemessene Korrekturen beseitigt. Die Korrektur wird mit Hilfe des Muskeltests nachgeprüft und bestätigt.

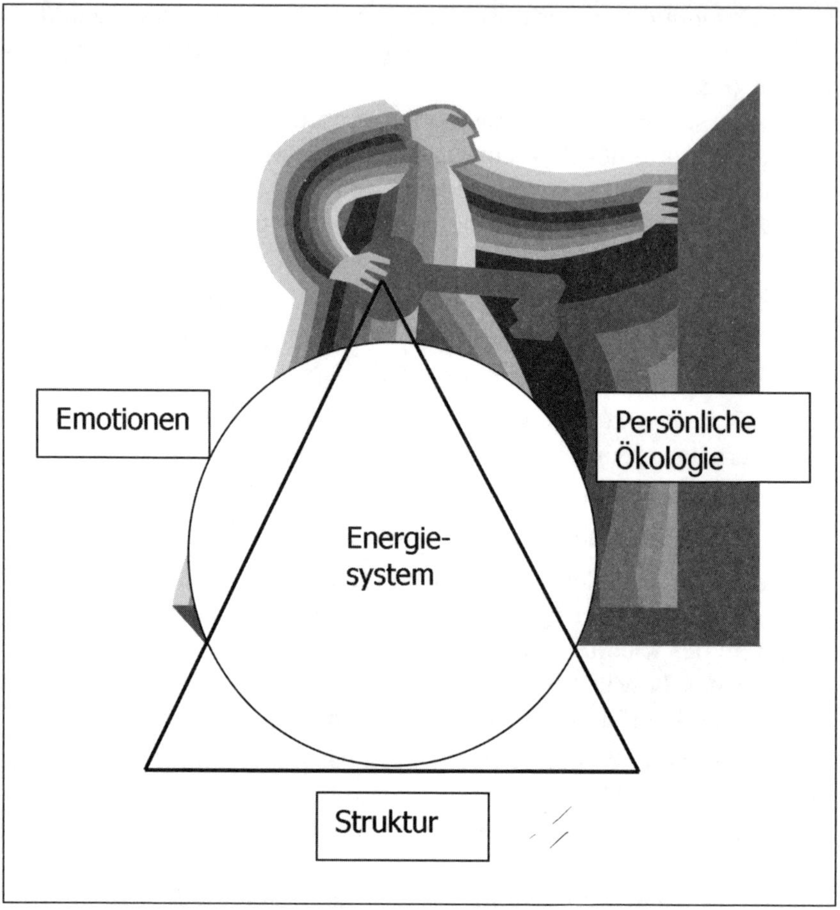

Eine kinesiologische Sitzung erschließt uns die nötigen Ressourcen, die wir brauchen, um unsere Ziele zu erreichen.

Die Verbindung von Familienstellen und Kinesiologie

Ein professioneller Kinesiologieanwender, der die Einsichten Bert Hellingers und die von ihm entwickelten Vorgehensweisen kennt, kann diese Erkenntnisse auch in der Einzelsitzung - ohne Gruppe und ohne Aufstellung - nutzbar machen. Die Kenntnis der Methode und das Wissen um die Dynamik ist im Umgang mit Menschen generell von unschätzbarem Wert, sei dies nun in der Schule, in sozialen Einrichtungen, in der Therapie oder im Alltag. Hat man einmal eine Aufstellung gesehen und erfahren, was eine Verstrickung ist und wie sie wirken kann, dann sieht man die Menschen mit einem anderen Blick. Der Blick erweitert sich dahingehend, dass man nicht mehr nur das Individuum sieht, sondern das Individuum als Teil seines Systems wahrnehmen kann. Man weiß dann, dass Symptome, Verhaltenstörungen, Gewalttaten, psychische und physische Abweichungen von der Norm Folgen einer systemischen Verstrickung sein können.

In der Kinesiologie strebt man danach, die Menschen in ihrer Ganzheit zu sehen. Sowohl Psyche und Emotionen als auch körperlich-konkrete Faktoren wie Stoffwechsel, Muskulatur, Gelenke und Organe sowie energetische Faktoren werden in Betracht gezogen. Man schaut auf äußere Einflüsse, denen der Mensch in der Vergangenheit ausgesetzt war und mit denen er heute konfrontiert ist. Sein Arbeitsplatz, seine Lebensumstände, Beziehungen und auch die Familie spielen hierbei eine wichtige Rolle. Alle diese Faktoren beziehen sich direkt auf die Biographie, auf das persönliche Erleben des Klienten. Das ist die Geschichte, die er und sein Körper erlebt haben oder gerade erleben.

Betrachtet man nun zusätzlich zur persönlichen Geschichte des Klienten auch sein Familiensystem, so erweitert man die ganzheitliche Vorgehensweise grundlegend. Man findet nun auch Störungen und Ressourcen *außerhalb* des Individuums und seiner persönlichen Geschichte. Ist eine Klientin zum Beispiel mit einem verstorbenen Geschwister verbunden und spürt sie unbewusst den Drang ihm nachzufolgen, so ist ihr Schicksal mit einem anderen Schicksal vermischt. Dieses Schicksal wird ihr Fühlen, Handeln und Leben stark beeinflussen. Es wirkt auf ihre Biographie ein. Dennoch ist es ein fremdes

Schicksal, die Geschichte einer anderen Person, die sie unabhängig von der eigenen Biographie beeinflusst.

Wir haben in unserer kinesiologischen Arbeit festgestellt, dass die Einbeziehung des Familiensystems und die Einsichten Bert Hellingers die Einzelarbeit um eine entscheidende Dimension erweitern. Man kann beobachten, dass eine Verstrickung der Klientin in ihrem Familiensystem wie eine „Therapiebremse" wirkt, solange sie nicht aufgelöst wird.

Ein Problem im Familiensystem, zum Beispiel eine unbewusste Dynamik wie „Lieber ich als du" oder wie „Ich folge dir nach", siedelt sich auf einer fundamentalen Ebene der Seele an. Die Macht eines solchen Programms, angetrieben von der Liebe des Kindes in uns, sucht ihresgleichen. Hier ist eine Kraft am Werk, die kompensatorisch versucht, ein Ungleichgewicht oder eine Ungerechtigkeit im System auszugleichen. Eine Kraft, die Menschen dazu bewegt, sich in ihrem Leben einzuschränken, Symptome und schwere Krankheiten zu entwickeln, oder sie in den Tod treibt. Dieser Urliebe kann man mit kinesiologischen Mitteln oder indirekten Therapien nur unzureichend begegnen. Denn arbeitet man in einem solchen Fall an der Biographie der Person, ihrem Erleben, ihrem Körper und ihren Beziehungen, so befindet man sich auf einer Ebene, die nur die Folgen der systemischen Verstrickung widerspiegelt.

Man muss „eine Etage tiefer" gehen, um - wie Bert Hellinger sagt - „in der Seele an die Liebe zu rühren" und es der Person eventuell zu ermöglichen, dass sie die Kompensierung bewusst erkennt und die ganze Kraft der Liebe jetzt in eine lebensfördernde, heilende Richtung lenkt. Das ist kein mechanischer Vorgang, der sich in ein Rezept fassen lässt, wie manche glauben wollen. Es ist ein tiefer Prozess der Seele, wobei der Therapeut oder Begleiter im richtigen Moment nur etwas aufzeigen kann, was ohnehin schon vorhanden ist. Gelingt dies und wendet sich etwas, ist es wie ein Geschenk oder eine Gnade.

Nicht jedes Problem rührt von einer Verstrickung her. Nicht jedes schwere Schicksal innerhalb einer Familie führt zu einer Verstrickung. Wir finden es jedoch angebracht, systematisch unsere Klienten nach eventuellen Ereignissen innerhalb des Ursprungssystems oder des Gegenwartssystems zu fragen. Liegt nämlich eine Verstrickung vor, so stellt sie sich immer als Priorität dar. Priorität hat die Verstrickung in dem Sinn, dass ein richtiger Durchbruch in der Regel erst dann stattfindet, wenn die Dynamik ans Licht kommt. Das heißt aber nicht, dass dieses Problem immer *sofort* angegangen werden muss oder soll; manchmal ist es auch notwendig, zunächst mit herkömmlichen Methoden das Terrain vorzubereiten, etwas zu warten, bis der richtige Zeitpunkt gekommen ist, und dann dieses systemische Problem direkt anzugehen.

In einer kinesiologischen Einzelsitzung, in der die Grundlagen der Aufstellungsarbeit miteinbezogen werden, spielen die Lösungssätze eine wichtige Rolle. Die fehlenden Stellvertreter für die Familienmitglieder stellt der Klient sich vor seinem inneren Auge vor.

Es ist unabdingbar, dass der Kinesiologieanwender sich zunächst genau erkundigt, was in der Ursprungsfamilie oder in der Herkunftsfamile an einschneidenden Ereignissen geschehen ist (siehe Ereignisse S. 18). Daraufhin kann man oft schon ahnen, wo eine Verstrickung vorliegen könnte,und wo man eher nicht zu suchen braucht. Hier spielt die *Erfahrung* des Begleiters mit der Aufstellungsarbeit eine große Rolle. Dann kann man den Klienten bitten, an verschiedene Familienmitglieder zu denken, während man gleichzeitig einen Indikatormuskel testet. Dabei sieht man, welche Personen in der Vorstellung momentan Stress auslösen. Man darf daraus zwar keine Schlüsse bezüglich der Natur des Stresses oder der vorherrschenden Dynamik ziehen, weiß aber, dass mit diesen Personen etwas geklärt werden muss. Man kann auch bestimmte Dynamiken austesten, um herauszufinden, welche Dynamik das Problem bestimmt. Dies ist meiner Meinung nach eine gute Methode, die jedoch mit Bedacht angewendet werden sollte. Der Kinesiologe, der die Grunddynamiken austestet, muss unbedingt eine fundierte Kenntnis des Familienstellens haben und sich im Klaren darüber sein, dass die gefundene Dynamik nur eine Tendenz und einen Hinweis darstellt. Kein Fall kann standardisiert werden. Wir haben es mit Menschen zu tun und jeder hat eine einzigartige Geschichte. Ist eine Verstrickung zu komplex, sind dabei zu viele Personen beteiligt, so empfiehlt es sich unbedingt, eine Aufstellung mit *Stellvertretern* in einer *Gruppe* zu machen.

In der Einzelsitzung lässt man den Klienten ebenso wie in der Aufstellung lösende Sätze zu den Familienmitgliedern sagen, mit denen er identifiziert oder verstrickt ist. Es sind in der Regel Familienmitglieder, die beim vorausgehenden Test Stress ausgelöst haben. Dazu muss der Klient sich die betreffende Person, zu der er etwas sagen soll, „vor-stellen". Er sollte sie so genau wie möglich vor sich sehen. Gelingt es ihm, so ist das schon der erste Schritt zu einer Dissoziation. Denn ist der Klient mit einer Person identifiziert, dann wird diese Identifikation wie eine Vermischung der beiden Personen miteinander erlebt. Sobald er sich den anderen vorstellen kann, findet schon ein erster Ablösungsprozess statt. Der Klient nimmt sich und den anderen als zwei voneinander getrennte Individuen wahr.

Der Klient kann sich das Gegenüber mit geschlossenen oder mit offenen Augen vorstellen, so wie es ihm am leichtesten gelingt. Selbst wenn er die Person noch nie gesehen hat, weil sie zum Beispiel bereits vor seiner Geburt gestorben ist, so mag er sich eventuell an ein Foto erinnern oder er hat ein Gefühl, das er mit dieser Person verbindet und das hilft, ihr in der Vorstellung Gestalt zu verleihen. Hat der Klient nun sein Gegenüber klar präsent, soll er diesen Kontakt beibehalten. Das geht gut, wenn man sich vorstellt, man schaue der anderen Person in die Augen.

Erst dann ist es möglich, die Sätze *wirksam* zu sagen. Besteht kein innerer Kontakt mit dem Adressaten, so verpuffen die Sätze gewissermassen in der Luft. Ist die Verbindung da, so ist der Klient innerlich an dem *beteiligt*, was er sagt. Nach den lösenden Sätzen vergewissert man sich immer, ob der Klient noch im Kontakt mit der vorgestellen Person ist, indem man fragt, wie das Gegenüber auf das Gesagte reagiert. Oft berichten die Klienten dann Dinge wie: „Sie freut sich“ oder „Er schaut mich gar nicht an“ oder „Sie lächelt mir zu“ etc.

An den Reaktionen des Klienten kann man die Wirksamkeit der Sätze ablesen. Bietet man ihm einen Lösungssatz an, der genau der Situation entspricht und sie beschreibt, so schlägt das ein wie eine Bombe. Oft kommt so die versteckte Liebe ans Licht, verbunden mit einem großen Schmerz. Schafft es der Klient, seinem Gegenüber den Satz nach einer Weile klar zu sagen, dann stellt sich eine grosse Erleichterung ein. Der Körper entspannt sich, die Atmung wird tief und der Klient fühlt sich in Frieden.

Testet man nun erneut einen Indikatormuskel, während der Klient an die Person denkt, die vorher den Muskel abschalten ließ, so stellt in der Regel man fest, dass der Muskel sperrt und keinen Stress mehr anzeigt. In derselben Weise kann man die Dynamik nachtesten und zeigen, dass sie nun nicht mehr aktiv ist. Dies sind starke Anker, die den Klienten in seinem Gefühl bestätigen, dass er etwas erledigt und integriert hat und dass ein Prozess in Gang gebracht wurde.

Wie es daraufhin weitergeht, das hängt vom Klienten selbst ab. Wenn es ihm möglich ist, das neue Bild tief in sich aufzunehmen, sodass es in seiner Seele wirken kann und sein Verhalten beeinflusst, dann kann es zu einschneidenden, positiven Veränderungen kommen. Hierzu gebe ich auf den nachfolgenden Seiten ein konkretes Beispiel.

Paul und seine Herkunftsfamilie: „Ich gebe dir einen Platz in mir."

Ein junger Mann kam zu einer kinesiologischen Einzelsitzung. Er erzählte, dass er sich oft verlassen fühle und spüre, dass er bei anderen sehr nach Anerkennung suche. In seiner homosexuellen Paarbeziehung sei er eifersüchtig, was ihn selbst sehr störe.

Ich fragte ihn unter anderem, was in seiner Herkunftsfamilie passiert sei. Er berichtete, seine Mutter sei ein „Waisenkind". Bei näherem Nachfragen stellte sich heraus, dass sie als Kind weggegeben worden war. Als er klein war, gab es da eine nette ältere Dame, die ihm Schokolade mitbrachte. Die Mutter sagte, das sei eine Bekannte. Diese Frau war seine Oma, die leibliche Mutter seiner Mutter, wie er später herausbekam. Das war nicht das einzige Geheimnis; er durfte zum Beispiel auch nie das Alter seiner Mutter erfahren, es gab eine Menge Tabus in der Familie.

Ich bat ihn, der Reihe nach an verschiedene Angehörige seiner Herkunftsfamilie zu denken, und testete dann jedes Mal einen Indikatormuskel. Als der Klient an seine Großmutter und an seinen Großvater mütterlicherseits dachte, schaltete der Muskel ab und zeigte Stress an.

Nun sollte dieser Klient sich seine Großmutter vorstellen. Sobald er sie ganz bewusst vor sich sah, schlug ich dem Mann vor, laut zu seiner Großmutter zu sagen: „Du bist meine Großmutter. Ich bin dein Enkel." Weiter sagte er zu ihr: „Ich lasse dir deine Geschichte. Ich lasse dir auch das Wort ‚Verlassen'." Er blieb dabei in Kontakt mit dem inneren Bild der Großmutter und achtete darauf, wie sie in seiner Vorstellung reagierte und dass sie hörte, was er ihr sagte. Der junge Mann wurde sichtlich ruhiger, stellte aber fest, dass seine linke Seite, die er selbst als seine männliche Seite bezeichnete, noch ganz aufgeregt war.

Er sollte sich nun seinen Großvater, von dem er gar nichts wusste, vorstellen. Erst kam ihm nur etwas Schwarzes, Unklares in den Sinn, dann sah er ihn wie einen Doppelgänger von Victor Hugo vor sich.

CONSTANZE: Sag ihm: „Du bist mein Großvater. Ich bin dein Enkel. – Ich nehme dich jetzt als meinen Großvater. Und ich gebe dir einen Platz in mir." *(Das tat dem Großvater sehr gut.)*

Das Ziel des Klienten war es, innerlich erfüllt und stabil zu werden, damit er nicht mehr durch sinnloses Tun oder Essen seine innere Leere füllen musste. Er sagte die Sätze sorgsam nacheinander.

Daraufhin stellte er den Großvater in seiner Vorstellung hinter sich, lehnte sich an ihn an und nahm ihn in sich auf, indem er tief atmete. Die Großmutter ließ er mit ihrer Geschichte und ihrer Verantwortung ziehen. Nach dieser Übung fühlte er sich ganz beruhigt und friedlich erfüllt.

Hier war weder *er* der eigentlich Verlassene und Ausgeschlossene noch war die *Mutter* ein Waisenkind. Verlassen wurde die Mutter und es war der Großvater, dem jegliche Existenz versagt wurde. Der Klient konnte in dieser Sitzung die übernommenen Gefühle zurückgeben und entdeckte mit Staunen, dass er einen Großvater hatte. Das war im bis dahin noch gar nicht in den Sinn gekommen. Dadurch, dass der Großvater einen Platz in seinem Herzen bekam, wurde der Klient stabiler und innerlich erfüllter.

Homosexualität bei Männern weist in vielen Fällen darauf hin, dass der Betreffende eine ausgeschlossene Person aus seinem System vertritt. Eine Person, die man vergessen oder an den Rand gedrängt hat. Das mag hier der Fall gewesen sein. Die Aufstellungsarbeit zeigt, dass homosexuelle Männer oft auch mit einer *Frau* aus ihrem System gegengeschlechtlich identifiziert sind. In anderen Fällen hat ihnen ein gesunder Bezug zum *Vater* gefehlt, der entweder abwesend war oder von der Mutter abgewertet wurde. Dem Sohn wurde vielleicht die Botschaft vermittelt: „Dein Vater taugt nichts, du darfst ihn also auch nicht *lieben*." Es wäre verfehlt diese Konstellationen als „Gründe" für die Homosexualität zu bezeichnen; ein Zusammenhang lässt sich allerdings häufig beobachten.

Beispiel: Normalisieren posturalen Stresses

Bei einem Autounfall, einem Sturz, einer schweren Geburt sowie bei jeder anderen physischen Schockeinwirkung kann der Körper in einer bestimmten Haltung so traumatisiert worden sein, dass er von da an diese Körperhaltung immer mit dem spezifischen physischen Schock assoziiert. Sobald der Betroffene die belastete Körperhaltung wieder einnimmt, „erinnert“ sich der Körper an den physischen Schock. Der Betroffene ist sich dieses Zusammenhangs in der Regel nicht bewusst, reagiert aber unbewusst entsprechend auf den erzeugten Stress und versucht die betreffende Haltung zu vermeiden. Im kinesiologischen Fachjargon nennt man dieses Phänomen einen posturalen Stress. Mit Hilfe einer spezifischen kinesiologischen Technik kann man Körperhaltungen, die wegen eines physischen Schocks auch noch nach Jahren stressbeladen sind, als solche identifizieren und entlasten.

Hierzu ein Beispiel: Eine Frau erleidet bei einem relativ harmlosen Auffahrunfall ein Schleudertrauma. Sie wird medizinisch behandelt und hat nach einigen Monaten keine physischen Beschwerden mehr. Sie klagt allerdings von da an über Müdigkeit und mangelndes Interesse für ihre Arbeit sowie über Anzeichen von Depressionen und Ängsten und sie macht sich Sorgen um ihre psychische Verfassung. Sie weiß jedoch nicht, dass sich ihr Körper an den Stress, den er in einer bestimmten Haltung erlebt hat, errinnert, sobald sie wieder eine Sitzposition einnimmt, die derjenigen ähnelt, in der sie ihren Unfall erlitt. In dieser Haltung fühlt sie sich unwohl, unter Druck, hat unklare Gefühle bis hin zu Ängsten und ihr Körper signalisiert ihr: „So kannst du nicht bleiben“, solange ihr Unbewusstes diese Stellung immer noch mit Gefahr verbindet. Da die Sitzposition ihre Arbeitshaltung ist, erklärt sich nun auch die mangelnde Motivation für die Arbeit … Die Frau versucht unbewusst mit allen Mitteln diese Position zu vermeiden und zu verändern.

Die im Beispiel genannten Symptome werden leicht mit einem psychischen Problem in Verbindung gebracht. Sie weisen jedoch in manchen Fällen nur auf einen posturalen Stress hin, der hier der Auslöser für Müdigkeit und emotionales Ungleichgewicht ist. Ein posturaler Stress ist häufig auch bei Bewegungseinschränkungen nach einem Unfall beteiligt. Hier geht es um Fälle, bei denen sichergestellt ist, dass der

Betroffene physisch wieder vollständig geheilt ist, man jedoch feststellt, dass er trotz allem den betroffenen Körperteil nicht mehr wie früher einsetzen kann.

Auch wenn die Wahrscheinlichkeit groß ist, hat doch nicht jeder Unfall und nicht jeder physische Schock - und sei er noch so schlimm - automatisch einen posturalen Stress zur Folge. Umgekehrt jedoch kann es sein, dass manchmal ein „kleiner" Vorfall genügt, um einen vehementen, mit starken Emotionen verbundenen posturalen Stress zu erzeugen.

Erkennt ein Kinesiologieanwender diesen Zusammenhang zwischen einem physischen Trauma und einem posturalen Stress, dann kann er die belastete Position mittels des Muskeltests herausfinden und „entstressen". Dazu wird er die unbewusste Emotion bestimmen, die im Moment des Schocks vorherrschend war. Dann bringt er den Klienten in die betreffende Position und macht eine Stressablösung. Die die mit dem physischen Schock, dem Sturz, Unfall etc. verbundene Geschichte wird ebenfalls erneut aufgerollt und der damit verbundene Stress wird abgelöst. Gelingt dieser technisch recht einfache Vorgang, dann kann man sagen, dass dem Klienten wieder zu seinem vollen emotionalen und physischen Potenzial verholfen wurde, welches zwar vorhanden war, aber nicht mehr genutzt werden konnte.

Meist geht eine solche Korrektur einher mit weniger Stress, weniger Müdigkeit und Abgeschlagenheit und mehr körperlicher und seelischer Bewegungsfreiheit und Lebensfreude.

Beispiel: „Mama, ich mach was Gutes aus meinem Leben."

In einem Kinesiologieseminar stellte ich das Thema „Posturaler Stress“ vor. Neben der theoretischen Einführung gehört dazu auch, dass man der Gruppe die praktische Anwendung mit einem Kursteilnehmer zeigt und dass die Teilnehmer die Technik miteinander üben. Eine Teilnehmerin meldete sich zur Demonstration. Sie berichtete von ihrer schweren Geburt. Sie sei in Steißlage - das Gesäß voraus - geboren worden und habe deshalb einen angeborenen Schiefhals. Die Mutter habe zuhause entbunden und selbst keinen Schaden bei der Geburt erlitten.

Um die Bewegungseinschränkung ihres Kopfes zu zeigen, drehte die Teilnehmerin den Kopf nach links und rechts. Rechts drehte sich der Kopf bis zur Schulter um 90°, nach links konnte sie ihn kaum um 30° drehen. Rechts neigte sie den Kopf lateral fast bis zur Schulter, links ging das so gut wie gar nicht. Sie sagte, das sei schon immer so gewesen, sie kenne es nicht anders. Als Kind sei sie behandelt worden, habe fünf bis sechs Jahre regelmäßig Physiotherapie bekommen und habe eine Halskrause tragen müssen. Man hatte eine Verrenkung der Halswirbel diagnostiziert.

Durch kinesiologisches Muskeltesten stellten wir fest, dass ein posturaler Stress in Verbindung mit der Geburt vorlag. Die Stressablösung auf die Geburt gelang zunächst nicht recht. Erst als die Teilnehmerin aufgefordert wurde, nicht nur an ihren eigenen Stress bei der Geburt, sondern auch an die schwierige Situation ihrer Mutter damals zu denken und sich daran zu erinnern, dass es letztlich auch gut für die Mutter ausgegangen war, entspannte sich die Frau und es war kein emotionaler Stress mehr festzustellen.

Die Hauptemotion, die die Geschichte der Teilnehmerin betraf, war eine chaotische Verwirrung. Die Teilnehmerin stellte sofort fest, dass diese Emotion nicht nur auf ihr eigenes Erleben der damaligen Situation zutreffen konnte, sondern vor allem auch die Gefühle ihrer Mutter bei der Geburt widerspiegelte! Sie fühlte sich für ihre Mutter und die schwierige Geburt verantwortlich. Es gab in diesem Moment keinen wirklichen Unterschied zwischen ihr und ihrer Mutter, eher eine Symbiose.

Nun wurden die belasteten Positionen getestet. Oft findet man nicht nur eine, sondern mehrere Körperhaltungen, die, wenn sie eingenommen werden, Stress auslösen. Die erste Position war in diesem Fall eine Sitzhaltung, wie in einem niedrigen Sessel. Darauf wurde eine Stressablösung gemacht. Die zweite belastete Position, die die Teilnehmerin einnahm, war: auf den Knien hocken, einen Arm über dem Kopf gebeugt. Die dritte Position: auf dem Rücken liegen, mit angewinkelten Beinen. In dieser dritten Position bekam die Frau plötzlich unerklärliche Schmerzen in der Halsmuskulatur, auf der beweglichen Seite. Der Schmerz reichte bis in den Arm.

Nun kombinierte ich die Stressablösung mit den Prinzipien des Familienstellens. Ich bat die Teilnehmerin, sich ihre Mutter vorzustellen, und machte einen Muskeltest. Der Muskel schaltete bei der Vorstellung ab. Sie sollte sich weiterhin ihre Mutter vorstellen und dann zu ihr sagen: „Ich nehme mein Leben zu dem Preis, den es dich gekostet hat." Daraufhin weinte sie und viel Schmerz kam ans Licht. Sie sagte diesen Satz mehrmals, bis es ihr gelang, ihn ganz gefasst und klar der Mutter gegenüber auszusprechen.

Ich fragte sie, wie ihre Mutter in ihrer Vorstellung auf diesen Satz reagiere. Sie antwortete: „Die Mami will doch, dass es mir gut geht, nicht schlecht!"

Darauf ich: „Sag ihr: ‚Mami, ich mach was Gutes aus meinem Leben. Dir zu Ehren. Ich nehme es als ein Geschenk.'"

Sie sagte diese Sätze langsam nach und begann dann zu strahlen. Daraufhin fühlte sie sich sehr erleichtert und friedvoll. Als sie dann an sich und an ihre Mutter dachte, testeten alle Muskeln stark.

Nach einer Weile setzte sie sich auf und wir schauten erneut nach dem Drehradius ihres Kopfes. Sie tat nun zur Verblüffung aller - ohne Anstrengung und ohne Schmerzen -, was sie seit mehr als vierzig Jahren nicht gekonnt hatte: Sie konnte den Kopf ganz in beide Richtungen drehen und sogar neigen!

Diese Sitzung hatte nicht länger als dreißig Minuten gedauert. Die Teilnehmerin konnte ihren Kopf auch ein Jahr später noch ohne motorische Einschränkungen bewegen.

Nicht immer sind die positiven Folgen einer Stressablösung bezogen auf einen posturalen Stress so spektakulär wie im oben beschriebenen Fall und sie sind auch nicht vorhersagbar. Jeder Mensch ist verschieden, jede Geschichte ist anders, auch wenn es sich um dasselbe Symptom handelt, und jeder geht anders mit einer Lösung um. Eines steht jedoch fest: Man kann posturalen Stress dauerhaft beseitigen und die Betroffenen können ihr Bewegungspotenzial, das emotional und physisch eingeschränkt war, wieder erweitern.

Im oben beschriebenen Fall kann man zudem davon ausgehen, dass die Einbeziehung des systemischen Kontextes entscheidend zur Lösung beigetragen hat. Wenn ein Kind das Gefühl hat, es habe der Mutter bei seiner Geburt geschadet, oder wenn die Mutter wirklich eine Verletzung erlitten hat, dann ist es für das Kind schwer, damit zu leben. Es hat Schuldgefühle und meint, sein Leben zu diesem Preis nicht verdient zu haben. Eine kompensatorische Lösungsmöglichkeit ist es dann, sein Leben nicht als wertvoll zu betrachten und dementsprechend damit umzugehen. Die richtige und bewusste Lösung wäre, der Mutter zu sagen: „Es war schwer für uns beide bei der Geburt. Ich nehme mein Leben jetzt mit allem, was dazu gehört. Und zu dem Preis, den es dich gekostet hat. Dir zu Ehren mache ich etwas Gutes daraus."

Psychische Umkehrung

Der Begriff *psychological reversal* wurde in den achtziger Jahren von dem amerikanischen Psychologen Roger Callahan geprägt.[1] Ihm fiel auf, dass eine Reihe seiner Patienten therapieresistent waren, sich aber durchaus kooperativ zeigten und gewillt waren, an sich zu arbeiten. Jeder Therapeut wird im Laufe seiner Arbeit mit diesem Phänomen konfrontiert. Man nennt es auch Widerstand, selbstzerstörerisches Verhalten, Verlierersyndrom oder ähnlich. Diese Menschen suchen aufrichtig Hilfe, reagieren jedoch auf keine Behandlung mit einer Besserung ihrer Symptome. (In der kinesiologischen Literatur und Praxis findet sich auch die Bezeichnung „psychologische Umkehrung". Aber: Das englische *psychological* kann sowohl mit „psychologisch" als auch mit „psychisch" übersetzt werden. Im Zusammenhang mit Umkehrung wählen wir die zweite Variante. Es handelt sich ja um einen Zustand, eine Qualität, einen Aspekt der *Psyche*, *nicht der Psychologie* als Wissenschaft. Anmerkung des Verlags)

Callahan entdeckte eines Tages bei der Arbeit mit einer übergewichtigen Patientin, dass sie in Stress geriet, sobald sie daran dachte, wie es wäre, wenn sie Pfunde verlöre! Das konnte er mit Hilfe des Muskeltests nachweisen. Dachte sie jedoch ans Zunehmen, so blieb ihr Nervensystem in Homöostase, der Muskeltest zeigte keinerlei Stress an.[2] *Entgegen* ihrem bewussten Wunsch abzunehmen sagte also eine Stimme tief in ihrem Innern sowohl „Nein, ich darf nicht abnehmen" als auch „Ja, es ist in Ordnung, wenn ich noch mehr zunehme".

Man sollte daraus nicht schließen, dass die Patientin nicht wirklich abnehmen wollte. Ihr Bewusstsein verfolgte seit Jahren die Absicht, Gewicht zu verlieren, sie machte verschiedenste Diäten, konsultierte verschiedene Ärzte und Therapeuten etc. Sie war jedoch gar nicht dazu in der Lage abzunehmen! Eine tiefere, unzugängliche Schicht ihres Organismus – man mag sie Unterbewusstsein oder Unbewusstes nennen – schienen auf genau das Gegenteil programmiert zu sein und es war dieses Programm, das immer das letzte Wort behielt.

Callahan stellte fest, dass solche Umkehrungen regelmäßig auftauchen, wenn Klienten Rückfälle haben, aus unerklärlichen Gründen nicht

---

[1] Callahan (1993)

[2] Callahan (1993), S. 62

gesund werden oder trotz größter Willenskraft und Unterstützung ihren Süchten oder Ängsten verfallen bleiben.

Es gibt noch eine mildere Form der psychischen Umkehrung. Das ist der Konflikt. In diesem Fall lautet das Programmeinerseits: „Ja, ich erlaube es mir abzunehmen …" Und andererseits: „Ich darf auf keinen Fall abnehmen …" Hier tritt die Person bildlich gesprochen auf das Gaspedal und gleichzeitig auf die Bremse. So kommt sie nicht weiter. Der Misserfolg ist vorprogrammiert.

In der Praxis sieht man, dass es sowohl *spezifische* psychische Umkehrungen geben kann (wie in dem oben genannten Beispiel, in dem es nur um Gewichtsabnahme geht), als auch *allgemeine* psychische Umkehrungen. Eine *allgemeine* Haltungsumkehrung betrifft die Einstellung zum Leben generell. Hier prüft der Kinesiologieanwender mittels Muskeltest eine allgemeine Aussage wie zum Beispiel: „Ich erlaube mir, glücklich und gesund zu sein." Normalerweise sollte man meinen, jeder Mensch strebe danach, ein glückliches Leben zu führen und bei guter Gesundheit zu sein. Das Gegenteil, unglücklich und eventuell gar krank zu sein, ist in der Regel natürlich wenig wünschenswert. Bewusstsein und Unterbewusstsein oder Unbewusstes sollten darauf ausgerichtet sein: „Ja, ich darf gesund und glücklich sein." Sehr häufig ist leider das Gegenteil der Fall. Viele Menschen sagen erstaunlicherweise in ihrem tiefsten Innern: „Gesund und glücklich sein, das ist vielleicht für die anderen richtig, aber nicht für mich. Ich muss es schwer haben im Leben."

Es ist eigenartig, wie leicht es uns Menschen der westlichen, modernen Gesellschaft fällt, Schlechtes über uns selbst zu sagen, uns abzuwerten und unser Licht unter den Scheffel zu stellen. Hingegen fällt es uns oft sehr schwer, unbefangen zu unseren Leistungen, Verdiensten oder Eigenschaften zu stehen und sie positiv zu bewerten oder es uns einfach nur gut gehen zu lassen.

In der Kinesiologie gibt es eine Korrekturmöglichkeit für die psychische Umkehrung. Diese Korrektur beseitigt oft auch sehr hartnäckige Blockaden und ist unter anderem äußerst wirksam bei der dauerhaften Behandlung von Phobien. Spezifische psychische Umkehrungen kommen in den verschiedensten Lebensbereichen vor und sind mehr oder weniger hartnäckig installiert. Wenn man eine solche Umkehrung aufdeckt und korrigiert, dann verschwindet sie meist für immer. Bei manchen Menschen jedoch meldet sie sich nach einiger Zeit wieder zurück und sie kämpfen erneut mit dem alten Muster. Psychische Umkehrungen können verschiedenste Gründe haben. Ich bin davon überzeugt, dass *ein* möglicher Grund dafür systemische Verstrickungen sind.

Bei mehreren hundert Einzelsitzungen mit Klienten, die mit einem Problem aus ihrem Familiensystem belastet waren, habe ich festgestellt, dass bei jeder systemischen Verstrickung eine Umkehrung oder ein Konflikt vorliegen. Korrigiert man die psychische Umkehrung für sich, ohne sie im Zusammenhang mit der Verstrickung zu sehen, so kann man beobachten, dass sie früher oder später wieder auftaucht. Sobald die Familiendynamik jedoch in Betracht gezogen wird und ans Licht kommt und der Klient wieder den ihm gemäßen Platz einnimmt, löst sich die Umkehrung dauerhaft auf.

Das ist nicht erstaunlich, wenn man die Natur der Grunddynamiken „Sühnen für die Schuld eines anderen", „Lieber ich als du", „Ich folge dir nach" oder wie im hier folgenden Kapitel eine Parentifizierung anschaut. Der gemeinsame Nenner all dieser Dynamiken ist, dass die betroffene Person versucht, einer anderen Person aus ihrem Familiensystem eine schwere Last abzunehmen und etwas für sie zu erledigen – sei es dadurch, dass sie für ein Unrecht büßt, das sie nicht begangen hat, oder dass sie einen Ausgeschlossenen (oder jemanden, der früh verstorben ist und vergessen wurde) repräsentiert, oder dass sie jemandem in den Tod nachfolgen will, um ihn wieder lebendig zu machen oder ihn wiederzufinden. In jedem Fall schränkt sich die betroffene Person in ihrem eigenen Leben ein und bezahlt mit ihrem Glück oder mit ihrer Gesundheit. Dasselbe gilt für Menschen, die einen Unfall, eine schwere Krankheit oder eine ausweglose Situation überlebt haben und sich nicht trauen, ihr Leben ein zweites Mal voll zu nehmen und das „unverdiente" Glück zu genießen. Also ist es kein Wunder, wenn die Grundhaltung zum Leben auf den Kopf gestellt ist und die Umkehrung lautet: „Ich muss es schwer haben im Leben."

Nicht jede psychische Umkehrung birgt ein systemisches Problem. Aber jede systemische Verstrickung erzeugt eine Umkehrung oder einen Konflikt. Steht die Umkehrung in Verbindung mit einem systemischen Problem, so kann man sie mit den herkömmlichen kinesiologischen Mittel zwar zeitweise beheben, jedoch nicht grundlegend und dauerhaft, solange die Familiendynamik ignoriert wird und weiterbesteht.

Man könnte jetzt sagen, es sei überflüssig, bei der Einzelarbeit an einer Familiendynamik zuerst eine Umkehrung festzustellen, die dann mit der Auflösung der Dynamik ja ohnehin veschwindet. Betrachtet man dies rein logisch, so scheint es in der Tat unnötig. In der Praxis jedoch erweist es sich als unterstützend, dass die Klienten zunächst ganz konkret an ihrem Körper erleben, dass ein „negatives" Programm installiert ist. Das kann sehr beeindruckend, aber auch in gewisser Weise erleichternd sein. Es folgt oft ein „Aha-Erlebnis". Zum ersten Mal versteht man, warum trotz vieler Mühe nie eine positive Veränderung geschehen konnte. Oder man sieht sich bestätigt in dem alten Glauben, das Glück sei für die anderen, aber nicht für einen selbst. Diese Bewusstwerdung bereitet gut den Boden für die anschließende Arbeit mit dem Familiensystem. Man versteht noch besser die Dynamik und ihre konkreten Auswirkungen im Leben.

Nach der Ablösung werden die Sätze (Einstellungen), die umgekehrt waren, erneut getestet. Wieder erfahren das Bewustsein, das Unterbewusstsein und der Körper, dass das Programm nun richtig läuft. Dieser Anker ist von unschätzbarem didaktischem Wert. Die Klientin hört, sieht und fühlt, dass nun der Weg frei ist und dass es keinen Grund mehr dafür gibt, es sich schlecht gehen zu lassen. Ein weiterer positiver Anker ist es, wenn man die Klientin am Ende der Sitzung nochmals an die Menschen in ihrem System denken lässt, die anfangs Stress erzeugt haben. Der Muskel testet dann in aller Regel stark, womit auch der Körper bestätigt, dass diese Verstrickung aufgelöst ist.

Der Muskeltest stellt also ein effizientes Feedbacksystem dar, das den Klienten ganz konkret vor Augen führt, was Schwierigkeiten bereitet und ob Veränderung bezüglich dieser Schwierigkeiten geschieht. Zusätzlich dient er dazu, positive Tendenzen im gesamten System (Bewusstsein, Unterbewusstsein und Körper) zu verankern.

Michèle und ihre Herkunftsfamilie: „Ich bin nur ein Kind."

Michèle, 46 Jahre alt, kam zu einer kinesiologischen Sitzung. Ihr Ziel war, endlich dauerhaft in einer Paarbeziehung zu leben. Sie war nicht verheiratet und hatte keine Kinder. Sie sagte, sie habe einige Beziehungen gehabt, die aber nie von langer Dauer gewesen seien, und gab sich selbst dafür die Schuld. „Meist habe ich alles wieder zerstört."

Sie erzählte aus ihrer Herkunftsfamilie, dass sie bis zum Alter von sieben Jahren mit ihren Eltern beim Großvater gelebt habe, da die Eltern nicht genug Geld für eine eigene Wohnung gehabt hätten. Ihre Großmutter war mit 35 Jahren an Tuberkulose gestorben und hatte einen kleinen Jungen zurückgelassen, den späteren Vater der Klientin. Der Großvater hatte sechs Monate später die Krankenschwester, die seine Frau gepflegt hatte, geheiratet. Es gab keine Andenken an die Großmutter, der Großvater hatte alle Fotos von ihr vernichtet. Ihren Vater erlebte die Klientin immer als schwach und bedürftig.

Sie sagte, sie habe mit 35 Jahren starke Selbstmordwünsche gehabt. Daraufhin habe sie sich in Therapie begeben und damit diese Zeit überstanden. Wir begannen eine normale kinesiologische Sitzung. Schnell wurde klar, dass ein Zusammenhang zwischen dem Ziel der Klientin und einem Ungleichgewicht in ihrem Familiensystem bestand.

Ich testete sie auf *allgemeine* psychische Umkehrung. Michèle sagte (der Widerwille stand ihr dabei ins Gesicht geschrieben): „Ich kann ein glückliches Leben führen." Daraufhin schalteten alle getesteten Muskeln ab. Bei dieser Vorstellung geriet ihr gesamter Organismus in Stress. Sie sagte daraufhin den gegenteiligen Satz, der ihr viel leichter von den Lippen ging: „Ich muss ein schwieriges Leben haben", und fügte spontan hinzu: „Das Leben ist ein Kampf!" Alle Muskeln testeten nun stark und bestätigten diese negative Grundeinstellung.

Es lag bei ihr auch eine *spezifische* Umkehrung vor. Sie reagierte stark auf den Satz: „Ich muss alleine leben" und schwach bei der Vorstellung: „Ich kann mit jemandem glücklich sein."

Michèle sollte nun an verschiedene Familienmitglieder denken. Der Indikatormuskel schaltete ab, als sie an den Vater, den Großvater und die Großmutter väterlicherseits dachte. Ich bat sie, sich die Großmutter vorzustellen. Sie sagte mir nach einer Weile, da steige in ihr Traurigkeit auf. Sie bekam einen Kloß im Hals und begann kurz darauf zu weinen. Sie blieb aber weiter gut in Kontakt mit der Großmutter und spürte dann plötzlich, wie schwer es für diese Frau damals gewesen sein musste, zu sterben und ihren kleinen Jungen allein zu lassen. Michèle weinte bitterlich und fühlte diesen ganzen Schmerz der Großmutter, die sie ja nie gekannt hatte. Sie stellte sich mutig der ganzen Trauer und dem Schicksal dieser Frau.

Ich sagte ihr, sie solle die Großmutter weiterhin in ihrer Vorstellung anschauen und ihr laut sagen: „Oma, jetzt sehe ich dich." Sie sagte ihr auch: „Ich sehe, wie du leidest", und fügte spontan hinzu, was sie gerade gefühlt hatte.

Ich fragte Michèle nach den Reaktionen der Großmutter in ihrer Vorstellung. Sie sagte, sie habe den Eindruck, die Großmutter mache sich Sorgen darum, wer sich um ihren Sohn kümmern werde.

Nun sollte sie ihr sagen: „Liebe Oma, ich bin deine Enkelin, ich kann mich nicht um Papa kümmern, ich bin nur ein Kind ..." Da begann sie heftig zu schluchzen und sagte: „Sei freundlich zu mir, wenn ich es mir gut gehen lasse, ich bin nur ein Kind."

Sie stellte sich dann den Großvater neben der Großmutter vor. Sie beruhigte sich und es wurde ihr klar, dass es die Aufgabe des Großvaters sei bzw. war, sich um seinen Sohn zu kümmern, und nicht ihre Aufgabe als Kind, die Mutter ihres Vaters zu ersetzen. Dann sagte sie zum Großvater: „Ich gebe dir deine Rolle als Großvater zurück." Dabei stellte sie sich vor, dass sie ihm ein schweres Paket überreiche. Daraufhin fühlte sie sich sehr erleichtert.

Dieses „Paket" gehört nicht ihr, hat ihr auch nie gehören dürfen. Aber Kinder übernehmen solche Aufgaben, wenn sie spüren, dass ein Elternteil bedürftig ist und bei ihnen Trost sucht. Dann bleibt ihnen nichts anderes übrig, als aus Liebe das Unmögliche möglich zu machen. Zum Beispiel dem Vater die Mutter zu ersetzen. So entsteht eine Parentifizierung.

Nach dieser Bewusstwerdung der Rollenverschiebung stellte Michéle sich vor, sie stünde nah bei ihrer Mutter und ihr gegenüber stünden ihr Vater und seine Eltern. Sie brauchte eine ganze Weile, bis sie den Vater als Kind seiner Eltern wahrnehmen konnte. Als es ihr gelang, machte sie eine Geste, die eine klare Trennung zwischen ihr und dem Vater mit seinen Eltern ausdrückte, und strahlte vor Erleichterung. Ich schlug ihr vor, sie solle mit diesem Lösungsbild eine Weile üben und es immer mal wieder in ihre Erinnerung rufen.

Nun testeten wir erneut die Sätze, die sie am Anfang gesagt hatte: „Ich kann ein glückliches Leben führen." - „Ich muss ein schwieriges Leben haben." - „Ich erlaube es mir, eine dauerhafte Partnerschaft einzugehen und darin zu bleiben." - „Ich kann keine dauerhafte Partnerschaft leben und muss alleine bleiben."

Ihre Morphologie hatte sich deutlich verändert, sie sah klarer aus. Nun sagte sie die *negativen* Sätze mit Widerstreben und war hocherfreut über den Test, der ihr bestätigte, dass ihr Körper und ihr Unterbewusstsein nun nicht mehr dieses negative Programm bevorzugten, sondern dass der Weg frei geworden war dafür, ein glückliches Leben zu führen und eine funktionierende Partnerschaft zuzulassen.

Parentifizierung: Überschreiten der Generationengrenzen

In den Aufstellungen sieht man, wie wichtig es ist, dass jeder einen guten Platz hat und diesen Platz auch ausfüllt. Dazu muss man wissen und anerkennen, wohin man gehört. Ein guter Platz ist zum Beispiel der chronologisch richtige Platz in der Reihenfolge der Geschwister. Ein guter Platz bedeutet beispielsweise auch, dass man (an)erkennt, dass man das Kind seiner Eltern ist und in dieser Beziehung der oder die *Kleine*, dass man gleichzeitig aber als Erwachsener die volle Verantwortung übernimmt für die eigenen Kinder. Ein guter Platz ist gefunden, wenn sich die zweite Frau eines Mannes *bewusst* ist, dass sie die zweite ist und nicht die erste. Diesen Platz muss sie dann ausfüllen, mit ihrer ganzen Würde. Hier geht es nicht um Verhaltensvorschriften oder Moral, es geht um eine innere Haltung, die Auswirkungen auf unser Leben hat. Das sind die Ordnungen, die Bert Hellinger gesehen hat und beschreibt. Werden sie eingehalten, dann können Beziehungen gelingen. Werden diese Ordnungen nicht eingehalten, dann gibt es – aus welchen Gründen auch immer – Verwirrung. Und maßt man sich einen anderen Platz an als den, der einem zusteht, dann hat das Konsequenzen, die man im Alltag sofort sehen kann.

Zur Ordnung gehört die Trennung der Generationen. Die Kinder nehmen von den Eltern und geben das Gute, das sie von ihren Eltern erhalten haben, an ihre eigenen Kinder weiter. Wenn ein Erwachsener bedürftig ist und etwas braucht, dann wendet er sich korrekterweise an seinen Partner oder an die Eltern. Das ist die angemessene innere Haltung. Wenn sein Kind Zuwendung braucht, dann ist dieser Erwachsene für das Kind da.

Es geschieht jedoch manchmal, dass bedürftige Erwachsene, denen vielleicht etwas fehlt, was sie in ihrer Kindheit nicht bekommen konnten, sich damit an ihr eigenes Kind wenden. Sie suchen dann beim Kind Trost und Beistand oder lassen ihre Frustration, die den eigenen Eltern gilt, an diesem Kind aus. Ist dies dauerhaft der Fall, so wird das Kind in die Rolle der Großmutter oder des Großvaters gedrängt und muss diese Person gewissermaßen ersetzen, um das Bedürfnis eines Elternteils zu befriedigen. Das Kind kann sich gegen diese so genannte Parentifizierung[3] nicht wehren. Hier wird also die Ordnung dadurch

2 Parentifizierung ist ein von Ivan Boszormenyi-Nagy geprägter Begriff. Siehe auch: Boszormenyi-Nagy (1995), S. 209 ff.

verletzt, dass die Generationengrenze nicht respektiert wird und das Kind nicht als Kind gesehen und behandelt, sondern als Elternteil benutzt wird. In Aufstellungen kann man das oft daran ablesen, dass solch ein Kind sehr unruhig ist. Nehmen die Eltern in der Aufstellung wieder ihren Platz als Eltern ein, dann wird das Kind sofort ruhig und entspannt sich.

Erwachsene Kinder, die in dieser Weise verstrickt sind, müssen innerlich diese Rolle, die man ihnen auferlegt hat, erkennen und dann zurückgeben (siehe im vorhergehenden Kapitel Michèle: „Ich bin nur ein Kind."). Sie müssen den Eltern ihre Schwierigkeiten zumuten, ohne sie ihnen weiterhin abnehmen zu wollen. Das ist sehr schwer, da sie dadurch in einen Loyalitätskonflikt geraten. Es gelingt leichter, wenn auch die Ursache der Bedürftigkeit des Elternteils gesehen wird, zum Beispiel der frühe Verlust des Vaters der Mutter. Wird dieser Großvater in den Blick gebracht und gewürdigt, dann muss ihn der Enkel nicht mehr vertreten.

Einzelarbeit mit den „Ordnungen der Liebe"

Die an den Beispielen in diesem Teil des Buches erläuterte Einzelarbeit hat sich für viele Klienten als sehr hilfreich erwiesen. Eine Aufstellung in der Gruppe erübrigt sich damit in den allermeisten Fällen. Die Klienten fühlen sich nach einer einzigen Sitzung schon sehr entlastet. Für manche Klienten ist die Einzelarbeit angenehmer, da sie sich nicht einer großen Gruppe aussetzen müssen – was schon einigen Mut erfordert. Die Aufstellung, die sonst in der Gruppe mit Hilfe der Stellvertreter gemacht wird, läuft bei der Einzelsitzung in der Vorstellung des Klienten ab.

Der Begleiter lenkt den Vorgang, indem er bestimmt, welche Personen sich der Klient vorstellt und wie er sie zueinander anordnet. Er gibt größtenteils auch die Lösungssätze vor und sorgt dafür, dass der Klient den inneren Kontakt zu den vorgestellten Personen beibehält und auf deren Reaktionen achtet. Die Reaktionen, die der Klient bei den angesprochenen Personen erlebt, sind Anzeiger dafür, ob sich in seine innere Wahrnehmung der Situation verändert oder nicht. Berichtet er zum Beispiel, dass er sich seinen Großvater nicht vorstellen könne oder dass der Großvater sich in seiner Vorstellung von ihm abwende, dann ist das oft ein Hinweis darauf, dass die Identifizierung mit dieser Person noch besteht und dass die Grenzen zwischen ihr und dem Klienten noch nicht klar definiert sind. Sobald das Bild stabil bleibt, hat schon eine erste Ablösung von der jeweiligen Person stattgefunden.

Dieser erste Schritt ist die Voraussetzung für einen richtigen Kontakt. Erst jetzt kann er der Person zum Beispiel sagen: „Lieber Großvater, ich achte dein Schicksal", und sich somit in einem weiteren Schritt nochmals ganz entscheidend distanzieren. Bleibt er im inneren Kontakt mit der Person, so sieht er wahrscheinlich, dass der Großvater erleichtert ist, wenn er das sagt. Diese vorgestellte Rückmeldung, die der Reaktion eines Stellvertreters in einer „richtigen" Aufstellung entspricht, hilft ihm dann, dieser Person einen Platz zu geben, sie macht weniger Angst, er kann sie in Frieden lassen und muss sie nicht mehr vertreten.

Diese Art der Einzelarbeit ist in vielen Fällen ausreichend. Wenn es jedoch sehr viele dramatische Ereignisse in einer Familie gab, wichtige Informationen fehlen oder das System zu komplex ist, dann ist es eher angebracht, auf eine Aufstellung in der Gruppe zurückzukommen.

In der kinesiologischen Arbeit geht das Lösen einer Verstrickung oft mit dem Lösen einer Therapiebremse einher. Dies liegt wohl hauptsächlich an dem Zusammenhang zwischen Autosabotageprogrammen und Verstrickungen im Familiensystem. Gibt es eine Lösung im Familiensystem, dann verschwinden damit immer einige tief sitzende Sabotageprogramme. Vorher schien die Arbeit blockiert, relevante Fortschritte gab es trotz beiderseitigem Bemühen nicht zu verzeichnen und jetzt kann es plötzlich weitergehen.

Ein professioneller Kinesiologieanwender, der diese Methode in seine Arbeit miteinbeziehen möchte, sollte unbedingt eine solide Kenntnis von systemischen Zusammenhängen sowie Erfahrung im Familienstellen haben. Für einen erfahrenen Aufsteller und Therapeuten kann die Einzelarbeit mit Kinesiologie eine Alternative zur Gruppenarbeit darstellen.

Weitere Systemaufstellungen

Man kann je nachdem, was sich im Eingangsgespräch ergibt, Stellvertreter nicht nur für Familienmitglieder, sondern auch Stellvertreter für wichtige *Bereiche*, die eine Rolle im Leben des Klienten spielen, aufstellen. Wir haben das schon in der Aufstellung von Frédéric gesehen (S. 136), wo eine Stellvertreterin für eine *mögliche* zukünftige Partnerin steht.

Wenn der Klient zum Beispiel im Exil lebt, kann es sinnvoll sein, einen Stellvertreter zu wählen, der symbolisch für das *Heimatland* steht. Häufig wird die tiefe Verbindung zu dem Heimatland, das verlassen werden musste, verdrängt. Wenn dieses Land mit aufgestellt wird, kommt der Schmerz über diesen Verlust der Heimat ans Licht - was sehr heilsam für die Seele ist. Der Klient kann seinem Land wieder einen guten Platz einräumen, es innerlich ehren und sich und seine Herkunft dadurch würdigen. Das gibt eine gute Kraft.

Für Kinder aus Mischehen, deren Eltern verschiedenen Nationalitäten angehören, ist es manchmal wichtig, die Herkunftsländer beider Eltern aufzustellen. Dadurch können dem Kind wichtige Hinweise zur inneren Orientierung gegeben werden.

Bei schwerer Krankheit erscheint es in einigen Fällen angebracht, diese Krankheit in Beziehung zu der betroffenen Person aufzustellen. Manchmal wird eine Krankheit nicht ernst genommen, es wird mit ihr gespielt oder sie wird mit allen Mitteln der Verdrängung bekämpft. Bei einer solchen Aufstellung kommt der ganze Ernst der Situation zutage; das verleiht dem Betroffenen eine andere Kraft im Umgang mit der Krankheit und eröffnet ihm eine neue Sichtweise.

Bei unheilbar Kranken und Schwerkranken stellt Bert Hellinger manchmal nur den Kranken selbst und einen Stellvertreter für den Tod auf.

Karla und ihre Krankheit: „Du gehörst mit zu meinem Leben."

KARLA: Vor zwei Jahren hat man festgestellt, dass ich eine Hepatitis C habe. Das hat seither sehr viel um mich herum verändert.

CONSTANZE: Ja.

KARLA: Einerseits deshalb, weil das eine Krankheit ist, die man noch nicht heilen kann. Zwei Behandlungen sind bei mir schon fehlgeschlagen. Andererseits läuft alles irgendwie trotzdem weiter wie früher. Als die zweite Behandlung nicht anschlug, habe ich mir aber schon eine Menge Fragen gestellt.

Ich habe Sitzungen bei einer Kinesiologieanwenderin bekommen. Das hat mir geholfen, viele Dinge in meinem Leben, auch Beziehungen, zu verstehen. Dabei hat sich aber mein Verhältnis zu meiner Familie verändert.

Die Krankheit ist sicher nicht umsonst da. Ich muss da was verstehen. Das Verhältnis zu meiner Mutter hat sich sehr verändert. Vor der Krankheit waren wir eine Familie, die stark zusammenhielt. Meine Mutter und ich, wir waren wie Freundinnen. Wir haben uns mindestens ein Mal pro Tag gegenseitig angerufen. Heute habe ich viel weniger Lust zu meinen Eltern zu gehen.

Ich habe gemerkt, dass ich da eine Rolle in der Familie habe, die ich gar nicht einnehmen will.

CONSTANZE: Warte mal. Ich unterbreche dich hier mal. Ich weiß, was wir machen: Du wählst jetzt *Stellvertreter* aus für dich und für deine Krankheit. Dann sehen wir, was da läuft. Ja?

Karla lächelt erstaunt und wählt dann aus der Gruppe der Zuschauer einen Mann als Stellvertreter für ihre Krankheit und eine Frau als Stellvertreterin für sich selbst aus.

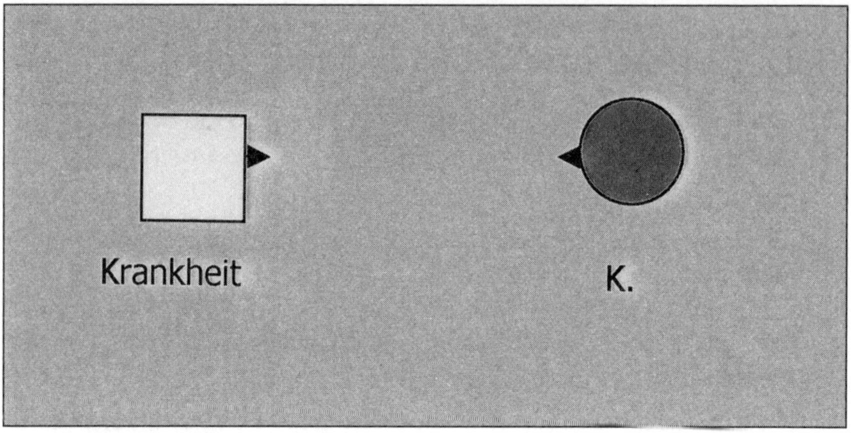

CONSTANZE: Bleibt eine Weile da drin, ich lasse euch ganz frei, ihr folgt dann einfach eurem Impuls.

Karlas Stellvertreterin will sich bewegen. Sie wedelt mit den Händen und dreht sich weg von der Krankheit.

CONSTANZE: Gut, geh dahin, wo es dich hinzieht.

K. dreht sich um und geht drei bis vier Meter nach außen.

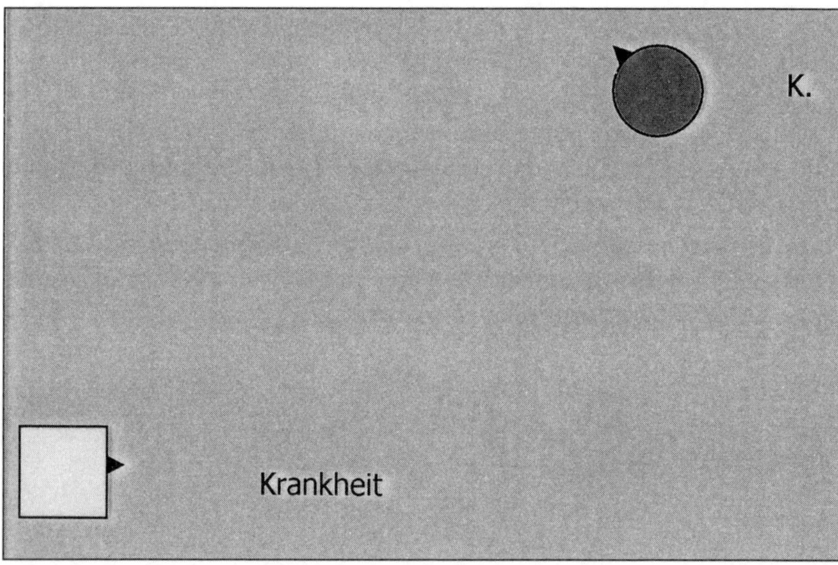

K. ist unruhig und unsicher, bleibt dann aber stehen, wo sie ist.

K. *zur Krankheit*: Du machst mir große Angst.

KRANKHEIT: Ich werde dir folgen.

K. *(wütend)*: Ich könnte sehr bösartig werden. Dem eine runterhauen! *(Lachen im Publikum.)*

K. *(schüttelt ihre Hände wieder)*: Lauf jemand anderem nach!

Constanze nimmt sie am Arm. Sie führt sie in Richtung Krankheit. K. folgt nur widerstrebend. Sie windet sich fast. Sie steht schräg vor der Krankheit, ganz steif, Brust raus, in Kampfhaltung.

Constanze legt ihr die Hand behutsam in den Nacken und senkt ihren Kopf nach vorne, der Oberkörper sackt ein. So steht sie eine kurze Weile und schaut auf den Boden.

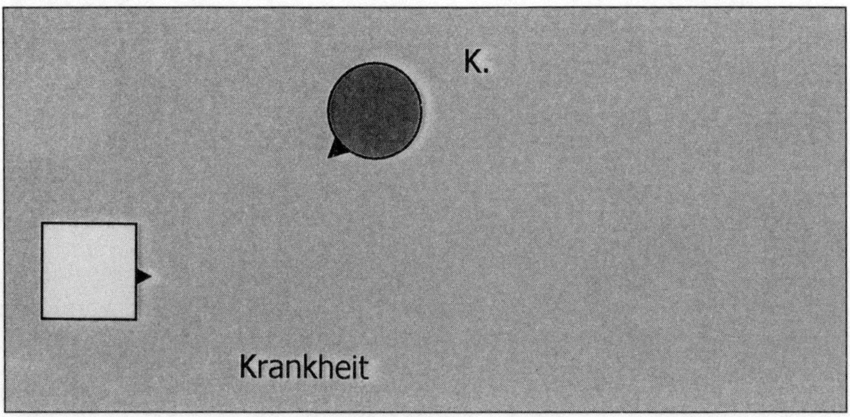

Die Krankheit tritt plötzlich von einem Fuß auf den anderen.

CONSTANZE: Was ist?

KRANKHEIT: Ich will weg hier, mir ist heiß.

Constanze führt K. ein Stück weiter vor. K. schaut an der Krankheit vorbei. Die Krankheit schaut sie an. Constanze stellt sie neben die Krankheit.

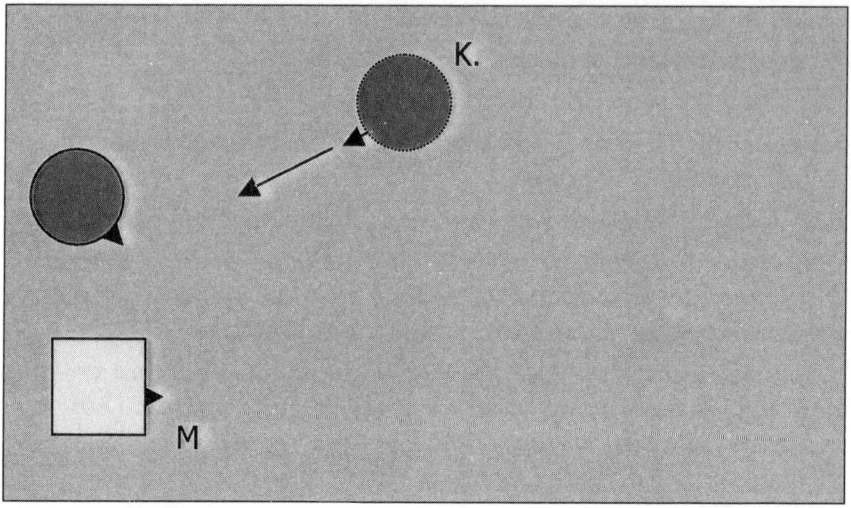

K.: Das ist seltsam.

CONSTANZE: Geh noch näher ran.

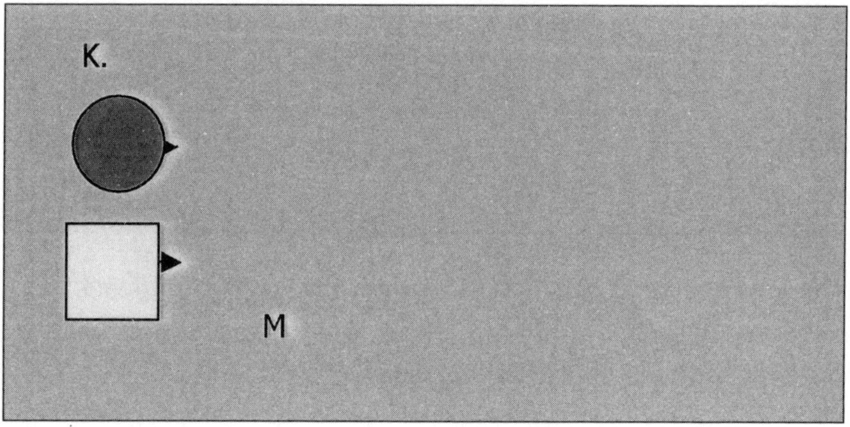

K.: Das ist verrückt, es ist, als spürte ich den Tod, und das zieht mich an.

Die Krankheit schaut auf den Boden.

Constanze wechselt Karla ein, die Stellvertreterin setzt sich.

CONSTANZE *zu Karla*: Wenn man zu sehr gegen eine Krankheit kämpft, wenn man ihr ins Gesicht schlagen will, dann nimmt man sie noch nicht ganz ernst. *(Karla nickt.)* Schau die Krankheit an. Gib der Bewegung nach.

Karla dreht sich zur Krankheit hin. Die Krankheit dreht ihr daraufhin den Rücken zu und will weggehen.

Constanze stellt beide einander gegenüber und wählt eine Stellvertreterin aus, die das Leben repräsentiert.

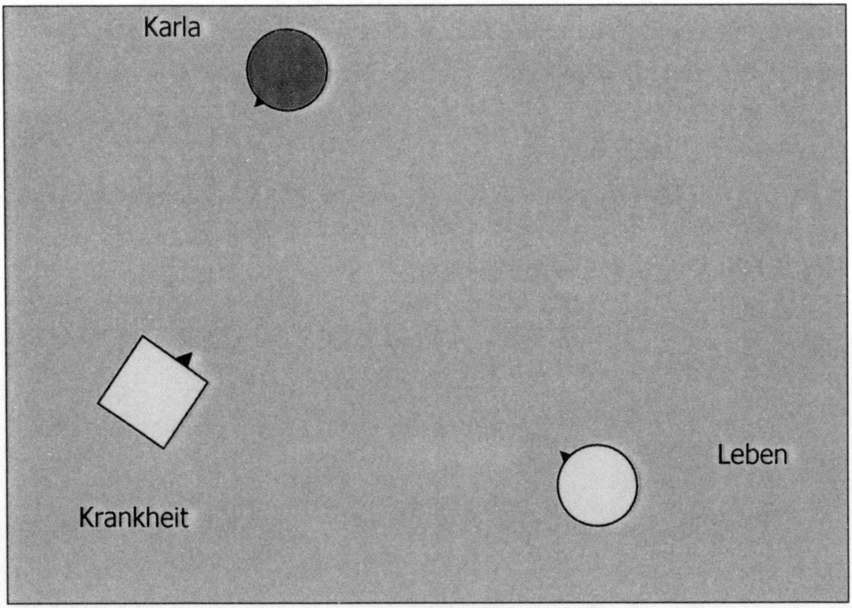

Als das Leben an seinem Platz aufgestellt ist, fängt Karla sofort an zu weinen.

KARLA: Ich will da nicht hin. Ich will näher zu *ihm*. *(Sie meint die Krankheit.)*

CONSTANZE: Okay, geh näher ran, such den richtigen Abstand.

Karla geht ein Stück weiter auf die Krankheit zu.

CONSTANZE: Sag der Krankheit: „Du gehörst mit zu meinem Leben."

KARLA *nickt mehrmals, bevor sie sagt*: Du gehörst mit zu meinem Leben.

Sie lächelt schüchtern die Krankheit an.

CONSTANZE *zur Krankheit*: Wie ist das für dich?

KRANKHEIT: Es geht. Der Satz, der mir in den Kopf kommt, lautet: „Ich werde dich heilen."

CONSTANZE *zu Karla*: Wie geht's *dir* da?

KARLA: Es wird friedlicher. *(Pause. Macht eine abfällige Handbewegung in Richtung Leben.)* Aber *da* möchte ich irgendwie immer noch nicht rüberschauen.

CONSTANZE: Sag zum Leben: „Dich will ich nicht sehen."

KARLA *mit der Stimme eines kleinen, trotzigen Mädchens*: Ich will dich nicht sehen.

CONSTANZE: Stimmt das?

KARLA: Nein. *(Sie lacht und schüttelt den Kopf.)* Ich kann sie anschauen! *(Sie meint die Stellvertreterin des Lebens.)*

Das Leben will sich hinter sie stellen.

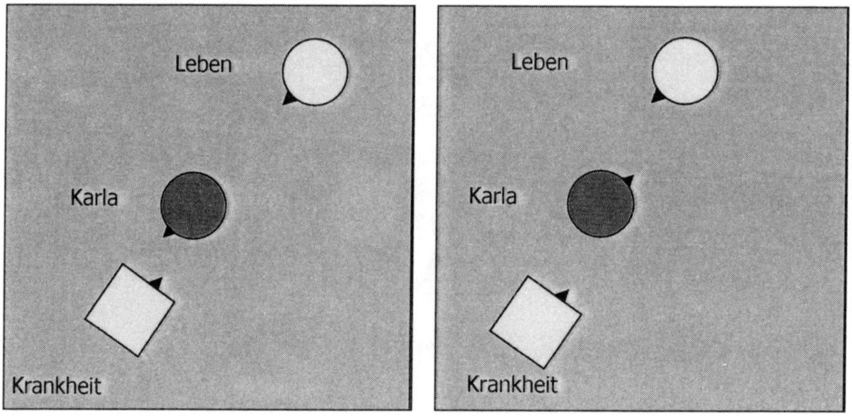

KARLA: Ich spüre sie.

CONSTANZE *dreht sie um, damit sie dem Leben ins Gesicht schaut*: Sag dem Leben: „Du gehörst auch mit zu mir."

KARLA: Du gehörst auch mit zu mir.

LEBEN: Ich warte auf dich.

CONSTANZE: Sag: „Ich werde dich auskosten, solange es mir gegeben ist."

KARLA: Ich werde dich auskosten, solange es mir gegeben ist.

CONSTANZE: Wie ist das?

KARLA: Ein einziges Glück!

Constanze stellt Karla und das Leben nebeneinander. Das Leben legt einen Arm um Karla. Die Krankheit findet ihren Platz schräg hinter dem Leben.

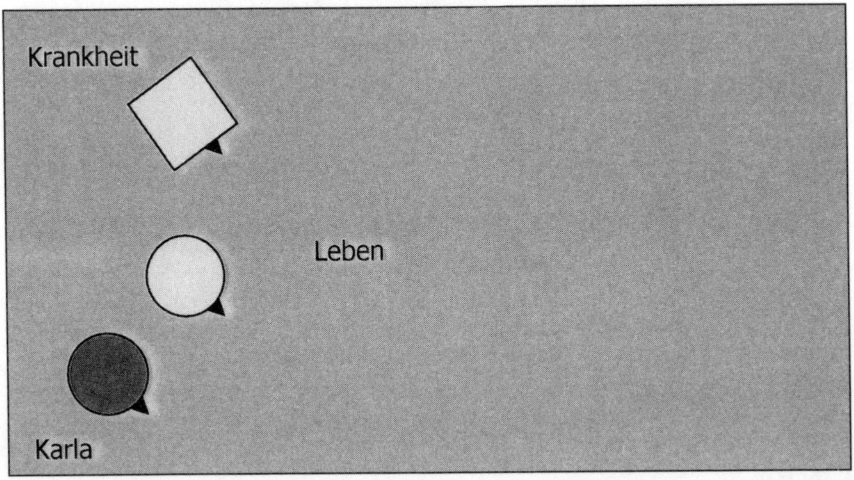

CONSTANZE *zu Karla:* Wie geht's dir da?

KARLA: Gut.

CONSTANZE: Nimmst du *ihn* wahr *(= die Krankheit)*?

KARLA: Kaum. *(Sie will den Stellvertreter der Krankheit etwas näher hinter sich haben.)*

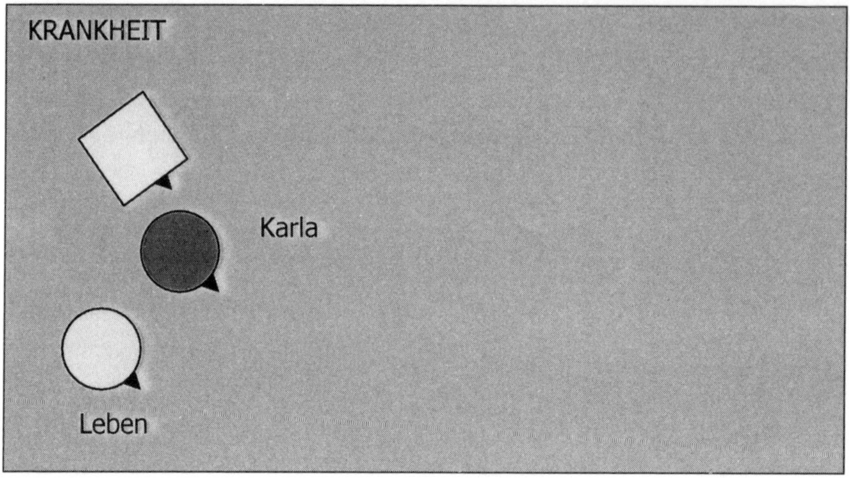

Karla nickt.

CONSTANZE *(zeigt nach vorne):* Dort ist die Zukunft.

Karla nickt wieder.

CONSTANZE: Kann ich das so für dich lassen?

KARLA: Ja.

Constanze und Karla setzen sich nebeneinander.

CONSTANZE: Wenn wir eine Krankheit wie einen Feind betrachten, den wir verjagen müssen, dann fängt sie uns schneller wieder ein, als wir denken. Hast du die Bewegung deiner Stellvertreterin am Anfang gesehen? *(Karla senkt den Kopf.)* Das ist das Wesentliche für dich. Manchmal muss man sich mit der Krankheit anfreunden, aber ohne zu vergessen, dass das Leben auch noch da ist. Und dann kann man vielleicht besser mit ihr umgehen … *(Karla nickt.)*

Geht das so? – Alles Gute für dich.

*

Nachbemerkung: Karla hat heute keine nachweisbaren Symptome von Hepatitis mehr.

Aufstellungen ohne Stellvertreter

Wir haben schon gesehen, dass man die Prinzipien des Familienstellens in die Einzelarbeit integrieren kann. Das ist bis zu einem gewissen Maß möglich, solange die Verstrickung nicht zu komplex ist. Nicht jeder Therapeut hat eine Gruppe zur Verfügung, mit Hilfe derer er Aufstellungen für Einzelne seiner Klienten durchführen kann.

Manche Therapeuten greifen in diesem Fall auf andere Hilfsmittel zurück. Man kann den Klienten zum Beispiel mit Hilfe von Puppen oder aus Pappe ausgeschnittenen Symbolen seine gegenwärtige Situation und die Beziehungen innerhalb seines Familiensystems ganz spontan „aufstellen" lassen. Dabei ist es hilfreich, wenn man *neutrale* Figuren ohne besonderen Gesichtsausdruck benutzt, denen man eine *Ausrichtung* geben kann und bei denen zum Beispiel durch die *Farbe* vorgegeben ist, ob es sich um männliche oder weibliche Figuren handelt. Dadurch wird das Bild klar und bleibt neutral in dem Sinn, dass alleine die *Position* der Figuren ausschlaggebend ist und nicht ihr Aussehen.

Dabei kommt oft Erstaunliches zutage. Der Klient projiziert sozusagen sein inneres Bild von der Familie nach außen, wodurch die verschiedenen Beziehungsmuster deutlich hervortreten. Dieses Ausgangsbild kann dann vom Berater oder vom Klienten verändert und Alternativen können erprobt werden. Beim Anschauen des veränderten Bildes werden veränderte Gefühle erzeugt. Es ist nicht dasselbe, ob das Kind nach außen gewandt *abseits* steht oder neben den anderen Geschwistern. Diese Art von „Aufstellung" erlaubt es dem Klienten, sich der gegenwärtigen inneren Situation bewusst zu werden und mit Hilfe des Beraters oder Therapeuten Anstöße für eine mögliche Veränderung zu bekommen.

Der Nachteil bei dieser Art von Arbeit ist, dass Puppen und Pappkartons nicht sprechen und keine Rückmeldung über ihr Befinden geben. Dadurch verliert die Arbeit im Vergleich mit einer richtigen Aufstellung an Eindrücklichkeit. Die Rückmeldungen durch die Stellvertreter in einer Gruppe sind in der Regel sehr präzise und beschreiben genau den Zustand der nicht anwesenden Familienmitglieder bis hin zu deren Symptomen. Diese Aussagen sind insofern wertvoll, als sie dem Klienten bestätigen, dass das aufgestellte Bild seiner Realität entspricht. Es ist auch einfacher, der Lösung zuzustimmen, wenn der Aufstellende sieht und hört, dass sich die Stellvertreter besser fühlen.

Eine weitere Möglichkeit der Einzelarbeit besteht darin, dass man kleine Teppiche oder Matten auf dem Boden auslegt, welche die verschiedenen Familienmitglieder repräsentieren. Der Vorteil von Matten ist, dass man sich selbst auch an diese Plätze stellen kann und dass Klient wie Therapeut „am eigenen Leib" spüren können, welche unterschiedlichen Gefühle an den verschiedenen Plätzen aufkommen. Man kann sich also (auch ohne Stellvertreter) Rückmeldung beschaffen, indem man sich an die Stelle eines anderen Familienmitglieds versetzt.

Hier besteht jedoch die Gefahr, dass der Klient, der noch nie eine Aufstellung gesehen hat, von dieser Methode, bei der man etwas spüren soll, was gar nicht zu einem selbst gehört, verständlicherweise befremdet ist und sich gar nicht erst darauf einlässt. Kennt er die Aufstellungsarbeit, dann besteht dieses Hindernis weniger. Ein weiterer Nachteil dieser Methode ist, dass der Aufstellende, wenn er verschiedene Plätze testet, eventuell unnötigerweise durch ein großes Wechselbad von Gefühlen geht, das ihn letztlich überfordert. Wenn es sich um delikate Themen handelt und der Therapeut als Stellvertreter zum Beispiel vom Platz des Sohnes aus eine Rückmeldung über sein Befinden gibt und sagt, dass es ihm als dem Sohn ganz schlecht gehe und er am liebsten hinausgehen würde, dann ist nicht immer sicher, dass der Klient eine solche Rückmeldung vom Therapeuten akzeptiert und als objektiv anerkennt. Rückmeldungen von „neutralen" Stellvertretern sind da in der Regel überzeugender.

Das Aufstellen mit Symbolen ist einfach und in vielen Fällen klärend. Aufstellen mit Matten ist vielleicht etwas tiefer gehend, da der Klient stärker assoziiert wird. Es ist jedoch ratsam, diese Methode nur mit Menschen anzuwenden, die mit der Aufstellungsarbeit in der Gruppe schon vertraut sind.

Der Berater, der diese Art von Arbeit anbietet, muss in jedem Fall fundierte Kenntnisse haben über die Prinzipien, die in einem Familiensystem vorherrschen sind, und das ist vor allem dann der Fall, wenn er ausreichend Erfahrung im Familienstellen gesammelt hat.

Organisationsaufstellungen

Seit 1993 haben Bert Hellinger und Gunthard Weber die Aufstellungsarbeit auch auf größere soziale Systeme und Organisationen übertragen. Ein Unternehmen kann man als System betrachten, in dem ganz eigene Regeln herrschen, deren Beachtung die Bedingung für ein gutes Arbeitsklima ist und damit auch ein Schlüssel zum erfolgreichen Funktionieren des Unternehmens. Es gibt also auch hier Ordnungen beziehungsweise gestörte Ordnungen, die man in einer Aufstellung in erstaunlich kurzer Zeit aufdecken kann.

Bei einer Organisationsaufstellung werden Stellvertreter für wichtige Personen im Unternehmen ausgesucht und aufgestellt. Handelt es sich um eine große Firma mit vielen Mitarbeitern und verschiedenen Bereichen, dann kann es je nach Problemstellung wichtig sein, einen ganzen Bereich, in dem viele Menschen arbeiten, mit aufzustellen. Es hat sich herausgestellt, dass es möglich ist, für einen solchen Sektor nur eine oder wenige Personen stellvertretend zu wählen, die dann die allgemeine Stimmung in diesem Bereich sehr genau widerspiegeln.

Eine Organisationsaufstellung kann von großem Nutzen und von Interesse für Unternehmensberater sein, die sich Klarheit in Bezug auf die Problemstellung, mit der sie beauftragt wurden, verschaffen möchten. In diesem Fall würde also der Unternehmensberater in einer neutralen Arbeitsgruppe die betreffende Organisation aufstellen. Man konzentriert sich dabei in der Regel auf *den* Sektor oder *die* Abteilung der Firma, in der es Schwierigkeiten gibt wie zum Beispiel eine ungewöhnlich hohe Fluktuation der Mitarbeiter, mangelnde Führung, Stagnation etc. Auch Führungskräfte, die sich ein Bild über das Zusammenspiel ihrer Mitarbeiter machen wollen, wenn es Koalitionen, Ablehnung oder Machtmissbrauch gibt, können mit Hilfe einer Organisationsaufstellung eine Lösung finden. Mitarbeiter, die in Konfliktsituationen mit Kollegen stehen oder einfach ihren Platz und ihre Rolle im System besser verstehen wollen, können das mittels einer solchen Aufstellung tun.

Organisationsaufstellungen zeigen ob die Führung frei ist und handeln kann, geben Hinweise darauf, ob die Firma sich auf die Aufgabe konzentrieren kann oder eher mit sich selbst beschäftigt ist, oder bringen die Folgen einer schlechten Kündigung ans Licht.

Bei Organisationsaufstellungen ist zu beachten, dass man sie möglichst mit Stellvertretern durchführt, die mit der Firma nicht direkt zu tun haben und somit wertfreie Rückmeldungen geben können. Macht man die Aufstellung einer Abteilung mit den Mitgliedern dieser Abteilung, dann besteht die Gefahr, dass die Kollegen sich gegenseitig argwöhnisch beäugen oder Angst haben, dass irgendetwas Unangenehmes über sie herauskommen könnte. Die Regeln, die in einem Familiensystem herrschen, sind nicht ohne Weiteres übertragbar auf eine Unternehmensstruktur. Man sollte diese beiden Aufstellungsformen also getrennt betrachten.

Jene, die eine solche Aufstellung gemacht haben - sei es nun der Firmenchef, ein Mitarbeiter oder ein Berater -, bekommen eindrücklich die aktuelle Situation vorgeführt und sehen im Laufe der Arbeit auch Lösungsmöglichkeiten. So bekommt der Aufstellende einen anderen Blick für die jeweilige Situation sowie ein neues Bild, das Lösungshinweise gibt, die er zunächst in sich wirken lassen und dann konkret umsetzen kann.

Schlusswort

Sprache kann Geschehnisse nur *nacheinander* beschreiben. Sprache entfaltet sich linear. Es dauert seine Zeit, bis ein Vorgang sprachlich dargestellt und erklärt ist, da jeder Aspekt einzeln und nacheinander erläutert werden muss, damit man den Vorgang versteht. Mittels der Sprache stellt man Tatsachen fest oder verneint sie. Das Geschehen oder die Abwesenheit des Geschehens wird sprachlich gleichsam festgelegt. Beschreibungen von inneren Zuständen in der Therapie fixieren diese Zustände, bestätigen sie, verfestigen sie und füllen sie mit Energie.

Handelt es sich um alte Muster, traumatische Ereignisse oder Sabotageprogramme, so ist es in vielen Fällen sicher gut, sie zunächst bewusst und sprachlich dingfest zu machen, um in einem zweiten Schritt Abstand von ihnen nehmen zu können. Manchmal jedoch *verstärkt* die Beschreibung des Problems das Problem und sein Einfluss auf das Leben der Person hält umso hartnäckiger an.

Gelingt nach der Bewusstwerdung der Schwierigkeit eine Umdeutung des Problems, ein Loslassen von dem alten Muster oder dem traumatischen Ereignis, dann kann die Sprache zu einem machtvollen Werkzeug werden, diese Neuorientierung zu stabilisieren. In diesem Fall stärkt die Benennung der Lösung die Lösung selbst. Sie konkretisiert die Lösung, gibt ihr Energie und Kraft. In diesem Fall fungiert die Sprache als positiver Anker.

Bei vielen Aufstellungen wird Sprache benutzt, sie wird jedoch recht sparsam eingesetzt und vom Therapeuten gelenkt. Zu viel „Gerede“ – sei es seitens des Aufstellungsleiters, des Klienten oder der Stellvertreter – verwässert die Eindrücklichkeit der Arbeit, verwirrt und verstellt oft eine Lösung. Man verzichtet zum Beispiel zu Beginn der Arbeit auf eine allzu ausführliche Beschreibung des Problems durch den Klienten, um dem Problem nicht noch mehr Energie zuzuführen. Während der Aufstellung werden die Stellvertreter von Zeit zu Zeit aufgefordert, ihren physischen und emotionalen Zustand sprachlich zu beschreiben. So geben sie dem Klienten neben der nonverbalen auch eine verbale Rückmeldung über den Ist-Zustand des ersten Aufstellungsbildes. Dies gilt auch für die weitere Entwicklung des Bildes bis hin zur Lösung. Die Aussagen der Stellvertreter sind also keine *starren* Aussagen, sie beschreiben aber die

Veränderung. In vielen Aufstellungen sprechen das Bild, die Körperhaltung und die Emotionen der Stellvertreter für sich.

Der Aufstellungsleiter lässt in manchen Fällen den Stellvertreter des Klienten einen Satz sagen, der die Dynamik zusammenfassend nennt, etwa: „Lieber verschwinde ich als du, lieber Vater." Die Dynamik wird somit im Zusammenhang der Aufstellung fühlbar, sichtbar und hörbar. Sie ist am Licht und verliert dadurch ihre Macht. Dabei verweilt man jedoch nicht. Das ist nur ein Zwischenschritt.

Wichtig sind die Lösungssätze, welche die Lösung benennen und ankern. Lösende Sätze sind affirmativ und formelhaft, sie wirken wie Metaphern weit über die Verstandesebene hinaus und bewegen etwas in der Seele.

Das Besondere an Aufstellungen ist nicht so sehr das sprachliche Geschehen. Was diese Methode so einzigartig macht, das sind vielmehr die bildliche Darstellung eines kompletten Systems sowie die Rückmeldung durch die Gefühle der Stellvertreter.

Ein Bild stellt, im Gegensatz zur Sprache, einen komplexen Zusammenhang mit all seinen Wechselwirkungen schlagartig dar. In einem Bild ist auf einen Blick alles gleichzeitig vorhanden und sichtbar. Auch kann ein Bild nicht verneint werden. Was sich zeigt, zeigt sich. Man kann nicht etwas bildhaft darstellen, das *nicht* ist. Man kann nur sehen, was *ist*! Eine Aufstellung prägt sich vor allem visuell und über die Gefühle ein. Der Klient hört die Rückmeldungen der Stellvertreter, erlebt ihre Emotionen und die Veränderungen auf die Lösung hin mit und assoziiert sich schließlich mit dem Lösungsbild. Das Familienstellen wirkt unmittelbar auf den Klienten und geht über ein rationales Verstehen der Vorgänge hinaus. Ein gutes Lösungsbild klingt lange in der Tiefe der Seele nach.

Auch die *alten* Bilder haben Kraft; wir haben ja gesehen, welche Auswirkungen sie auf ein Leben haben können. Alle Handlungen und Entscheidungen werden von dem verinnerlichten Bild beeinflusst und unser Leben ordnet sich um dieses Muster herum an. Alte Bilder und Schemata tauchen vielleicht immer wieder einmal auf, sie haben aber nicht mehr dieselbe Macht, wenn man sie einmal erkannt und ihnen eine Alternative entgegenzusetzen hat.

Lösungsbilder sind wie eine innere Neueinstellung, die es uns ermöglicht andere, positivere Entscheidungen zu treffen und mit mehr Kraft zu handeln.

Bert Hellinger stellt uns mit seinen Aufstellungen eine respektvolle und wirkungsvolle Methode zur Verfügung, die den Klienten achtet und durch Achtung und Würdigung das System wieder in Einklang bringt. Sein Blick gilt immer der Liebe, die sowohl der Verstrickung als auch der Heilung zugrunde liegt. Seine Vorgehensweise beruht nicht auf Theorie, sondern auf Beobachtung und unmittelbarer Erfahrung dessen, was sich zeigt. Er passt sich also den lebendigen Vorgängen an und nicht umgekehrt. So bleibt - ebenso wie eine Aufstellung - auch die Methode selbst stets im Wandel begriffen und offen.

Danksagung

Ich möchte an dieser Stelle ganz herzlich all jenen danken, die mich auf verschiedenste Weise unterstützen und begleiten und ohne die dieses Buch nicht entstanden wäre.

Ich danke meinen Eltern.

Ich danke meinem Mann Freddy für seine immer währende Ermutigung und unsere vielen Gespräche, in denen er mir Anregungen und auch manchmal einen Schubs gab.

Vielen Dank auch an alle meine Klienten und Schüler für ihre Kooperation und ihr Vertrauen!

Ich danke Bert Hellinger und Gunthard Weber für alles, was ich von ihnen lernen durfte, sowie für ihre persönliche Hilfe und Unterstützung.

Literaturverzeichnis

Ancelin Schützenberger, A. (2001): *Oh, meine Ahnen! Wie das Leben unserer Vorfahren in uns wiederkehrt,* Heidelberg: Carl-Auer-Systeme Vlg.

Boszormeny-Nagy, I. u. James L. Framo (Hrsg., 1980): *Familientherapie. Theorie und Praxis*, Reinbek bei Hamburg: Rowohlt

Boszormeny-Nagy, I., und M. Spark (1995): *Unsichtbare Bindungen. Die Dynamik familiärer Systeme*, Stuttgart: Klett-Cotta

Canault, N. (1998): *Comment paye-t-on les fautes de nos ancêtres*, Paris: Desclée de Brouwer

Dumas, D. (1985): *L'Ange et le Fantôme. Introduction à la clinique de l'impensé Généalogique,* Paris: Editions de Minuit

Callahan, R. (1995): *Cinq minutes pour vaincre l'anxiété: sortir du cycle anxiété-dépendance par la Kinésiologie*, Barret-le-Bas: Le Souffle d'Or

Callahan, R. (1987): *Leben ohne Phobie. Wie Sie in wenigen Minuten angstfrei werden,* Kirchzarten: VAK

Franke, U. (1997): *Systemische Familienaufstellung*, München/Wien: Profil

Goleman, D. (1997): *Emotionale Intelligenz*, München: dtv, 2001

Hellinger, B. (1994): *Ordnungen der Liebe. Ein Kursbuch*, Heidelberg: Carl-Auer-Systeme Vlg.

Hellinger, B., und Ten Hövel (1996): *Anerkennen, was ist*, München: Kösel

Hellinger, B. (1997 a): *Die Mitte fühlt sich leicht an. Vorträge und Geschichten*, München: Kösel

Hellinger, B. (1997 b): *Schicksalsbindungen bei Krebs. Ein Kurs für Betroffene, ihre Angehörigen und Therapeuten*, Heidelberg: Carl-Auer-Systeme Vlg.

Hellinger, B. (1997 c): *Verdichtetes*, Heidelberg: Carl-Auer-Systeme Vlg.

Hellinger, B. (1998 a): *Haltet mich, dass ich am Leben bleibe. Lösungen für Adoptierte*, Heidelberg: Carl-Auer-Systeme Vlg.

Hellinger, B. (1998 b): *In der Seele an die Liebe rühren. Familien-Stellen mit Eltern und Pflegeeltern von behinderten Kindern*, Heidelberg: Carl-Auer-Systeme Vlg.

Hellinger, B. (1998 c): *Wo Schicksal wirkt und Demut heilt. Ein Kurs für Kranke*, Heidelberg: Carl-Auer-Systeme Vlg.

Hellinger, B. (1999 a): *Mitte und Maß. Kurztherapien*, Heidelberg: Carl-Auer-Systeme Vlg.

Hellinger, B., und Beaumont, H. (1999 b): *Touching Love. A teaching seminar with Bert Hellinger and Hunter Beaumont, Vol. 1 + 2*, Heidelberg: Carl-Auer-Systeme Vlg.

Hellinger, B. (2000 a): *Wo Ohnmacht Frieden stiftet. Familien-Stellen und Kurztherapien mit Opfern von Trauma, Schicksal und Schuld*, Heidelberg: Carl-Auer-Systeme Vlg.

Hellinger, B. (2000 b): *Religion, Psychotherapie, Seelsorge. Gesammelte Texte*, München: Kösel

Langlotz, R. (1998): *Familien-Stellen mit Psychosekranken*, Heidelberg: Carl-Auer-Systeme Vlg.

Marc, E., und D. Picard (2000): *Bateson, Watzlawick und die Schule von Palo Alto*, Berlin/Wien: Philo

Maslow, A. (1989): *Motivation und Persönlichkeit*, Reinbek: Rowohlt

Moreno, J. (1959): *Gruppentherapie und Psychodrama. Einleitung in die Theorie und Praxis*, Stuttgart

Prekop, J. (1992): *Hättest du mich festgehalten. Grundlagen und Anwendung der Festhaltetherapie*, München: Goldmann

Prekop, J. (1993): *Der kleine Tyrann. Welchen Halt brauchen Kinder?*, München: Kösel

Prekop, J. (1998): *Von der geglückten Verbindung des systemischen Ansatzes mit der Festhaltetherapie*, in: G. Weber (Hrsg.): *Praxis des Familienstellens*, Heidelberg: Carl-Auer-Systeme Vlg., S. 257–265

Prekop, J., und Hellinger, B. (1998): *Wenn ihr wüsstet, wie ich euch liebe*, München: Kösel

Potschka, F. (2000): *Toute la Kinésiologie (édition revue et corrigée)*, Barret-le-Bas: Le Souffle d'Or

Selvini-Palazzoli, M. (1996): *Paradoxon und Gegenparadoxon. Ein neues Therapiemodell für die Familie mit schizophrener Störung*, Stuttgart: Klett-Cotta

Selvini-Palazzoli, M. (1991): *Der entzauberte Magier. Zur paradoxen Situation des Schulpsychologen*, Frankfurt: Fischer Tb.

Varga von Kibéd, M., und Sparrer, I. (2000): *Ganz im Gegenteil. Tetralemmaarbeit und andere Grundformen systemischer Strukturaufstellungen*, Heidelberg: Carl-Auer-Systeme Vlg.

Watzlawick, P. (1996): *Wie wirklich ist die Wirklichkeit? Wahn, Täuschung, Verstehen*, München/Zürich: Piper

Watzlawick, P. (1986): *Die Möglichkeit des Andersseins. Zur Technik der therapeutischen Kommunikation*, Bern: Huber

Weber, G. (1998 a): *Zweierlei Glück. Die systemische Psychotherapie Bert Hellingers*, Heidelberg: Carl-Auer-Systeme Vlg.

Weber, G. (Hrsg., 1998 b): *Praxis des Familienstellens,* Heidelberg: Carl-Auer-Systeme Vlg.

Weber G. (Hrsg., 2000): *Praxis der Organisationsaufstellung*, Heidelberg: Carl-Auer-Systeme Vlg.

Weiss,T., und Haertel-Weiss, G. (1991): *Familientherapie ohne Familie. Kurztherapie mit Einzelpatienten,* München: Piper

Über die Autorin

Constanze Potschka-Lang ist 1969 in Deutschland geboren. Nach zwei längeren Auslandsaufenthalten in England und Frankreich schloss sie ihr Studium in Romanistik und Kunstgeschichte ab. Schon während des Studiums belegte sie zahlreiche Seminare und Ausbildungen in Gesprächstherapie, Familientherapie und Kinesiologie. Seit 1992 lebt sie mit ihrem Mann Freddy Potschka in Frankreich. Dort leiten beide zusammen das französische Institut für Angewandte Kinesiologie (IFKA).

C. Potschka-Lang führte in den neunziger Jahren die Aufstellungsarbeit Bert Hellingers in Frankreich ein. Sie entwickelte spezielle Kurse, die Kinesiologen dazu befähigen, die Prinzipien der Hellinger-Aufstellungen in ihre Einzelarbeit mit Klienten einzubeziehen. Im Jahre 2001 gründete sie das *INSTITUT BERT HELLINGER FRANCE*. Mit eigenen Aufstellungsseminaren, mit Vorträgen und mit der Herausgabe des Buches *Zweierlei Glück* (von G. Weber über B. Hellinger) in französischer Sprache trug sie maßgeblich zur Verbreitung der Aufstellungsarbeit Bert Hellingers in Frankreich bei.

Robin Prior, Joseph O'Connor:

Beziehung live

Einfache Strategien für das Leben zu zweit

Selten haben wir so viel darüber gewusst, warum sich Menschen gegenseitig anziehend finden, und dennoch brechen Beziehungen so schnell wie nie zuvor auseinander. Dieses Buch zeigt, ...

- wie Sie den Partner, die Partnerin wählen können, der/die wirklich zu Ihnen passt
- wie Sie Ihre Leidenschaften neu entfachen
- wie Sie in Beziehungen Sie selbst sein können (und nicht nur so, wie jemand anders will)
- wie Sie die Unterschiede zwischen den Partnern, zwischen Männern und Frauen, genießen können (statt sie zu bekämpfen).

230 Seiten, 9 Abbildungen, Paperback (15 x 21,5 cm)
ISBN 3-932098-72-2

Joseph O'Connor, Ian McDermott:

Die Lösung lauert überall

Systemisches Denken verstehen und nutzen

Viele kennen das: Der Versuch, durch rein logisches Denken ein Problem lösen zu wollen, endet häufig in einer Sackgasse. Unser Leben und unsere Umwelt funktionieren aber nur selten nach dem reinen Ursache-Wirkungs-Prinzip. Der Versuch, größere Probleme an den scheinbar naheliegenden Symptomen kurieren zu wollen, schafft deshalb häufig nur neue Probleme.
Die Lösung lauert überall geht über das logische Denken hinaus; das Buch erläutert das systemische Denken und zeigt unterhaltsam und leicht verständlich seinen Nutzen im Privaten wie im Beruf.

284 Seiten, 47 Abbildungen, Paperback (15 x 21,5 cm)
ISBN 3-932098-29-3

Fred P. Gallo, Harry Vincenzi:

Gelöst – entlastet – befreit

Für psychische Probleme, die man ohne Therapeut lösen möchte, bietet dieses Buch schnelle Abhilfe: mit Klopfakupressur, einer sanften Methode zum Energieausgleich, die auf der altbewährten Akupunktur beruht. Dieses Klopfen von Akupunkturpunkten kann man auch als Laie einsetzen, um sein psychisches Wohlbefinden zu pflegen. In anwendungsfreundlicher Form beschreiben die Autoren die einzelnen Schritte der Selbsthilfe etwa bei Depressionen, Süchten, Schuldgefühlen, Phobien, bei Eifersucht und Übergewicht, bei Traumata und Beziehungsproblemen.

204 Seiten, 30 Abbildungen, Paperback (18 x 24,5 cm)
ISBN 3-932098-82-X

Andrew Matthews:

So geht's dir gut

Dieses Buch handelt davon, ...
... warum Sie immer nur Ihre *besten* Kleider mit Spaghetti bolognese bekleckern;
... warum Ampeln gerade dann eine ganze Ewigkeit auf Rot stehen, wenn Sie – bereits verspätet – zu einer Verabredung unterwegs sind;
... warum manche Leute immer zur rechten Zeit am richtigen Ort zu sein scheinen – und wie Sie dazugehören können.
Der Autor zeigt auf ebenso geistvolle wie amüsante Weise, wie Sie sich selbst verstehen, über sich selbst lachen, sich selbst vergeben und damit erfolgreicher und glücklicher werden können.

137 Seiten, 70 Illustrationen des Autors,
Paperback (18 x 24,5 cm)
ISBN 3-924077-32-0

Doc Childre, Howard Martin:

Die HerzIntelligenz-Methode

Grundlagen, Anwendungen, Perspektiven

Dieses Buch ist das Standardwerk zur HerzIntelligenz-Methode – die drei dargestellten, grundlegenden Techniken wirken so unmittelbar, dass Sie bald mehr Lösungen als Probleme haben werden.
Deepak Chopra zum Buch: »Der hier vorgestellte Ansatz (...) könnte uns jahrelange Therapie ersparen.«

373 Seiten, Hardcover (15 x 21,5 cm)
ISBN 3-932098-70-6

Das **IAK Institut für Angewandte Kinesiologie GmbH, Freiburg,** veranstaltet laufend Kurse in *Edu-Kinestetik, Brain-Gym®, Touch For Health* (Gesund durch Berühren), *Applied Physiology, PKP* und in vielen anderen Bereichen der Angewandten Kinesiologie. Dank enger persönlicher Kontakte zu den Pionieren der AK ist das Institut in der Lage, ständig die neuesten Entwicklungen auf diesem Gebiet zu präsentieren.

Außerdem fördert das Institut die Verbreitung der Angewandten Kinesiologie im deutschsprachigen Raum durch Literaturempfehlungen und Adressenvermittlung.

Wer an der Arbeit des Instituts interessiert ist, kann kostenlose Unterlagen anfordern bei (bitte mit 1,53 € frankierten Rückumschlag beilegen):

IAK Institut für Angewandte Kinesiologie GmbH, Freiburg

Eschbachstraße 5, D-79199 Kirchzarten, Telefon 076 61-98 71-0, Telefax 076 61-98 71-49